KB120347

이봉창 평전

항일애국투쟁의 불꽃, 그리고 투혼

나남
nanam

■ 저자 약력 ■

홍 인 근

고려대학교 정치학과 졸업
동아일보 기자, 사이공 특파원, 동경 특파원, 정치부장, 편집국장
학교법인 고려중앙학원 상무이사
국제한국연구원 연구위원
현재 이봉창의사기념사업회 이사

나남신서 917

이봉창 평전

항일애국투쟁의 불꽃, 그리고 투혼

2002년 10월 10일 제 1 판 발행
2012년 1월 5일 제 2 판 발행
2021년 12월 5일 제 2 판 4쇄

지은이_ 洪仁根
발행인_ 趙相浩
발행처_ (주) 나남
주소_ 10881 경기도 파주시 회동길 193
전화_ (031) 955-4601 (代)
FAX_ (031) 955-4555
등록_ 제 1-71호(1979. 5. 12)
홈페이지_ www.nanam.net
전자우편_ post@nanam.net

ISBN 978-89-300-3917-8
책값은 뒤표지에 있습니다.

제 2 판

이봉창 평전

항일애국투쟁의 불꽃, 그리고 투혼

홍 인 근

나남
nanam

제 2 판 발간에 즈음하여

이 책의 2판 발간에 즈음하여 특별히 말씀드릴 것이 있다면 이봉
창 의사의 일본 통명(通名) ‘木下昌藏’에 대한 정확한 일본말 음독
(音讀)이 아닐까 싶다.

지금까지 木下昌藏의 일본말 음독은 ‘기노시다 세이조’ 또는 ‘기
노시다 쇼조’ 등이 일반적이었다. 이봉창 의사에 관한 많은 논문이
나 저서들은 대부분이 木下昌藏을 ‘기노시다 쇼조’라 음독했고, ‘기
노시다 세이조’라는 음독은 소수파에 속했다.

필자는 木下昌藏을 ‘기노시다 세이조’로 음독했다. 그것은 이봉
창 의사가 의거가 있은 후, 이봉창 의사가 의거를 준비한 상해(上
海)에 주재하던 일본 총영사관이 이봉창 의사 의거에 관한 여러 정
보 보고서에서 이봉창 의사의 일본 통명을 ‘木下政藏’이라고도 쓰고
있음에 따른 것이었다. ‘政’에 대한 일본 음독이 ‘세이’이기 때문이
었다.

그런데 이 책이 발간된 후 이 책에 인용된 여러 자료를 다시 천
착하는 가운데 백범(白凡) 김구(金九)는 ‘木下昌藏’을 ‘기노시다 마
사조’로 음독하고 있는 것으로 드러났다.

김구(金九)가 이봉창 의사 앞으로 보낸 1931년 12월 28일의 “正

金(은행)에 100(圓) 보냈다"는 송금사실을 알리는 전보에 수취인의 이름을 일본글로 'キノシタ マサゾウ'(기노시다 마사조)라고 쓰고 있고, 김구가 1932년 1월 4일 이봉창 의사에게 보낸 전보에서도 수취인을 'キノシタ マサゾウ'로 쓰고 있는 것으로 미루어, 이봉창 의사가 김구에게 자신의 일본 통명 '木下昌藏'의 음독을 '기노시다 마사조'로 가르쳐 준 것이 아닌가 여겨진다. 이에 따라 이번 2쇄에서는 이봉창 의사의 일본 통명 '木下昌藏'의 음독을 '기노시다 마사조'로 바로잡았다.

이상의 내용 말고는 이 책의 2판에서 손을 본 것은 주로 오자(誤字)의 바로잡음과 껄끄러운 문장을 매끄럽게 가다듬은 것뿐이다. 생각 같아서는 초판에 다 담지 못했거나 초판 이후에 진전된 사안 등을 보완하고 싶기도 했으나 여러 여건이 허락되지 않아 아쉬움만을 남기기로 하였다.

초판에 대한 필자의 불만이 이번 2판 출간으로 어느 정도 바로잡아진 것에 대해 2판의 발간을 요청한 이봉창의사기념사업회와 이를 받아들인 나남출판 趙相浩 사장에게 감사의 뜻을 드린다.

2011년 12월
홍인근

책 앞에서

필자가 이봉창(李奉昌) 의사와 나름대로 처음 인연을 갖게 된 것은 1994년 말 《동아일보》(東亞日報)가 해방 50주년 기념특집으로 이봉창 의사의 옥중수기인 이른바 《상신서》(上申書) 등 이봉창 의사 의거와 관련한 새로운 자료들을 통해 새로운 사실들을 취재할 때였다. 필자는 이들 특집취재팀을 옆에서 돕는 역할을 하면서 이 취재에 적극 관여했던 국제한국연구원의 최서면(崔書勉) 원장과 접촉하는 과정에서 이봉창 의사에게 관심을 갖기 시작하였다.

그 후 1995년 봄 당시 이봉창의사 기념사업회를 이끌고 있던 고 김재홍(金在鴻) 회장의 권유로 당시 《동아일보》의 김병관(金炳琯) 회장이 이봉창 의사 동상건립위원회 위원장직을 맡게 되면서 필자도 김 위원장을 도와 이봉창 의사 동상건립에 미력이나마 보탤 기회를 가졌다. 그 해 11월 6일 오랜 숙원이던 이봉창 의사의 동상이 효창공원에 건립됐던 것이다.

필자는 1999년 최서면 원장의 후의로 국제한국연구원 연구위원으로 봉직하게 되면서 이 연구원에 소장돼 있는 이봉창 의사에 관한 자료에 접하게 됐다. 이 연구원에는 일본 외무성 외교사료관이 보관하고 있는 이봉창 의사 관련자료 ─ "昭和 7년 觀兵式에서 還幸할 때 있은 朝鮮人 不敬事件" ─ 가 거의 모두 수집돼 있어 필자는 이봉창 의사에 관한 연구에 아주 좋은 기회를 갖게 된 것이다.

필자는 자신의 생애의 절반이 넘는 35년을 저널리즘에 봉사하며 나름대로 보람을 느껴왔다. 생생한 뉴스에 어느 누구보다 가장 먼저 접하는 은총에 감격하면서, 그리고 그 뉴스를 독자에게 전해주는 메신저로서의 흥분을 만끽하며 저널리즘에 심취한 반생을 보냈다. 그러나 이봉창 의사를 만나 그의 깊은 이야기를 들으면서 저널리즘에 대해 적지 않은 의문과 반성의 사념을 갖게 되었다. 사실과 진실에의 접근에 있어서 저널리즘이 너무나 표피적이고 주마간산(走馬看山)은 아니었는지, 단편적이고 엉성하고 성급하지는 않았는지 하는 회한(悔恨)과 자책(自責)을 지울 수가 없다.

필자는 2000년 봄 연구원에서 김구(金九) 선생이 이봉창 의사가 사형선고 받기 이틀 전인 1932년 9월 28일 야반(夜半)에 쓰신 우리 글로 된 《東京炸案의 眞狀》을 접했을 때 심장이 멎는 듯한 감격에 휩싸였었다.

김구 선생의 이 글은 이봉창 의사 의거의 의의(意義), 이봉창 의사의 경력과 가정환경, 김구 선생이 이봉창 의사와 가진 거사논의 및 준비과정 등을 밝히고 이봉창 의사가 사형에 처해지는 날 그를 기리는 뜻으로 우리 모두 한 끼의 식사를 굶자고 제의하는 장문의 글이다.

이 자료는 최 원장이 발굴 입수한 것으로 이봉창 의사 연구에 빼놓을 수 없는 귀중한 자료로서 1994년 《동아일보》가 이봉창 의사 특집을 취재할 때 취재진도 최 원장을 통해 입수했던 문서였다. 그럼에도 예의 저널리즘의 속성을 그대로 표출, 이 자료를 그대로 지나쳐 제대로 보도하지 못했던 것이다.

이러한 저널리즘을 보완해 주고 완결해 주는 것이 아카데미즘이라는 것을 필자는 이봉창 의사에 관한 자료를 본격적으로 천착하면서 비로소 깨달을 수 있었다. 그리고 이 양자는 불가분의 긴밀성과 연관성을 지니고 있음도 알 수 있었다. 저널리즘은 아카데미즘이 아주 서툴러하는 단서(端緖)와 계기를 제공하는 데 발군의 능력이 있고, 아카데미즘은 저널리즘이 곧 잘 간과하는 분석적이고 종합적인 마무리를 짓는 데에 능숙해 상호의존적이고 호혜적 관계에 있는 것이었다.

일본 외무성 외교사료관의 이봉창 의사 자료는 그동안 학계에서 단편적으로 연구, 소개하고 있기는 하다. 그러나 이를 총괄적으로 체계 있게 연구, 소개한 예는 아직 없는 것 같다.

이러한 가운데 최근 최 원장이 일본 대심원(현재의 최고재판소)에 깊숙이 감춰져 있던 이봉창 의사에 대한 공판관련 기록문서의 일부를 발굴 입수하는 쾌거를 이룩했다. 지금까지 최고재판소에 보관돼 있는 이봉창 의사 관련기록이 공개된 것은 최 원장이 원문을 필사한 상신서(이봉창 의사가 옥중에서 간략하게 쓴 수기) 뿐이었는데 이번에 일부이기는 하나 상당히 중요한 내용이 담긴 자료를 추가로 발굴한 것이다.

대심원에 보관돼 있는 이봉창 의사 관련기록은 평균 200쪽 분량으로 엮은 책으로 14권에 이르며 이 가운데 이번에 최 원장이 발굴한 문서는 ⑴ 이봉창 의사에 대한 9회에 걸친 신문조서와 의거 현장 및 마차에 대한 검증조서, 예심담당 판사의 의견서와 이에 대한 검찰측의 의견을 구하는 '구(求) 의견서', 그리고 검찰의 '의견서', ⑵ 이봉창 의사에 대한 '공판 준비조서'와 제1회 '공판조서'와 판결문, ⑶ 이봉창 의사가 검사에게 자신의 성장과정, 일본생활, 상해

생활, 의거 준비, 거사 결행 등을 진술한 '청취서', (4) 이봉창 의사가 옥중에서 쓴 수기인 '상신서' 등이다.

최고재판소에 보관된 기록 가운데 아직 공개되지 않은 것은 5권에 달하는 방대한 증인 신문조서와 체포조서, 수사보고서 등인데 이것들은 앞으로 반드시 입수해야 할 자료기록으로서 학계는 물론 정부 차원에서도 일본정부에 대해 적극 교섭을 벌여야 할 것이다.

이 저술은 일본 외무성 외교사료관에서 발굴된 자료와 최고재판소에서 입수한 자료들을 바탕으로 이봉창 의사의 생애와 의거계획과 준비, 의거 결행, 이 의거가 임시정부를 비롯해 중국과 일본에 끼친 영향 등에 관해 서술했다.

　　이봉창 의사! 그는 항일애국투쟁(抗日愛國鬪爭)의 불꽃이요, 투혼이었다.

필자는 이러한 이봉창 의사의 참모습을 제대로 그리기 위해 나름대로 혼신의 힘을 쏟았다. 그러나 필자는 항일(抗日)독립운동사(獨立運動史)를 전문적으로 연구한 학자가 아닌 딜레탕트의 한계를 실감하고 있음을 고백하면서, 혹시 이 글이 이봉창 의사의 위대한 업적에 누가 되지 않을까 하는 걱정을 떨쳐버릴 수가 없다. 평생을 이 분야의 연구에 바치신 석학들이 쓰신 이봉창 의사 관련 글에서도 잘못된 내용이 발견되는 판에 하물며 필자의 글에 있어서야. 이 글의 잘못을 지적해 주시고 편달해 주시면 이를 겸허하게 그리고 감사하게 받아들일 것을 스스로 다짐하고 있다.

끝으로 이 글을 쓸 수 있도록 지도해 주시고 격려해 주신 국제한국연구원 최서면 원장에게 충심으로 감사를 드린다. 이 책이 출간될 수 있도록 재정적 지원을 해주신 한국언론재단(이사장 朴紀正)에

깊은 감사를 드린다. 이 졸고의 출판을 흔쾌히 받아주신 나남출판
趙相浩 사장에게 고마운 뜻을 드린다.

2002년 8월

洪仁根

머리말

  2002년은 이봉창(李奉昌) 의사(義士) 의거(義擧) 70주년이 되는 뜻 깊은 해다.

  이봉창 의사는 1932년 1월 8일 일본 동경 경시청 현관 앞 인도에서 마차를 타고 궁성으로 환궁하는 일본 천황에게 수류탄을 던지는 '동경작안'(東京炸案)의 의거를 거사하고 현장에서 스스로 체포되어 '대역죄인'으로 사형을 선고받아 그 해 10월 10일 사형이 집행되어 순국(殉國)했다.

  이봉창 의사의 의거는 안중근(安重根) 의사, 윤봉길(尹奉吉) 의사 등과 함께 항일(抗日) 독립운동사(獨立運動史)에 길이 남을 위대한 업적으로 기록될 것이다. 이 가운데서도 이봉창 의사의 의거는 안 의사, 윤 의사의 그것보다 더 값지고 고귀하고 훌륭한 것으로 평가받아야 한다는 주장이 제기되고 있다. 안중근 의사는 만주(지금의 中國 동북 3省)라는 외국에서 일본의 거물 정치인을 제거하는 의거에 성공했고, 윤봉길 의사도 중국 상해에서 천황생일(天長節) 축하기념식장에 폭탄을 던져 중국 주둔 일본육군사령관을 숨지게 하고 주중공사 등에게 상해를 입혔다.

그러나 이봉창 의사의 의거는 그 대상이 일본 제국주의의 상징인 천황이었고, 거사장소가 일본의 수도인 동경, 그것도 동경의 치안을 총책임지고 있는 경시청(警視廳)의 정(正) 현관 앞이었다는 점에서, 비록 천황을 살해하지는 못했다 하더라도 안 의사와 윤 의사의 그것보다 훨씬 빛나고 값진 의거로 평가되어야 마땅하다는 것이다.

이봉창 의사의 의거는 그 격(格)에 있어서 대상은 이토 히로부미(伊藤博文)나 시라카와 요시노리(白川義則) 등과는 비교할 수 없을 만큼 높은 히로히토(裕仁) 천황이었고, 장소는 하얼빈 역의 플랫폼이나 상해의 홍구(虹口) 공원(지금의 루쉰〔魯迅〕공원)에 견줄 수 없는 적진 깊숙한 천황이 사는 궁성 근처였던 것이다.

그럼에도 이봉창 의사의 의거는 안중근, 윤봉길 양 의사에 비해 낮은 평가를 받고 있는데 그것은 정부가 수여한 훈장의 '격'에서 극명하게 드러나고 있다. 정부는 1962년 3월 1일 위 세 분의 의사(義士)에게 훈장을 추서하면서 안, 윤 두 의사에게는 '대한민국 건국공로훈장 대한민국장'을 수여한 반면, 이봉창 의사에게는 앞의 두 의사에게 수여한 훈장보다 한 등급 낮은 '대한민국 건국공로훈장 대통령장'을 수여한 것이다.

윤봉길 의사의 의거는 이봉창 의사의 의거가 있었기 때문에 가능했고 또 성공할 수가 있었다. 윤 의사에게 이봉창 의사 의거는 "일제(日帝)에 대한 새로운 투쟁의 결의를 다지는 커다란 자극제가 되었고"[1] 그리하여 윤 의사는 이 의사의 의거가 있은 뒤 어느 날 조용히 김구 선생에게 찾아가 "선생님이 동경사건과 같은 경륜을 지니고 계실 것으로 믿사오니 부디 지도하여 주시면 은혜 백골난

---

1) 보훈처 발행 《獨立有功者功勳錄》, 제8권, p. 199.

망이겠습니다"[2] 라고 '제 2의 이봉창'이 될 것을 간청했던 것이다. 이봉창 의사가 던진 수류탄의 위력이 작아 의거가 제대로의 성과를 거두지 못한 것은 윤 의사가 던진 수류탄의 위력을 강력하게 하는 데에 결정적 작용을 했고 따라서 그 의거가 성공할 수 있었던 것이다.[3]

이봉창 의사에 대한 평가가 그의 업적에 비해 낮은 이유는 무엇일까. 그 이유는 다음과 같은 몇 가지를 상정할 수 있을 것 같다.

첫째, 이봉창 의사 의거에 관한 보도가 통제됨으로써 그 실상이 별로 알려지지 못한 데에 있는 것 같다.

일본은 이 의거로 인해 안으로는 한국인의 항일(抗日) 적개심을 강하게 불러일으켜 한국 식민통치에 영향을 주지 않을까 우려하고, 밖으로는 "한국인은 일본의 식민통치에 만족하고 있다"는 허위선전이 탄로나지 않을까 두려워 의거보도를 강력하게 통제했던 것이다. 물론 천황에 대한 '대역죄'라는 점에서, 그것도 동경의 치안을 총책임지고 있는 경시청 현관 앞에서 거사됐다는 '수치심'에서도 의거보도를 통제하고 싶었을 것이다.

둘째, 이봉창 의사 의거에 관한 자료가 다른 의사에 비해 아주 빈약하다는 것이다.

이봉창 의사에 관한 자료는 거의 일본 정부기관에 보관되어 있고 그 가운데 귀중한 자료들은 아직도 공개가 이루어지지 않고 있다. 이봉창 의사의 애국활동은 상해에서 김구 선생과의 의거 논의와 준비, 동경에서의 거사로 나눠질 수 있는데 이에 관한 자료의 대부분이 일본 최고재판소에서 관리하는 공판관련 기록문서와 일본 외무성 외교사료관에 보관된 외교문서들인 것이다. 심지어 이봉창 의사

---

2) 金九, 《백범 김구 자서전, 白凡逸志》, 나남출판, 2002, p. 334.
3) 위의 《白凡逸志》, p. 337.

의 출생과 성장, 가정사정 등에 관한 것도 이봉창 의사에 대한 예심
조서와 공판조서, 이봉창 의사가 옥중에서 쓴 수기인 '상신서'(上申
書) 와 '청취서'(聽取書) 등 최고재판소에 보관된 기록문서를 통해 약
간이나마 밝혀지고 있는 실정이다.

그러나 최고재판소에 보관된 문서는 이봉창 의사의 죄가 천황에
게 위해(危害)를 가하려 한 '대역죄'에 관한 것이라는 이유로 공개
가 극히 제한적으로 이루어지고 있어 이봉창 의사 의거에 관한 보
다 면밀하고 자세한 실상은 아직도 알려져 있지 않은 상태다.

셋째, 이봉창 의사는 독신으로 순국해 부인이나 자식이 없고 또
유명하거나 돈 많은 친척도 없어 그의 위대한 업적을 기리고 추모
하는 기념사업도 다른 의사들에 비해 빈약하기 그지없다.

다른 의사에게는 연고가 있는 곳마다 기념탑이다 동상이다 하며
건립되어 있으나, 이봉창 의사의 동상은 1995년 11월 6일에 이르
러서야 숱한 곡절 끝에 겨우 효창공원에 건립되었을 뿐이다. 다른
의사에게는 거의 다 있는 추모노래도 이봉창 의사에게는 아직 만
들어진 것이 없다.

비유가 적절하지 않다는 지적을 받을지 모르지만 수험문제의 난
이도와 합격여부를 예로 든다면 이봉창 의사의 의거는 다른 의사
들보다 난도(難度)가 훨씬 높은 시험을 친 데에 반해 다른 의사들
은 비교적 쉬운 시험을 본 것이라 할 수 있을 것 같다.

그럼에도 정부의 의거에 대한 평가는 물론 사회의 일반적 인식
에서도 그 의거가 당초의 목표를 달성했는가 못했는가만을 따졌을
뿐 그 의거의 난이도는 물론, 의거의 정치적 사회적 반향 등에 대
해서는 아무런 참작도 하지 않은 것이다. 의거(義擧)에 대한 평가
는 단순히 성공여부에 의한 판가름이 아니라 성패에 이르는 전과
정은 물론 의거 후에 나타난 모든 영향과 현상까지를 종합하여 검

토하고 판단할 때 공정성을 띠게 되는 것이다.

　이봉창 의사에 대한 새로운 조명으로 그의 생애와 항일 독립운동에 관해 온당한 평가가 내려질 때가 이제 온 것이다.

제 2 판

이봉창 평전

항일애국투쟁의 불꽃, 그리고 투혼

차 례

부 록

제 1 장
거 사

1. 거사 예정지를 바꾸다

1932년 1월 8일 오전 7시.

이봉창(李奉昌) 의사는 일본 동경시내를 벗어난 가나가와켄[神奈川縣] 가와자키시[川崎市] 미나미초[南町] 81의 유곽(遊廓) 다마키로[玉木樓]의 기녀 시즈에[靜枝]의 방에서 눈을 떴다. 날씨는 청명했다.

이봉창 의사는 전날 7일 저녁 수류탄 두 개를 넣은 종이상자를 보자기에 싸들고 다마키로에 가 그곳에서 하룻밤을 보내면서 시즈에에게 "내일 비가 오면 천천히 깨워도 되지만 날씨가 좋으면 7시에 깨워달라"고 당부, 시즈에가 시간에 맞추어 이봉창 의사를 깨웠던 것이다. 비가 오면 깨우지 말라고 한 것은 우천(雨天)이면 천황(天皇)의 바깥 행차가 없을 것이며 따라서 천황 살해계획도 결행할

수 없기 때문에 서두를 필요가 없었던 것이다.[1]

그로부터 1시간 뒤인 오전 8시, 이봉창 의사는 수류탄이 든 보자기를 갖고 다마키로를 나왔다. 신사복 차림 위에 검은 오버코트를 입고 올백으로 곱게 빗질한 머리에 헌팅캡을 눌러 쓰고 검은색 가죽구두 위에 천으로 된 구두커버를 씌운 단정한 옷차림의 이봉창 의사는 가와자키역에서 국철을 탔다. 동경시내의 시나가와[品川]역에서 내린 이봉창 의사는 거기에서 전철로 갈아타고 하라주쿠[原宿]역에서 내렸다. 이때가 오전 8시 50분경.

이봉창 의사는 이날 요요기[代代木] 연병장에서 열리는 육군 시관병식(始觀兵式)[2]에 참석하기 위해 행차하는 천황을 이곳 하라주쿠에서 수류탄을 던져 살해할 작정이었다.[3]

행차 때까지는 시간이 있어 이봉창 의사는 역앞 중국음식점으로 들어가 닭고기 계란덮밥을 주문, 아침식사를 하고 있었다. 그때 형사로 보이는 2명의 남자가 들어와 이봉창 의사는 자신의 꼬리가 잡혀 미행 당하는 것으로 짐작, 위협을 느꼈다. 그런데 형사는 음식점 안주인에게 "누군가 보러 갈 사람이 있으면 주라"면서 관병식 초대권 같은 것을 건네며 "이것으로는 남쪽 출입구가 아니면 들어갈 수 없다"고 말하는 것이었다.

이봉창 의사는 이 형사들로 인해 기분이 언짢았으나 오히려 기선을 제하는 것이 좋겠다고 생각하고 이틀 전 우연히 입수한 일본 육군 헌병 조장(曹長: 우리 육군의 상사) 오바 젠케이[大場全奎]의 명

---

1) 日本 대심원의 특별보존 문서인 "李奉昌의 형법 제73조의 죄에 관한 피고사건 예심조서," 제3회 신문 35~36문답.
2) 새해 초 육군의 사기를 올려주기 위해 천황이 직접 육군을 격려하는 관병식을 말함.
3) 앞의 제3회 신문 40문답.

함[4]을 꺼내 안주인에게 보이며 "나는 이런 사람의 초대를 받았는데 어느 곳으로 들어가면 될까요"라고 물었다. 그러자 안주인은 명함을 형사에게 보이며 묻자, 형사는 "그 명함으로는 헌병이 지키는 곳이면 어느 출입구로든 들어갈 수 있을 것"[5]이라고 말한 후 이봉창 의사가 그러한 명함을 갖고 있는 것에 안심한 듯 음식점을 나가는 것이었다.

이봉창 의사도 곧 음식값을 치르고 음식점을 나왔는데 바로 앞에 그 형사들이 서 있어 이봉창 의사는 하라주쿠에서의 의거결행계획을 포기하고 전철에 올랐다. 이봉창 의사가 내린 곳은 요쓰야미쓰케[四谷見附]. 이곳에서 의거를 결행할 생각이었다.

그러나 이곳의 신문팔이 소년 오바네 요시[大羽吉: 일본 수사당국이 찾아내 증언을 들었음]에게 물었더니, 천황은 이곳으로는 지나가지 않고 아카사카미쓰케[赤坂見附]를 통과할 것이라는 것이었다. 이봉창 의사는 아카사카미쓰케로 가기에 앞서 요쓰야미쓰케 파출소 뒤의 공중변소로 들어가 보자기를 끄르고 종이상자에서 수류탄을 꺼내 바지 주머니 양쪽에 1개씩을 넣었다.

이봉창 의사가 아카사카미쓰케에 도착한 시간은 벌써 오전 9시 40분경. 이봉창 의사가 사람들에게 물어보니 천황은 이미 이곳을 지나 요요기 연병장으로 간 뒤였고 정오경 환궁할 때 다시 이곳을 지나간다는 것이었다.

이봉창 의사는 천황이 환궁할 때 거사하기로 작정하고 시간여유가 있어 근처의 잇보쿠[一ッ木] 식당에 들어가 술 한 잔을 시켜 마시며 관병식을 중계하는 라디오에 귀를 기울였다. 이윽고 관병식이 끝났다는 라디오 방송이 있었다. 그러나 바로 나가면 너무 이를

4) 이 책 제6장 3절, "헌병 명함의 입수와 연병장 사전답사"에서 상술함.
5) 李奉昌 피고 공판조서(1932.9.16) p.133.

것 같아 일부러 늑장을6) 부리며 식당을 나와 아카사카미쓰케로 갔다. 그런데 이게 웬일인가. 천황의 행차는 벌써 이곳을 지나 맨끝 의장대 마차조차 저만치 다마치〔田町〕의 길모퉁이를 막 돌아가고 있는 것이었다.

---

6) 앞의 제3회 신문 43문답에서는 늑장을 부린 이유를 "너무 이를 것 같아"라고 진술하고 있으나 공판조서(p. 135)에서는 "의심받지 않기 위해서"라고 다르게 진술하고 있다.

2. 경시청 정문 앞에서 수류탄 던져

　이봉창 의사는 행렬이 지나간 뒤를 보며 "오늘은 틀렸나 보다"며 거사는 실패했다고 생각, 낙담과 허탈감에 휩싸였다.

　그러나 이봉창 의사는 마침 옆에 있던 선로인부 사쿠라이 긴타로〔櫻井金太郞〕에게 별생각 없이 천황 행차행렬을 보려면 어떻게 하면 되겠느냐고 물었다. 그러자 그의 대답은 뜻밖에도 "행렬은 다 메이케〔溜池〕 쪽으로 우회하여 가기 때문에 지름길로 가면 볼 수 있을 것"이라고 말하는 것이었다.

　그때였다. 바로 그곳으로 빈 택시가 다가오는 것이 아닌가. 이봉창 의사는 재빨리 택시에 올라타고 천황 행렬을 봐야 하니 빨리 가자고 독촉했다. 운전기사 니시무라 간타로〔西村勘太郞〕는 시간에 댈 수 있을지 모르겠다면서도 서둘러 택시는 아카사카미쓰케 언덕

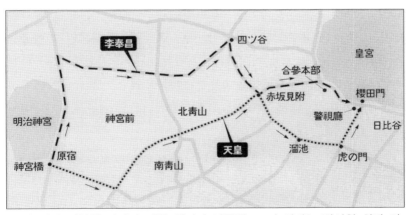

거사 당일 이봉창 의사와 전황 행렬의 이동경로. 이 의사는 경시청 현관 앞에서 천황 행렬을 만났다.

을 올라 새 국회의사당 앞을 지나 참모본부 앞을 거쳐 내리막길을 달렸다. 택시는 내리막길이 끝나는 곳에서 경찰의 제지로 멈췄고 이봉창 의사는 할 수 없이 택시에서 내렸다. 그곳 경찰관은 한쪽 길로 가는 통행인은 제지하고 있었으나 그 반대편에는 경찰관이 없어 그쪽 길의 통행은 자유로웠다. 이봉창 의사는 서둘러 그쪽 길로 달려갔다. 그 길은 경시청으로 가는 길이었다.

경시청 현관 앞에 다다르자 정복 경찰관이 가로막았다. 이봉창 의사는 예의 오바 헌병의 명함을 꺼내 보이며 "이 분의 초대를 받고 요요기 연병장으로 관병식을 보러 가려 했으나 시간이 맞지 않아 여기에서 행렬만이라도 잠시 보고 싶다"고 말했다. 경찰관은 처음에는 안 된다고 막았으나 잠시 후 명함을 다시 보자고 해 보여주자 통과시켜 주는 것이었다.

이봉창 의사는 단숨에 경시청 정 현관 앞 잔디밭으로 달려갔다. 그곳에는 행렬을 보려는 많은 사람들이 7~8겹으로 모여 있었다. 이봉창 의사는 사람들 사이를 비집고 두세 겹 앞으로 나가 천황의 행렬이 오기를 기다리고 있었다. 이윽고[7] 행렬의 맨 앞 마차가 이봉창 의사 앞으로 다가왔다. 그 마차에는 한 사람이 타고 있었다. 이봉창 의사는 흥분했다. 가슴이 마구 뛰었다. 그래서인지 이봉창 의사의 눈에는 첫 번째 마차에 타고 있는 사람이 천황이 아닌 다른 사람으로 보이는 것이었다. 이봉창 의사가 알고 있는 천황의 얼굴이 아니었다. 첫 번째 마차는 이내 이봉창 의사 앞을 지나 곧 멀어

---

7) 이봉창 의사는 체포된 지 3일 만에 진술한 "聽取書" 17항에서 이 시간을 "1, 2분도 기다리기 전에"라고 진술하고 있고 제3회 신문 46문답에서는 "폭탄을 던진 지점에 가자 곧 행렬은 내 앞에 이르렀다"고 답변하고 있으며 공판조서 p. 136 답변에서는 "경시청 현관 앞으로 갔더니 제일 앞의 마차가 지나가고 있었고 …"라고 각기 다르게 진술하고 있다.

졌고 이어 의장병이 뒤따르는 두 번째 마차가 앞으로 다가왔다. 이봉창 의사는 첫 번째가 아니라면 두 번째 마차야말로 천황이 탄 마차임에 틀림없다고 순간적으로 확신했다.

이봉창 의사는 재빨리 오른쪽 바지주머니에서 수류탄을 꺼내들었다. 이봉창 의사는 두 번째 마차까지의 거리가 10칸(間: 약 18m) 내외로 약간 멀다고 생각하며 있는 힘을 다해 수류탄을 던졌다.

이때가 1932년 1월 8일 오전 11시 44~45분경.[8]

수류탄은 두 번째 마차 뒤쪽 마부가 서는 받침대 아래로 떨어졌고 곧 귀청을 째는 폭음을 내며 폭발했다.

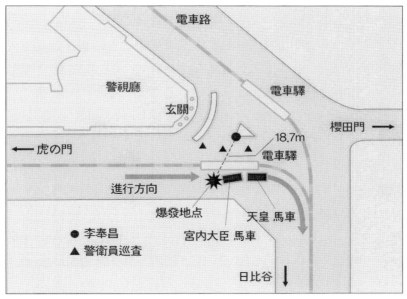

이봉창 의사의 경시청 앞 거사 현장 약도.

---

8) 1932년 9월 30일 이봉창 의사에게 사형이 선고되던 날 일본 사법성이 공식 발표한 "피고사건의 사실개요"(1932년 10월 1일자 《東亞日報》 2면에 게재).

3. "내가 범인이다" 스스로 밝히고 체포되다

폭음소리는 굉장히 요란했다. 주변에 있던 행렬 참관자들은 모두 비명을 지르며 흩어졌고 이봉창 의사도 웬일인지 머리가 띵해져 두 번째 수류탄을 던져야 한다는 것을 잊고 왼쪽으로 5~6보쯤 물러섰다.[9] 이봉창 의사는 수류탄이 폭발하면 주변 6~8칸(間: 약 10.8~14.4m) 내의 물건들이 모두 엉망이 되는 위력을 갖고 있다고 들었기 때문에 두 번째 마차는 물론 그 주변이 모두 박살이 났을 것으로 생각했다.

그러나 이게 웬일인가. 물러선 뒤 살펴보니 마차는 아무런 이상이 없는 듯 그대로 달려가고 있었고 뒤따르는 의장병 등도 역시 말을 탄 채 달려가고 있었다.

이봉창 의사는 "실패했구나"라고 생각했다. 수류탄은 폭음만 요란했을 뿐 위력은 약했다. 이봉창 의사는 죽음을 각오하고 천황의 목숨을 빼앗으려고 거사를 결행했는데 폭탄의 위력이 작아 실패한 것에 대해 매우 유감스럽게 생각했다. 그는 중국 상해에서 폭탄을 시험해 보자고 했으나 거사를 함께 논의한 김구(金九)가 대단히 위력이 있는 폭탄이라고 설명하면서 시험하지 않아도 괜찮다고 말한 것을 믿었던 것이 실패의 원인이라고 생각, 김구를 원망하고 싶은

---

9) 김구는 《白凡逸志》(나남출판, 2002, p. 328)에서 "수류탄은 두 개를 가지고 가도록 한 까닭은 하나는 일본 천황을 폭살하는 데, 또 하나는 자살용으로 준비한 …"이라고 쓰고 있음에 반해 이봉창 의사는 거사 후 일본 판사의 신문에 대해 이와 같이 답변(제 2회 신문 18문답), 자살용 여부에 대해서는 명확하게 밝히지 않고 있다.

심정에 사로잡히기도 했던 것이다. 10)

어쨌든 이봉창 의사가 수류탄을 던졌을 때 천황은 첫 번째 마차를 타고 이미 폭발현장을 지나간 뒤였고, 이치키 기도쿠로〔一木喜德郎〕 궁내대신이 타고 있던 두 번째 마차도 수류탄의 위력이 약해 마차 밑바닥과 바퀴의 타이어에 파손을 입었을 뿐 인명에는 아무런 피해가 없었으며, 뒤따르던 어기하사관(御旗下士官: 기수) 야카다 요시하루〔館義治〕가 타고 있던 말은 가슴에, 전위기병(前衛騎兵: 의장병) 아마노 시게오〔天野重雄〕가 타고 있던 말은 코에 각각 파편을 맞아 출혈은 했으나 달리는 데는 지장이 없었다.

폭음소리의 소용돌이가 멎은 뒤 이봉창 의사는 자기 뒤에서 "나는 아니야 저 사람이야"라는 소리가 나는 것을 듣고 뒤돌아 봤다. 그 소리는 정복 순사 혼다 쓰네요시〔本田恒義〕에게 체포된 50세 가량의 작업복 비슷한 무명옷을 입은 남자가 자신이 범인이 아님을 주장하는 항변이었다. 11)

이봉창 의사는 순사가 그 사람을 엉뚱하게 거사한 사람으로 잘못 알고 체포했다는 것을 알았다. 이봉창 의사는 "내가 한 일로 남에게 죄를 씌우는 것은 나쁜 일"이라고 생각되어 "아니야, 나야!"라고 말하며 자신이 거사했음을 스스로 밝히고 혼다에게 체포에 응할 자세를 보였다.

그러자 혼다 외에 경시청 수사 2과장 경시 이시모리 이사오〔石森勳夫〕, 순사부장 야마시타 슈헤이〔山下宗平〕, 헌병 상등병 가와이 요시〔河合嘉〕, 헌병 군조(軍曹) 우치다 잇베이〔內田一平〕 등이 이봉창 의사에게 거칠게 달려들었다. 이봉창 의사의 오버단추와 칼라 단추들이 떨어져 나갈 만큼 그들은 난폭했다. 이봉창 의사는 "도망

---

10) 제 3회 신문 52문답.
11) 혼다 순사의 증인신문, pp. 245~252.

경시청에 연행되어 조사실로 가는 이봉창 의사(가운데 흰셔츠 차림).

가거나 숨지 않을 테니 난폭하게 굴지 말라"고 일갈하고 스스로 체
포되어 경시청으로 연행되었다. 12)

　이봉창 의사는 경시청에 연행되어 그곳에서 신문 호외를 언뜻 보
고 나서야 두 번째 마차에 천황이 타지 않았다는 것을 알고 자신이
천황이 탄 마차에 대해 크게 착각하고 있었다는 것을 깨달았다.

　이 시점에서 우리는 이봉창 의사의 의거결행과 관련해 두 가지
잘못 알려져 있는 사실을 바로 잡아야 할 필요가 있다. 첫째는 이
봉창 의사가 거사 직후 "가슴속에서 태극기를 꺼내 흔들며 '대한독
립만세'를 세 번 부르고 …"라는 내용이며, 둘째는 이봉창 의사가
수류탄을 던진 천황 마차에 만주국(滿洲國) 황제 부의(溥儀)가 동승
하고 있었다는 거짓이다.

---

12) 제2회 신문 18문답 및 공판조서 p. 129; 이시모리, 야마시다, 가와
　　이, 우치다 등의 증인신문 pp. 253~260, pp. 318~322.

첫째의 내용이 씌어진 책은 독립운동사편찬위원회가 낸 《독립운동사》 6(하)와 이를 인용한 이현희(李炫熙) 교수가 쓴 《이봉창 의사의 항일투쟁》(p. 115) 등인데 이는 명백한 잘못인 것 같다.

이봉창 의사는 천황 행렬에 수류탄을 던진 후 "웬일인지 머리가 띵해져 두 번째 수류탄을 던져야 한다는 것을 잊고…"라고만 밝히고 있을 뿐 '태극기와 만세삼창'에 관한 언급은 한마디도 하지 않고 있다. 또한 압수된 이봉창 의사 소지품에 태극기는 없으며 만일 이봉창 의사가 태극기를 흔들며 대한독립만세를 외쳤다면 일본 경찰은 쉽게 이봉창 의사를 범인으로 알고 즉각 체포 연행했을 것이고 다른 엉뚱한 사람을 체포 연행하려 하지는 않았을 것이다.

이와 같이 사실이 아닌 것이 사실인 양 알려지게 된 것은 김구(金九)가 쓴 《동경작안(炸案)의 진상》[13]과 《도왜실기》(屠倭實記)의 "동경 폭탄사건의 진상"에서 이봉창 의사의 의거를 돋보이게 하기 위해 이러한 극적 내용을 '첨가'한 것이 사실로 잘못 받아들여진 것이 아닌가 여겨진다.

이봉창 의사가 수류탄을 던진 마차에 천황과 만주국 황제 부의(溥儀)가 동승하고 있었다는 것은 너무나 황당무계하다. 이런 잘못된 내용을 싣고 있는 책은 한국정신문화연구원이 낸 《한국 민족문화 대백과사전》이 대표적이다. 이봉창 의사는 거사할 때 본 첫 번째 마차(천황 마차)에는 분명 한 사람만이 타고 있었다고 진술하고 있다. 뿐만 아니라 일본의 괴뢰국으로 만주국이 세워진 것은 1932년 3월로 이봉창 의사 의거가 있은 지 2개월 후의 일이고, 부의가

---

13) 李奉昌 의사에게 사형이 선고되기 2일 전인 1932년 9월 28일 야반에 쓴 이봉창 의사 의거의 의의, 그의 출생과 성장, 그와의 만남과 의거 준비, 그리고 그가 사형당하는 날 한 끼 식사를 굶으며 그의 명복을 빌자는 호소의 글임.

九死一生의 日帝 裕仁
(右便을 優柔한 印象의 前滿洲國 皇帝 溥儀) ──여이心古 의上義 不。다흡까아

만주국 황제가 된 것은 2년 후인 1934년이며, 그가 일본을 방문한 것은 1935년 4월이다.[14] 그러므로 "부의(溥儀) 운운"은 물리적으로 있을 수 없는 일인 것이다.

이와 같은 잘못이 있게 된 것은 《도왜실기》(p. 31)에 '구사일생의 일제 유인(日帝裕仁: 천황)'이라는 큰 제목 아래 "아깝다, 李의사의 苦心이여!"(右便은 괴뢰정권인 전 만주국 황제 溥儀)라는 사진설명을 붙이고 천황과 부의가 마차에 나란히 타고 있는 사진을 싣고 있어 이 사진을 이봉창 의사 의거 때의 사진으로 잘못 알았기 때문이 아닌가 싶다. 이 사진은 이봉창 의사 의거와는 아무런 관계가 없는 것이다.

---

14) 일본 외무성 외교사료관 일본외교사 사전편찬위원회 간행 《日本外交 史辭典》, "溥儀" 항목, pp. 879~880.

4. 거사 현장

이봉창 의사에 대한 예심 담당판사 아키야마 다카히코〔秋山高彦〕 동경지방재판소 판사는 재판소 서기 아라이 유타카〔新井穰〕, 야스타케 로쿠로〔安武六郎〕와 함께 거사 직후인 1932년 1월 8일 오후 2시 35분부터 이 날 오후 4시 25분까지 경시청 현관 앞 거사현장을 검증했다. [15]

이 현장검증에는 동경지방재판소의 다나마치 조시로〔棚町丈四郎〕, 가메야마 싱이치〔龜山愼一〕 검사와 고오지마치〔麴町〕 경찰서장 타무라 히데오〔田村英雄〕 경시, 경시청 수사 2과장 이시모리 이사오〔石森勳夫〕 경시, 감식과장 요시카와 초이치〔吉川澄一〕 경감 등이 입회했다.

현장검증은 도쿄시 고오지마치구〔麴町區〕 소도사쿠라다몽초〔外櫻田門町〕 1번지 경시청 정 현관 앞 도라노몽〔虎ノ門〕 방면으로 가는 전차의 사쿠라타몽〔櫻田門〕 정류장과 그 부근을 중심으로 시행됐다.

타무라 서장, 이시모리 수사 2과장, 요시카와 감식과장 등이 지적한 바에 따르면 이봉창 의사가 수류탄을 던진 곳은 경시청 현관 앞 차마도 가운데 한 변이 7칸 1척(약 12.8m)인 삼각형의 안전섬 잔디밭에 있는 폭 3칸 1척 7촌(약 5.7m)의 인도의 거의 한가운데였다. 이봉창 의사가 던진 수류탄이 떨어져 폭발한 지점은 앞에서 말한 안전지대 남쪽 끝에서 북쪽으로 8칸 2척(약 15m) 떨어져 있는 두 번째 마차 뒤 서남방 약 2척(36cm) 지점으로 이봉창 의사와의

---

15) 예심조서, "검증조서"(현장), pp. 81~84 참조.

이봉창 의사 의거 직후, 거사현장인 경시청 현관 앞에서 예심 담당판사 아키야마 다카히코의 지휘 아래 경찰관들이 현장검증을 하고 있다. 이 건물은 현재도 일본 경시청으로 쓰이고 있다.

거리는 10칸 4척(약 18.7m)이었다.

천황의 마차가 위치하고 있던 곳은 수류탄이 폭발한 곳에서 18칸(32.4m)이 떨어진 지점이었다. 천황의 행렬은 좌측에 경시청 건물을 두고 남쪽에서 북쪽으로 달려 경시청 앞의 사쿠라타몽 전차 정류장 안전지대를 통과할 즈음 이봉창 의사의 수류탄 공격을 받았다. 수류탄이 폭발한 지점에는 4장의 포석(鋪石)이 깔려 있었는데 이 가운데 2장이 표면을 깎아낸 듯한 손상을 입었다.

또 이 안전지대에서 북쪽으로 핏방울이 떨어져 그 양은 북쪽으로 갈수록 점점 적어졌는데 이것은 수류탄의 파편을 맞은 의장병과 기수의 말들이 흘린 것으로 보인다. 이 곳에는 거사 직후 모래를 뿌려 핏자국을 감추려했으나 혈흔이 모래위로 배어 나와 완전히 감추는 데는 실패했다.

이 안전지대의 북쪽에는 十자형 비슷한 교차로가 있고 이 교차로에서 북쪽으로 약 50칸(약 90m) 거리에 사쿠라타몽(櫻田門)이 서 있다. 이 문은 일본 황궁인 옛 에도성(江戶城)의 성곽 내부 문의 하나로 궁성 남쪽에 있는 해자(垓字)인 내호(內濠) 안에 있다.

이봉창 의사의 의거는 이와 같이 동경 경시청 현관 앞에서 결행됐다. 따라서 일본의 입장에서 볼 때 이 의거의 명칭은 '경시청 현관 앞 사건'이라고 부르는 것이 온당하다. 그러나 일본에서는 이를 '사쿠라타몽 가이(外) 사건', '사쿠라타몽 사건' 또는 '가이(外) 사쿠라타몽 사건' 등으로 부르고 있다. 그 이유는 무엇일까.

일본 경시청은 수도인 동경의 치안을 책임지는 경찰본부로서 3,763평의 부지에 총 건평 8,852평의 6층 건물로 5년 가까운 공사 끝에 1931년 5월에 준공되었다. 그 위용을 한껏 뽐내기를 1년도 채 못 되어 '대역죄'라는 엄청난 '범죄'가, 그것도 바로 경시청 현관 앞에서 발생한 것이다.

이러한 사건이 하필 치안 총책임을 맡고 있는 부서의 코앞에서 일어난 것에 일본정부로서는 몹시 난처하고 곤혹스러웠을 것이며 그리하여 '경시청 현관 앞 사건'이라는 이름을 버리고 사건현장에서 약 90m나 멀리 떨어진 '사쿠라타몽'〔櫻田門〕을 갖다 붙였는지도 모른다.

사쿠라타몽이 사건의 명칭으로 사용된 예는 이봉창 의사 의거가 있기 전에 1건이 있었다. 이것은 막부(幕府)의 수상격인 '다이로' (大老) 이이 나오스케〔井伊直弼〕가 막부의 최고 통치자인 쇼군〔將軍〕의 후계문제와 미국과의 통상조약 조인문제 등으로 반대파인 미토〔水戶〕파의 미움을 사 1860년 3월 3일 사쿠라타몽 밖에서 미토파의 낭인들에 의해 암살된 사건으로 그후 '사쿠라타몽 가이의 변 (變)'이라고 불리고 있다. 16)

어쩌면 이봉창 의사 의거도 이 사건이 연상돼 '사쿠라타몽'이라는 명칭이 붙었을 가능성이 적지 않다.

일본이 이봉창 의사 의거를 '경시청 현관 앞 사건'이라 하지 않고 '사쿠라타몽 사건'이라고 부르고 있는 데 대해 이를 인정하자는 견해가 있어 주목된다. 이 견해는 이봉창 의사 의거의 대상은 일본 천황이었고 따라서 사쿠라타몽이 천황이 살고 있는 궁성의 일부일망정 그 이름이 쓰이는 것은 이봉창 의사 의거의 위상을 바로 알게 하는 데 도움이 되기 때문이라는 것이다. 17)

---

16) 일본 三省堂 《コンサイス人名辭典》, 日本編, pp. 66~67.
17) 국가보훈처, 《대한민국임시정부수립 80주년 기념 논문집》(하) 崔書勉의 "이봉창 연구 서설," pp. 152~153.

제 2 장
청소년 때의 이봉창

1. 성장과 가정환경

이봉창 의사는 1901년 8월 10일 경성부(京城府) 용산구(龍山區) 원정(元町) 2정목(丁目)(지금의 서울 용산구 원효로 2가) 3통 3반 번지 불상의 집에서 아버지 이진구(李鎭球) 씨와 어머니 손(孫) 씨 사이의 세 아들 가운데 둘째 아들로 태어났다. 이봉창 의사에게는 형 범태(範泰)와 동생 점동(点童) 외에 아버지의 소실 주간난(朱干蘭)의 소생으로 봉준(奉俊), 봉운(奉雲), 종태(鍾台) 세 동생을 두었다. '진구' 외에 '진규'(鎭奎), '심규'(沈奎)라는 이름도 갖고 있는 아버지는 주간난 말고도 정봉희(鄭鳳姬)라는 소실을 얻어 여기에 딸 덕희(德熙)를 둘 만큼 한량이었던 것 같다.[1]

---

[1] 이봉창 의사의 호적 등본(崔書勉원장 제공).

이봉창 의사의 가정은 처음에는 여유 있고 유복했으나 아버지의 지병과 사기피해 등으로 이봉창 의사가 13세 되던 때부터 어려워졌다. 이봉창 의사가 자신의 가정상황에 대해 진술한 내용을 보자.[2]

아버지 진구(鎭球)는 일찍이 수만의 재산을 갖고 건축청부업과 우차운반업을 경영했는데 이왕가의 건축을 청부받은 적도 있었습니다. 내가 7, 8세 때에는 소를 5, 6마리나 두어 제법 유복한 생활을 하고 있었습니다. 그리하여 나는 어릴 때에는 아무런 아쉬움도 없이 자라 향리 용산에서는 사람들이 저애가 이진구의 아이라고 했고 학교에서도 2학년 때까지는 선생들이 특별히 보살펴주어 학교 친구들도 나를 중히 여겼습니다.

그런데 아버지가 몹쓸 병에 걸려 3년 동안이나 집안에 있으면서 의사를 집으로 불러 치료받는 형편이 되자 장사도 자연히 남에게 맡기게 되니 잘 안됐고 또 사방에 사놓았던 목재가 대홍수에 떠내려가 상당한 손해를 봤습니다. 그런데다 이마이〔今井〕이라는 나쁜 일본 사람에게 집문서를 새 증서로 경신해 준다는 말에 속아 우리집과 소실 주간난과 정봉희의 집 등 3채의 집문서를 넘겼더니 이마이는 이 문서를 담보로 하여 돈을 빌려 쓰고 행방을 감춘 일이 있습니다.

이와 같은 일이 겹쳐 일어남에 따라 우리집 가운은 차츰차츰 기울어 내가 11세 되던 무렵 용산의 집을 팔아치우고 금정(錦町)으로 이사했습니다. 그럼에도 불구하고 착하기는 하나 대단한 도락가였던 아버지는 앞에서 말씀드린 2명을 소실로 삼았고 우리뿐만 아니라 주간난의 생활까지 꾸려가지 않으면 안됐기 때문에 내가 13세 되던 무렵부터 생활이 곤란해졌습니다.

---

2) 제5회 신문 13문답.

《중앙일보》 1932년 1월 10일자. 사진은 '이봉창 의사가 살던 집'.

아버지는 주간난, 봉준, 종태와 한 집을 마련하여 별거하고 어머니는 형 범태 부부, 조모, 나와 한 집을 마련하여 살았는데 어머니 쪽은 주로 형이 운송점이나 숯가게에서 일하여 번 수입으로 생활했으나 마침내는 소지품을 전당 잡히거나 팔아서 생활비에 보태며 한동안 그날그날을 보냈습니다.

　나는 이처럼 빈곤한 가운데서 학교를 나왔기 때문에 당장 일하여 어머니를 돕지 않으면 안 되어 와다에이세이도〔和田衛生堂〕에서 고용살이를 한 것입니다.

　그러나 김구(金九)가 이봉창 의사 의거와 관련하여 쓴 〈동경작안의 진상〉에 따르면, 이봉창 의사는 원래 거주지는 수원이었고, 아버지 진규는 광대한 조종(祖宗)의 유토(遺土)를 갖고 있었는데 이 땅을 철도 부속지라는 명목으로 왜적(倭敵)에게 강점당해 생계가 어려워져 부득이 온 식구를 거느리고 경성부 용산으로 이주했으며, 이봉창 의사가 태어났을 때에는 가정이 빈한해 "연학(研學)의 도(道)까지 잃었다"는 것으로, 이봉창 의사 집안의 가운이 기운 이유를 "일본의 토지수탈"이라고 밝히고 있다.

이러한 김구의 기술은 이봉창 의사에게서 들은 바를 그대로 옮겼을 것이라는 점에서 상당한 신빙성이 인정되므로, 이봉창 의사가 예심판사에게 진술한 가정상황과 다른 점은 규명이 되어야 할 것이다.

어쨌든 이봉창 의사는 8세 때부터 금정에 있는 서당에서 3년간 한문을 배운 뒤 11세 때인 1911년 천도교에서 세운 청엽정(靑葉町, 지금의 청파동)의 문창(文昌) 학교(4년제)에 입학하여 15세에 졸업, 가정 형편상 상급학교 진학을 포기하고 곧 일자리를 찾았다. 3)

이봉창 의사가 구한 첫 일자리는 원정 2정목에 있는 와다에이세이도〔和田衛生堂〕라는 일본인이 경영하는 과자점이었다. 이곳에는 17세 때까지 다녔는데 급료는 식사제공에 월 7~8원이었다. 이봉창 의사는 이곳에서 일할 때 말라리아를 앓았고 관절염이 생겼는데 그 후 환절기 때마다 몸의 관절이 아파 고생했다. 4)

이봉창 의사는 조금이라도 수입이 많은 곳을 찾아 아는 사람의 도움으로 한강통(漢江通, 지금의 한강로) 16번지의 무라타 시게가스〔村田卯一〕가 경영하는 무라타 약국 점원으로 자리를 옮겼다. 이곳은 먹고 자고 월급 10원 외에 판매실적에 대한 배당이 있어 월수입은 13~14원이나 됐다. 그러나 이 약국의 약품 매입방법이 좋지 않아 애써 주문을 받아와도 주문 품목이 없어 팔지 못하는 때가 많

---

3) 朝鮮總督府, 《警備關係綴》(昭和七年), 1932년 1월 8일 오후 11시 10분 보고 咸北 경찰부장 → 경무국장.
   *조선총독부는 이봉창 의사 의거와 관련, 동경과 상해에 주재하는 파견원들이 경무국장에게 보고한 보고서와 기타 총독부관하 관서에서 보낸 보고서를 이 '關係綴'에 모두한테 묶어 보관하고 있다.
4) 제5회 신문 6문답.

아 그만둘 생각을 하고 있었다.

19세 되던 1919년 8월 약국에서 일하며 알게 된 철도국 영업과 화물계 서기인 이노우에 사카이치〔井上界一〕의 도움으로 용산역의 시용부(試傭夫: 임시 인부)로 자리를 옮겼다.[5]

3·1 만세운동이 일어났을 때는 이봉창 의사가 무라타 약국에서 일하고 있을 때였다. 그러나 이봉창 의사는 만세운동이 있었다는 것은 들어 알고 있었을 뿐 무엇 때문에 그러한 운동이 있었는지는 알지 못한 듯하다. 1932년 9월 16일 이봉창 의사에 대한 첫 공판 때 야마구치 사타마사〔山口貞昌〕 관선 변호사의 심문에 이같이 답변하고 "그것을 듣고 어떤 소감을 가졌는가"라는 물음에 "아무것도 의식하지 못했다"고 진술했다.

이로 미루어 이봉창 의사는 적어도 이때까지는 반일(反日) 의식과 독립사상에 대해 별다른 인식을 갖고 있지 않은 평범한 청년이었다.[6] 이러한 평범한 청년이 후일 아주 치열한 항일독립투사(抗日獨立鬪士)로 변모하는 것이다. 그것은 온전히 일본이 저지른 업보 탓이었다.

---

5) 앞의 《警備關係綴》 1월 9일 오후 2시 30분 전화 보고 龍山署 → 경무국장.
6) 공판조서, pp. 161~162.

2. 처음 겪은 일본인의 차별대우

이봉창 의사는 다음 해 1920년 1월 16일 정식 역부(驛夫)가 됐으며, 그 해 2월 4일 전철수(轉轍手)를 거쳐 그 해 10월 1일부로 연결수(連結手)가 됐다. 이 무렵 형 범태는 함흥(咸興)을 거쳐 청진(淸津)으로 거주지를 옮겼고, 곧 아버지 진구를 모셔가 이봉창 의사의 집은 어머니 손 씨, 조카딸(범태의 딸) 은임(銀任) 등 세 식구였다. 이봉창 의사의 월급이 40원 내지 47~48원, 조카딸 은임도 철도국 수산부 공려사(授産部共勵舍) 양복부 직공으로 있어 집안살림은 비교적 여유가 있었다. 7)

이봉창 의사의 부모는 이봉창 의사가 일본에 있을 때 모두 사망했는데 아버지는 1930년에, 어머니는 그보다 3년 전에 각각 돌아가셨다.

이봉창 의사가 용산역에 들어간 지 1년쯤 됐을 무렵부터 한국인에 대한 일본인의 차별이 눈에 띄기 시작했다. 승급과 봉급, 상여금 등 모든 면에서 차별하는 것이었다. 일본인의 차별에 대한 이봉창 의사의 기술을 보자.

그 당시 일본인은 정말로 행운아였다. 1년 내지 1년 반 만에 용인(傭人)에서 용원(傭員)으로 쉽게 승급하는 것이었다. 그에 비해 조선인은 아무리 일을 잘하고 착실하게 근무해도 1년이나 1년 반 만에 도저히 전철수까지도 올라갈 수가 없었다. 당시 조선인들은 모이기만 하면 모두 유행어처럼 "하여간 일본놈의 ×에서

---

7) 제5회 신문 14문답.

떨어져야 한다'라는 말을 했다. 일본말로 번역하면 "가령 저능아
로 태어나도 일본인이기만 하면 … "이라는 의미다. 이러한 말을
하게 된 원인이 무엇인가에 대해 말한다면 당시 일본인 연결수
가운데 약간 저능에 가까운 남자가 2~3명 있었기 때문인데 이
들도 남에게 뒤떨어지지 않고 순서에 따라 승급했던 것입니다.
　… 1년에 두 번의 상여금 또는 승급에서도 차별대우를 받으면
서 조선인 연결수는 자포자기적인 근무를 계속하는 것이었다. …
몇년 전 나보다 1년 또는 1년 반 뒤에 채용돼 내가 일을 가르쳤
고 내 밑에서 일했던 일본인들이 지금은 전철수가 되고 조차계
(操車係) 견습이 되어 거꾸로 내가 그들 밑에서 일하는 처지가
됐다.8)

　이러한 차별에 대해 이봉창 의사는 처음에는 냉정한 자세로 대
응했다. "상대는 일본인이다. 나는 내가 조선인임을 명심하지 않으
면 안 된다. 설혹 억울하게 내던져지고 차인다 하더라도 말없이 견
뎌내지 않으면 안 되는 것이다. 체념할 수밖에 없다"9)고 마음을
다잡았다. 그러나 이와 같은 차별받는 생활이 길어지면서 이봉창
의사는 차츰 자포자기의 심정으로 빠지게 되고 술 마시고 도박에
도 손을 대는 도락에 빠져 4~5백 원의 빚까지 지게 되었다.10) 이
리하여 이봉창 의사는 사직할 생각을 하기에 이르렀다.

---

8) 이봉창 의사의 "上申書," p. 2. 이봉창 의사가 수감된 토요다마〔豊多
　摩〕형무소에서 2월 13일 제7회 신문을 받은 후 쓴 수기형식의 자술
　서로서 형무소 간수의 확인을 받아 예심판사에게 제출한 문서. 피고
　인이 판사에게 제출하는 문서에는 모두 "上申書"라는 명칭이 붙었다.
9) 이봉창 의사의 "上申書," p. 4.
10) 제15회 신문 15문답.

친구들은 당분간 참고 견뎌 보라고 권했으나 내 기질상 그럴 수는 없었다. 한번 마음먹은 일은 반드시 해내는 성격이고 남의 의견은 결코 받아들이지 않는 성격이었다.[11]

이봉창 의사는 1924년 4월 14일 사직원을 냈다.[12] 용산역을 사직한 후 일본으로 건너가 취직하고 싶다는 생각을 하게 됐다. 조선에서는 차별대우를 받지만 일본에서는 차별이 없다는 이야기를 누군가에게서 들었기 때문이었다. 그러나 이봉창 의사는 망설였다. 자기만을 의지하고 있는 어머니를 남겨놓고 혼자 떠나가기가 어려워 꾸물거리며 1년 반 동안 별 다른 직업 없이 지냈다.

그러나 그는 사직한 그 해 9월 친구들과 금정(錦町) 청년회를 조직하여 간사를 맡아 하수도 청소와 야경을 하는 등 공공 봉사활동을 벌였으며 관제묘(關帝廟) 보존에도 노력했다.[13]

이봉창 의사는 또 1925년에 시행된 간이 국세조사 때 조사위원이 되어 금정 80번지에서 180번지까지를 맡아 조사해 10월 중순 경성 부청(府廳)에서 돈 10원과 나무잔을 받기도 했다.[14]

그러고 있는 사이 철도를 그만둔 후지하타(藤幡)라고 하는 일본 사람이 일본으로 돌아가면서 한국인 식모를 데리고 가고 싶다고 해 이봉창 의사는 조카딸 은임을 식모로 보내며 그녀의 급료를 미리 가불받아 자신의 여비로 충당하여 일본으로 간다는 궁리를 짜냈다. 이봉창 의사는 이러한 궁리를 어머니와 은임에게 의논하여

---

11) 이봉창 의사의 "上申書," p. 4.
12) 앞의 《警備關係綴》 1월 8일 오후 6시 20분 보고 谷屬 → 경무국장.
13) 제 5회 신문 16문답.
14) 앞의 《警備關係綴》 1월 9일 오후 2시 30분 전화 보고 龍山署 → 경무국장.

다행히 이들의 승낙을 받아냈다. [15] 1925년 11월 이봉창 의사는 은임을 데리고 후지하타 씨와 함께 경성을 떠나 오사카(大阪)에 도착했다. 은임은 후지하타 씨와 함께 가고 이봉창 의사는 오사카에 남았다. 취직을 하기 위해서였다.

이봉창 의사는 오사카 시 고노하나구(此花區) 니시노다차엔초(西野田茶園町)의 백(白)모라는 한국인 하숙집에 머물며 고

이봉창 의사의 유족인 질녀 이은임.

용소개업소와 시 직업소개소 등을 찾아다니며 일자리를 구했다. 직업소개소에 수수료를 내고 소개장을 받아 알지 못하는 지리를 여기저기 물어 겨우 찾아가면 2~3일 전에 고용됐다거나 나이가 많다거나 이곳 일에 적성이 맞지 않는다면서 모두 거절하는 것이었다. 이곳에서는 어느 곳이든 호적등본과 신원증명서를 내기만 하면 모두 안 되는 것이었다. 말로는 하지 않지만 이봉창 의사는 자신이 조선인이기 때문에 고용하지 않는 것으로 생각했다.

---

15) 제5회 신문 17문답. 그러나 공판조서(p. 140)에는 후지하타 씨가 먼저 銀任을 하녀로 데리고 가겠다고 했다고 진술, 이봉창 의사가 후지하타 씨에게 銀任을 추천했다는 예심에서의 답변과 다르게 말하고 있다. 앞의 '關係綴'은 銀任을 데리고 일본에 간 사람은 龍山철도국 영업과 화물계 서기 이노우에 게이이치(井上界一)의 처라고 기술하고 있다. 이 의사는 무라타 약국에 근무할 때 이노우에와 알게 되었고 그의 소개로 銀任이 철도국 수산부(授産部) 공려사(共勵舍) 양복부 직공으로 취직되었다고 이 '關係綴'은 적고 있다.

제3장
일본에서 유랑생활 5년

1. 민족차별, 곳곳에서 갖가지로

어느 날 이봉창 의사가 우메타〔梅田〕역 앞 시립직업소개소에 갔을 때였다. 그 곳에 고베〔神戸〕 철도우편국 열차계의 모집 포스터가 붙어 있었다. 바로 문의하니 신원증명서와 호적등본을 내라는 것이었다. 이봉창 의사는 고향에 전보를 쳐가며 그 서류들을 마련하여 냈으나, "히로시마〔廣島〕 서쪽 지역은 시모노세키〔下關〕 철도우체국에서 취급하고 있기 때문에 이곳에서는 채용하지 않는다"는 것이었다.

그러나 이봉창 의사는 한국인이기 때문에 고용해주지 않는다고 생각했다. 한국인은 처음부터 채용하지 않는다고 말해주면 좋으련만 일부러 고향에서 신원증명서와 호적등본을 전보까지 쳐가며 준비한 것이 쓸모없게 된 것에 불만을 느낀 이봉창 의사는 소개소에

가 불만을 퍼부을까도 생각했으나 그만두었다. 1) 이와 같은 민족차별을 당한 이봉창 의사는 그 심정을 다음과 같이 밝히고 있다.

> 결코 그쪽이 나쁜 것이 아니다. 부탁하는 쪽이 나쁜 것이다. 유치한 것이다. 내가 조선인임을 생각하지 않고 보통 사람처럼 얼굴을 내미는 것이 잘못이다. 이 얼마나 비참한 일인가. 같은 인간인데도 똑같이 대접해주지 않는다. 나도 일본임에 틀림없을 터이다. 신일본인(新日本人)인 것이다. 2)

이봉창 의사는 이처럼 일본인의 한국인 차별에 비참함을 느끼면서도 이성적으로는 '차별의 현실'을 인정하려고 애를 썼다. 그러나 다른 한편으로는 한국이 일본의 식민지가 됐고, 한국인을 일본인과 마찬가지로 일시동인(一視同仁)한다면 한국인과 일본인은 같은 국민이며, 따라서 한국인에 대한 차별이 있어서는 안 된다는 논리의 한 표현으로 '신일본인'(新日本人)이라는 새로운 낱말을 쓴 것 같다.

12월 초였다. 이봉창 의사는 발명품 외교원을 모집하는 신문광고를 보고 오에(大江)빌딩 안에 있는 오카다(岡田)상회를 찾아갔다. 예상했던 대로 호적등본과 신원증명서를 냈더니 이미 만원이 됐다며 거절하였다. 이 곳도 차별하는구나라고 생각하며 돌아서 나오는데 총무주임이 불러 세웠다. 그는 전에 경성(지금의 서울)에서 산 적이 있다면서 이봉창 의사를 동정하여 특별히 추천해준다고 해 어쨌든 채용이 됐다.

연말까지 20일 동안 아주 바쁘게 뛰었다. 연말이 되어 월급을 받

---

1) "上申書," p. 5와 공판조서 p. 141 참조.
2) "上申書," p. 5.

으러 가자, 회계가 돈을 가지고 도망갔다면서 월급은 주지 않고 담배 값이라며 겨우 3원을 주었다. 이봉창 의사는 일본에 와 처음으로 취직이 되어 기뻤었으나 그 뒤끝이 안 좋아 이 곳을 그만두고 한동안 쉬었다. [3]

이봉창 의사는 한동안 쉰 뒤 1926년 2월경 오사카 가스회사에 취직했다. 이봉창 의사는 이 곳에서 일하면서 이봉창(李奉昌)이라는 이름 대신 처음으로 기노시타 마사조〔木下昌藏〕[4]라는 이름을 쓰기 시작했다. 이 회사에 취직할 때 이름을 본명인 이봉창이라고 말하자 경리과 직원이 부르기 좋은 일본 이름으로 바꿔 달라고 해 기노시타 마사조로 부르기로 했던 것이다.

이봉창 의사는 체포된 후 예심에서 "조선인임을 감추기 위해 기노시타 마사조라고 한 것 아니냐"고 예심판사가 물은 데 대해 "조선인임을 감추기 위해서가 아니라 내지(內地)에 있는 조선인들이 대개 일본 이름을 쓰고 있는 예를 따른 것에 불과하다"고 답변, 조선인임을 감추기 위해 변성명한 것이 아님을 분명히 하고 있다. [5]

객지에서 제대로 먹지도 못하며 힘든 일만 해서 그랬는지 이봉창 의사는 그 해 9월 각기병에 걸렸다. 일을 쉬고 호멘이인〔方面委員: 생활곤란자 구호업무 담당자〕의 도움으로 히가시나리구〔東成區〕샤리지초〔舍利寺町〕의 지케이〔慈惠〕병원에 입원까지 했으나 별 차

---

3) 제5회 신문 18문답.

4) 이봉창 의사의 일본통명 '木下昌藏'의 일본 발음에 대해 일반적으로 '기노시타 쇼조', 또는 '기노시타 세이조'라고 한다. 그러나 金九가 이 의사 앞으로 보낸 1931년 12월 28일의 "正金(은행)에 100(圓) 보냈다"는 송금 사실을 알리는 전보에서 수취인의 이름을 일본글로 'キノシタ マサゾウ'로 쓰고 있음에 비추어 '木下昌藏'의 발음은 '기노시타 마사조'가 맞다.

5) 제6회 신문 6문답.

제3장 일본에서 유랑생활 5년 / 55

도가 없어 12월 효고켄 기노사키군 미에무라 시모노미야〔兵庫縣 城崎郡 三江村 下宮〕에 사는 고니시 쇼지로〔小西升次郞〕를 찾아가 그의 집에서 요양했다. 고니시는 이봉창 의사가 서울의 무라타 약국에서 일하고 있을 때 외무관계로 알게 되어 친밀하게 지내던 사람으로 약국 옆 정육점 주인 오카다 기요조〔岡田淸造〕의 생질이었다. 이봉창 의사는 고니시 집에서 5개월 동안 표구사 일을 도우면서 요양해 건강을 되찾자, 1927년 5월 오사카로 돌아와 가스회사에 복직했다.

그러나 경리 담당자가 사소한 일로 일거리를 잘 주지 않아 12월 초 이곳을 그만뒀다. 사소한 일이란 이봉창 의사의 친구 김양수〔金良壽〕의 동생이 골막염으로 아베노〔安部野〕의 시민병원에 입원하여 수술을 받았는데, 이봉창 의사가 입원수속을 해주고 수술에 입회하느라 3~4일 쉰 것을 경리 담당자는 그 후부터 "오늘은 일거리가 없다"면서 이틀에 한 번 사흘에 한 번씩 쉬게 하는 것이었다. 6)

가스회사를 그만둔 이봉창 의사는 적당한 일자리가 나타나지 않자 하숙집의 하숙생 대부분이 나가고 있는 부두노동자로 들어가 짐꾼 노동을 했다. 이곳에는 '이봉창'이 아닌 '기노시타 마사조'〔木下昌藏〕라는 이름으로 취직했다. 이곳의 일은 몹시 고되었다. 그에게는 최고의 근육노동이었다. 그러나 임금은 이봉창 의사가 지금까지 받아본 것 가운데 최고로 많았다.

첫 날은 3원 20전이었으나 둘째 날은 3원 50전이었고 셋째 날도 3원 50전이었다. 그러나 그 다음 날부터는 2원 50전 내지 2원 70전으로 낮아지는 것이 아닌가. 일은 점점 익숙해지는데 임금은 오히려 낮아졌다. 선배와 하숙집 주인에게 그 까닭을 물어보았더니

---

6) 제5회 신문 19, 20, 21 문답. 앞의 《警備關係綴》 1월 9일 오후 2시 30분 보고 용산서 → 경무국장.

그 대답은 '기노시타 마사조'라는 일본 이름으로 일하니까 일본 사
람으로 알고 일본인에게 주는 임금을 주었는데 나중에 한국인인
것을 알고 적게 준 것이라고 했다.[7]

이와 같은 이야기를 들은 이봉창 의사는 또 한 번 차별대우의 비
애를 맛보며 다음과 같이 그 소회를 적고 있다.

> 비통한 일이다. 이러한 하급 노동자 사회에서조차 일본인이다,
> 조선인이다 구별하여 차별대우를 받지 않으면 안 되는 것인가
> 하는 생각을 했다.[8]

이러한 임금차이 ─ 민족차별에 울분을 느낀 이봉창 의사는 부두
노동을 그만두고 친구의 도움으로 1928년 스미토모〔住友〕 신동소
〔伸銅所〕 아마가자키〔尼ヶ崎〕 출장소의 상용인부(常備人夫)로 취직
했다. 이봉창 의사가 하숙한 다케무라〔竹村〕의 집에서는 매일 20~
30명 가량이 이 출장소 공작계의 상용인부로 일하러 가고 있었다.
이 가운데 조선인은 이봉창 의사밖에 없었으며 차별대우도 안 받
고 오히려 야마노〔山野〕라는 조장의 귀여움을 사 매일 5~10명의
일본인 인부를 데리고 작업하고 있었다.

그러던 어느 날 공장 안에 직공 2~3명을 모집한다는 벽보가 붙
어 이봉창 의사는 서무계에가 문의했다. 이봉창 의사는 자기가 한
국인이라는 것을 밝혔으나 서무계는 한국인이라는 것은 상관없고
조장이나 그 이상 되는 사람의 보증만 있으면 된다는 것이었다. 이
봉창 의사는 곧 야마노 조장에게 찾아가 사정을 말하고 보증을 청

---

7) 제5회 신문 33문답, 공판조서 p. 142~143; "上申書," p. 7~8.
8) "上申書," p. 8. 이 글의 마지막 '생각' 다음의 글은 3줄이 더 있었으나
이것이 지워지고 '생각' 다음에 '을 했던 것이다'가 새로 쓰여져 있다.

했으나, 조장은 "보증인이 됐다가 낭패한 적이 있다"는 이유로 이봉창 의사의 청을 거절하였다. 이봉창 의사는 "나를 예뻐하고 신용해주는 조장조차 보증해주지 않는 것도 내가 조선인이기 때문"이라고 생각했다. 9)

　이봉창 의사는 이곳에서 일하고 있을 때 교토〔京都〕에 갔다가 경찰의 검속에 걸려 9일간 유치장에 유치되었던 일로 자신에게 보내는 주변의 눈길이 곱지 않아 이를 견디지 못하고 이곳을 그만두게 됐다.

---

9) "上申書," p. 8; "공판조서," p. 143~144, 제 5회 신문 34문답. 이봉
　창 의사가 야마노 조장에게 보증을 청한 시기에 대해 "上申書"에는
　출장소에 근무할 때로 되어있으나 공판조서에는 이곳을 그만둔 후에
　한 것으로 진술하고 있고 제 5회 신문 34문답에서는 시기에 대한 언
　급이 없다.

2. 천황 즉위식과 경찰의 검속

아마가자키 출장소에서 일하고 있던 때인 1928년 11월 10일 천황 히로히토[裕仁]의 즉위식10)이 교토에서 거행됐다. 이봉창 의사는 이 즉위식에 가 천황의 얼굴이 보고 싶었다. 그는 그 이유를 다음과 같이 기술하고 있다.

---

10) 李炫熙 교수는 그의 저서 《이봉창 의사의 항일투쟁》에서 "그(이봉창 의사)의 기록에 日王 즉위식이 京都에서 있었다는 표현은 착각을 일으킨 게 아닌가 한다"(p. 41, 註59)라고 쓰고 있다. 李 교수는 그 근거로 1926년 12월 25일 다이쇼[大正] 천황 요시히도[嘉仁]가 사망하자 바로 그의 아들 히로히토[裕仁]가 즉위식을 갖고 쇼와[昭和] 연호를 공포한 사실을 들고 있다.

　이것 때문에 "이미 1년 넘게 전에 천황 즉위식이 있었는데 또 무슨 즉위식이 있겠는가, 이봉창 의사가 무언가 착각이 아닌가"라고 판단한 것 같다. 그런데 일본의 천황 즉위는 전 천황 사망 직후에 황위를 계승하는 의식인 센소[踐祚] 의식과 1년간의 복상, 즉 료앙(諒闇)이 끝난 다음 따로 날을 정해 황위 계승을 천하 만민에게 알리는 소쿠이시키[卽位式] 의식으로 나뉘어 두 번 거행된다(일본 국어대사전 《겐센》[言泉]의 '센소', '소쿠이시키', '료앙' 항목 참조).

　히로히토의 센소 의식은 1926년 12월 25일 하야마[葉山] 별궁에서 大正천황이 사망하자 바로 그 곳에서 거행됐고, 소쿠이시키는 1928년 11월 10일 京都에서 거행됐는데, 이봉창 의사는 바로 이 소쿠이시키, 즉 즉위식에 갔던 것이다.

　李 교수는 "즉위식은 아니라 해도 소문에 교토에서 어떤 큰 행사가 있었던 게 아닌가 한다"(p. 41)라고 쓰고 있는데 "어떤 큰 행사"가 무엇이었는지를 명확히 밝히면서 이봉창 의사의 '착각'을 지적했어야 옳았다.

조선인으로 태어나 李 太王전하의 玉顔을 뵌 적이 없으며, 日韓
합방 후 新日本人이 되어 천황폐하의 옥안을 뵌 적도 없다. 또
조선 역사도 안 배웠고 일본 역사를 가르쳐 받은 적도 없다. …
한 국민으로서 그 나라의 역사도 모르고 그 나라 국왕의 옥안도
본 적이 없는 것은 참으로 스스로 부끄러운 일이다. 11)

　이봉창 의사는 이처럼 순수한 마음에서 평소 친하게 지내던 하
숙집 앞 서양세탁소에서 일하는 야마스미〔山住〕라는 조선인 최순평
〔崔順平〕과 아마가자키 출장소에서 함께 상용인부로 일하며 같은
하숙집에 하숙하는 일본인 마에타 세이지〔前田政二〕와 의논한 끝에
즉위식에 가 천황의 '옥안'을 뵙기로 했다.
　이들 3명은 모두 돈을 꾸어 여비를 마련하고 11월 6일 밤 아마가
자키를 떠나 오사카에서 전차로 교토에 도착하여 고조〔五條〕의 가
라스마토오리〔烏丸通リ〕의 번화가에서 밤을 지새우고 7일 아침 6시
경 이 거리의 미쓰비시〔三菱〕은행(또는 미쓰이〔三井〕은행) 앞에 마련
된 천황 행렬 참관석에 자리를 잡았다.
　잠시 후 경찰관이 나타나 참관자에 대한 몸수색을 시작했다. 3명
가운데 이봉창 의사는 맨 나중에 수색을 받았는데, 앞의 두 명은 아
무 일 없이 통과됐다. 이봉창 의사도 '흉기를 갖고 있는 것도 아니
니까'라고 안심하고 있었다. 이봉창 의사는 자루 속에 면도칼과 타
월을 넣어 갖고 있었으나 경찰관은 이것은 검문하지 않고 양복저고
리 주머니에 있던 휴지와 고향에서 온 한글과 한문이 섞인 편지만
을 잠깐 보고 돌려주었다. 편지내용은 별 것이 아니었다. 조선에
있는 친구가 착실하게 일해서 빨리 출세하라고 써 보낸 격려의 편
지였다.

---

11) "上申書," p. 9.

이봉창 의사는 이것으로 끝났다고 생각하고 앉아 있었으나 경찰관이 다시 와 잠깐 조사할 것이 있다며 고조〔五條〕경찰서 임시출장소로 데려가 그 편지를 조사하였다. 이봉창 의사는 별 것이 아니므로 곧 끝내줄 것으로 생각했으나 1시간 반이 지난 뒤 이번에는 고조경찰서로 연행되어 조사도 없이 바로 유치장에 유치됐다.

이봉창 의사는 이 때 멀리 아마가자키에서 즉위식 행렬을 참관하기 위해 일부러 왔으니 시간에 맞추어 참관할 수 있게 내보내달라고 경찰관에게 부탁했고 경찰관도 시간 안에 나가게 해 주겠다고 말하였으나 결국 9일 동안이나 유치됐던 것이다. 12)

이봉창 의사가 유치장에 들어갔을 때에는 10명 정도가 검속돼 있었으나 그 날 저녁과 다음 날 아침에 대부분 나가고 남은 사람은 이봉창 의사 외에 조선인 1명과 도박으로 검속된 1명 등 3명뿐이었다. 13) 이봉창 의사는 유치장 속에서 느꼈던 참담한 심경을 다음과 같이 적었다.

> 일부러 돈까지 써가며 교토의 유치장을 구경하러 온 것이 아니다. 나는 폐하를 뵈러 온 것이 아닌가. … 한글이 섞인 편지를 갖고 있다고 해서 무엇이 나쁜가. … 역시 나는 조선인이다. 조선인 주제에 일본 천황 같은 것을 뵐 필요는 없는 것 아니냐. 그렇기 때문에 벌을 받아 유치장을 뵙게 된 것이다. 14)

아무런 조사도 없이 계속 유치하기만 하자 이봉창 의사는 9일째 되던 11월 15일 스스로 조사해달라고 재촉했다. 담당 고등계 형사

---

12) "공판조서," p. 146.
13) "上申書," p. 9; "공판조서," pp. 144~147; 제 5회 신문 29~31문답.
14) "上申書," p. 11.

1928년 11월 28일 교토에서 거행된 일본 히로히토 천황의 즉위식

즉위식을 마치고 돌아가는 천황부처 마차. 이봉창 의사는 이 즉위식을 보러 갔다가 검속됐다.

는 이봉창 의사가 갖고 있던 편지가 앞쪽 두 줄 가량은 해석이 붙어있으나 그 다음은 해독할 수가 없어 지금까지 그냥 두었다면서 이봉창 의사에게 번역해 보라고 해 이봉창 의사가 일본어로 번역하여 알려 주고 고베〔神戶〕의 산노미야〔三宮〕 경찰서의 고니시 이쿠타로〔小西幾太郎〕라는 형사를 잘 알고 있으니 그에게 자기의 신원을 물어보면 자세히 가르쳐 줄 것이라고 하자 그 날 바로 석방해 주었다.

이봉창 의사는 자신에 대한 검속에서 다시 한 번 일본의 한국인에 대한 압박과 차별을 통절하게 느꼈다.

> 남을 원망하고 세상을 원망하게 되었고, 따라서 사상도 저절로 변해 … 누군가가 이끌어 주는 사람이 있으면 들어갈 기분이었다. … 자신은 조선인이기 때문에 아무래도 조선 독립운동에 몸을 던져 우리 2천만 동포를 위해 일하지 않으면 안 된다고 마음먹었다. 15)

이봉창 의사는 고조경찰서에 검속되기 전까지만 해도 조선인이 차별대우를 받는 데 대해 일본인에 비해 조선인의 문화 정도가 낮으므로 어쩌면 당연한 것이라고 체념하고 있었다. 그리하여 빨리 일본인의 습관을 배워 무엇이든 일본인과 꼭같이 되어 일본인과 꼭같은 대우를 받기 위해 연구도 하고 수양도 하여 어떤 일에서든 일본인에게 지지 않을 만큼 되었다고 생각했었다.

그럼에도 여전히 조선인이라는 이유만으로 차별을 받았고 이봉창 의사는 조선인은 아무리 인격이 훌륭하고 또 역량이 뛰어나더라도 도저히 일본인과 같은 대우는 받을 수 없다는 것을 깨달았다.

---

15) "上申書," p. 12.

그러던 차에 고조경찰서의 검속이 있었던 것이다. 16)

이봉창 의사는 이상과 같이 자신이 일하던 곳마다에서 차별과 수모 때문에 그만두지 않을 수 없었다. 그동안 겪었던 냉대와 멸시에 대해 이봉창 의사는 예심담당 판사의 신문에 대해 다음과 같이 답변했다.

① 용산역 근무 중에 있었던 철도당국자의 조처.
② 오사카에서 일자리를 찾아다녔을 때 조선인이기 때문에 채용되지 않았던 일.
③ 오사카에서 부두 노동을 하고 있을 때의 차별대우.
④ 스미토모〔住友〕신동소〔伸銅所〕의 아마가자키〔尼ヶ崎〕출장소에서 직공모집에 지망했을 때의 일.
⑤ 고조〔五條〕경찰서에 검속된 일 등이 가장 두드러진 것으로 사소한 것까지 헤아리면 얼마든지 있습니다. 17)

---

16) 제 6회 신문 1문답.
17) 제 5회 신문 32문답.

3. 일본인으로 변신하다

차별과 수모를 받을 때마다 느끼는 비애와 자조(自嘲)와 함께 이
봉창 의사의 가슴속에는 반일(反日) 감정과 독립사상이 차곡차곡 쌓
여가고 있었다. 누군가 이끌어 주는 인연만 있었다면, 더불어 뜻
을 같이하는 동지가 있고 실제 운동에 참여할 수 있는 연줄만 있었
더라면, 이봉창 의사의 반일감정과 독립사상은 곧장 항일투쟁으로
활활 타올랐을 것임에 틀림없었다. 그러나 이봉창 의사의 운명은
아직 그러한 기회가 올만큼 무르익지 못했다.

스미토모 신동소 아마가자키 출장소를 그만둔 이봉창 의사는 잠
시 오사카와 고베에서 인부 노릇을 했으나 노동이 너무 격심해 그
곳도 사직하고 함께 일하던 혼마 시게가즈〔本間茂一〕의 도움으로
1929년 2월 말경 오사카 시 히가시나리구〔東成區〕 쓰루하시쵸〔鶴橋
町〕 기타노마치〔北ノ町〕에 있는 야마노 가노스케〔山野鹿之助〕 비누
도매상에 점원으로 취직했다.

이봉창 의사는 이곳에 취직하면서 이번에는 조국에 대한 가슴속
의 뜨거운 용솟음을 잠재우고 일본인으로 변신하여 일본인 행세를
하며 살아가기로 마음을 바꾸고 기노시타 마사조〔木下昌藏〕의 이름
으로 취직했다.

쓰루하시 일대는 오사카에서 가장 많은 한국인이 사는 곳이다. 그러
나 이봉창 의사는 철저하게 일본인 점원으로 위장했다. 그전에 알고
지내던 모든 한국인과 완전히 교제를 끊었고 심지어는 그 때 히가시요
토카와구〔東淀川區〕에 살고 있던 사랑스러운 조카 은임에게조차 왕래
하지 않으며 일본인 행세를 했던 것이다.

그러나 일본인으로의 변신생활에도 고통이 뒤따랐다. 일본인으로 위장하면 얼마간 편한 생활을 할 수 있으리라고 기대했던 이봉창 의사는 크게 실망하고 후회하지 않으면 안 되었다. 그 경위를 이봉창 의사는 다음과 같이 기술했다.

> 단골집(소매점)에 주문을 받기 위해 갔을 때나 물건을 배달하러 갔을 때에 조선인들이 자주 물건을 사러와 정확하지 않은 일본말로 이 물건이 얼마냐, 저 물건이 얼마냐, 또는 값을 깎아달라고 하는 경우가 있는데, 이 때 일본인은 귀찮아하거나 욕을 하며 팔지 않을 때도 있었다. 일본말을 한마디도 모르는 조선여자가 물건을 사러와 말이 통하지 않아 가게 앞에서 머뭇머뭇하면 일본인은 물건을 훔치러 온 것으로 오해하며 큰소리로 호통쳐 조선여인은 화가 나 돌아가는 것이었다.
>
> 이런 경우 나는 조선인이고 또한 양쪽 말을 알고 있으므로 한마디 해주면 양쪽 모두에 도움이 돼 깨끗이 해결된다는 것을 알지만 말참견을 못 하는 내 입장은 괴로웠다. 자신이 일본인으로 위장해 있지 않았으면 한마디 통역을 해주어 서로가 감정을 상하지 않고도 일을 마무리 할 수 있다. 그런데도 말없이 지켜보고 있지 않으면 안 되니 정말 나는 인정머리 없는 놈이다. 18)

이러한 광경을 목격하면서 이봉창 의사는 일본인으로 변신한 것에 대해 몹시 후회하면서 조선인은 조선인으로 살아가지 않으면 거짓 삶이 된다는 것을 뼈저리게 느꼈다. 19)

이봉창 의사는 이 점원생활도 오래하지 못했다. 야마노 주인은

---

18) "上申書," p. 14.
19) "上申書," pp. 13∼14; 제 5회 신문 24, 25문답.

이봉창 의사가 착실하게 일을 해 처음에는 진짜 일본인으로 알고 신용해 주었으나 시일이 지나면서 이봉창 의사가 조선인인 것을 눈치 챈 것 같은 느낌을 주었다. 그렇지 않아도 일본인으로 위장한 것에 대해 막급한 후회와 죄책감에 시달려왔던 이봉창 의사는 이 상점을 그만두기로 하고 그 해 9월 말경 수금한 돈 100원을 갖고 동경으로 도망했다.[20]

동경에서는 마쓰이 가즈오〔松井一夫〕라고 이름을 바꿨다. 오사카에서 도망했기 때문에 그 곳에서 쓰던 이름을 그대로 쓰다 잘못 되지 않을까 겁이 나 이름을 바꿨던 것이다. 동경에서의 첫 직업은 어느 직업소개소의 도움으로 고구마 도매상의 점원이었다.

그러나 이곳에서는 짐꾼 같은 일만 시켜 사흘 만에 그만둔 후, 스미타구〔墨田區〕 긴시보리〔錦絲堀〕의 소아이카이〔相愛會〕에서 반 달 지내고, 우시고메구〔牛込區〕 야라이시모〔失來下〕의 사건 브로커 시오베〔塩部〕 집에서 1개월, 고단다〔五反田〕의 고이즈미구미〔小泉組〕에서 1개월, 야나기바시〔柳橋〕의 요릿집 후쿠가와데이〔深川亭〕에서 2개월, 교하시구〔京橋區〕 미나미오다와라쵸〔南小田原町〕 산쵸메〔三丁目〕의 사카구치〔坂口〕 해산물 도매상에서 1930년 3월 중순부터 7월까지 일했다.

이 해산물 도매상을 그만둔 이유는 이렇다. 처음 제조부에서 일하다 고단다〔五反田〕에 있는 시라기야〔白木屋〕 분점 내의 판매소로 옮겨졌는데 이 곳에서 동업자와 경쟁하는 것이 너무 힘들어 이를 견디다 못해 사흘 동안 무단 결근하자 주인이 한심스럽다고 질책했기 때문이었다.

이봉창 의사가 동경에서 마지막으로 일한 곳은 간다〔神田〕에 있는

20) 제 5회 신문 26문답.

구세군 소개소의 도움으로 얻은 혼초구〔本所區〕 모리가와초〔森川町〕
에 있는 오오키〔大木: 주인 大木越夫〕 가방점이었다.

그는 이곳에서 판매외교(외판원)를 했는데 그 해 11월 요코쓰카〔橫
須賀〕에 출장 가 그 곳에서 회사 돈 50~60원을 유용했다. 이봉창 의
사는 이 돈을 충당할 길이 없어 다시 판매대금 50~60원을 가지고
오사카로 도망했다. 21)

---

21) 제6회 신문 10~12문답 참조.

제 4 장
대한민국 임시정부와 김구와의 만남

1. 상해로 가다

오사카에 도착한 이봉창 의사는 미나토구〔港區〕 구조호쿠토오리
〔九條北通リ〕의 가미자키 이토〔神崎イト〕가 경영하는 하숙집에 '이봉
창'이라는 본명으로 숙박하여 취직자리를 찾았다. 오사카에 도착한
지 2, 3일째 되던 날 이봉창 의사는 구조토오리에서 전부터 알고
지내던 박태산〔朴泰山〕을 우연히 만났다. 그와는 1926년 이봉창 의
사가 오사카에서 노동을 하고 있을 때 고노하나구〔此花區〕 니시구
조〔西九條〕 조선인 김학근〔金學根〕의 집에 같이 하숙하면서 알게 됐
으며 친하다고는 할 수 없으나 나이가 서로 비슷해 계속해서 교제
하는 사이였다.[1]

---

1) 제 4회 신문 7문답; 제 6회 신문 22문답.

박태산은 이봉창 의사에게 이치오카〔市岡〕 청년회관 앞의 나영호(羅永浩) 집에서 살고 있다면서 틈나는 대로 한번 놀러오라고 해 그날 밤 찾아갔었고 2, 3일 후에도 놀러갔었다.

이봉창 의사는 박태산에게 동경은 불경기로 재미가 없어 이곳에서 취직자리를 찾고 있다고 얘기하며 잡담하던 끝에, 귀가 번쩍 뜨이는 이야기를 들었다. 그의 이야기는 중국 상해(上海)에 영국 전차회사가 있는데 그 회사가 조선인을 아주 우대한다는 것이었다. 그리고 상해에는 조선독립운동을 벌이고 있는 임시정부가 있어 여러 가지로 조선인들을 도와준다면서 차라리 상해로 가는 것이 어떻겠느냐고 말하였다.[2] 이봉창 의사는 상해야말로 자신이 가야 할 최고의 적지(適地)라고 생각했다.

> 나는 2년 정도 일본인으로 위장하여 살아 보면서 고통을 겪었기 때문에 이제부터는 나의 본명인 '이봉창'으로 살아가기로 하고 차별이나 압박을 받아도 상관없는 조선인으로 생활하기로 마음먹고 있던 때이기 때문에 곧 결심하고 상해로 갔다.[3]

이봉창 의사는 박태산의 말에 따라 앞으로 떳떳하게 조선인으로서 살고자 하는 생각에서 취직자리 찾기도 그만두고 바로 쓰이코〔築港〕의 국제 여객선회사로 가서 가장 빠른 상해행 배편을 알아보고 그의 수중에 있던 50원 가운데서 21원을 들여 상해행 선박표를 샀다.[4]

1930년 12월 6일 이봉창 의사는 쓰이코에서 일본인 옷차림에 기

---

2) 제 2회 신문 28문답; 제 6회 신문 22~24문답; "聽取書," 4항 참조.
3) "上申書," p. 14.
4) 제 6회 신문 26문답.

노시타 마사조〔木下昌藏〕라는 이름으로 여객선 가사키마루〔笠置丸〕를 타고 중국으로 출발했다. 10일 상해에 도착했다. 드디어 이봉창 의사의 상해생활이 시작됐다. 막연히 가슴속에 품고만 있던 항일정신과 독립사상이 서서히 구체화되어 갔다. 그 때 그의 수중에 남은 돈은 18원 가량이었다.

상해에 도착한 이봉창 의사는 가사키마루에서 알게 된 나가타〔永田 또는 가와타: 川田〕라고 부르는 조선인과 함께 히노마루칸〔日之丸館〕이라는 여관에서 2, 3일 가량 묵은 뒤 어느 중국인 여인숙(이름은 잊었음)으로 옮겨 1개월 넘게 취직자리를 찾았으나 얻을 수가 없었다. 상해에 상륙했을 때 갖고 있던 18원 가량의 돈5)도 다 떨어진 이봉창 의사는 미쓰무라구미〔光村組〕라는 양복점 주인이 운영하는 무료 숙박소 이치키앙〔一樹庵〕에 신세를 지면서 이번에는 일자리 대신 임시정부를 찾아나섰다.

임시정부를 찾아가면 영국 전차회사 취직을 도와줄 것이며, 또 임시정부의 활약상도 알 수 있을 것으로 믿었기 때문이다. 이봉창 의사는 어디서든 한국인을 만나기만 하면 임시정부의 소재를 물었다. 그러나 아무도 가르쳐주지 않았다. 언어가 통하지 않아 인력거나 전차도 타지 못하고 걸어서 여기저기를 다니던 어느 날이었다. 이봉창 의사는 오송로(吳淞路)에 있는 중국인 우동집에서 어느 한국인에게 물었더니 프랑스 조계(租界)에 가면 한국인이 많으므로 알 수 있을 것이라고 했다.

이봉창 의사는 프랑스 조계로 가 마침 만난 어느 전차 차장에게 물었더니 그가 가르쳐 주어 마침내 임시정부의 위치를 찾아냈다. 대한민국 임시정부(大韓民國 臨時政府) 겸 민단(民團) 사무소는 상해

_____

5) 앞의 주 4와 같음.

마아랑루우 보우겡리이〔馬浪路 普慶里〕4호에 있었다. 6)

　해가 바뀌어 1931년 1월 초 이봉창 의사는 민단사무소를 찾아갔다. 이봉창 의사를 맞이한 사람은 24, 5세 가량 된 민단 사무원 김동호(金東浩)였다. 이봉창 의사는 그에게 자신의 경력을 대강 밝히고 영국 전차회사에 취직을 알선해 달라고 부탁했다. 그러자 김동호는 영어와 중국어 양쪽을 알지 못하면 채용해 주지 않으므로 먼저 양 국어를 배우지 않으면 안 된다면서 2~3개월 배우면 될 것이라고 말하였다. 이봉창 의사와 김동호가 처음 대면하여 나눈 이야기는 대체로 이 정도였다. 임시정부의 강령, 주의 등에 관해서는 이때에는 전혀 이야기를 하지 않았다.

　이봉창 의사는 영어와 중국어를 배우고는 싶었으나 그의 수중에는 2~3개월 동안 공부할 수 있을 만큼의 금전적 여유가 없었다. 이봉창 의사는 할 수 없이 이곳에서도 일본인을 상대로 일자리를 찾지 않을 수 없었다.

　이봉창 의사는 일본인이 경영하는 기독교 청년회관(YMCA)이 알려준 명화(明華, 제 6회 신문; 32, 36 문답에서는 明善이라고 진술) 철공소〔주인 中西信太郎〕에 대장장이로 취직했다. 그곳에서 처음 2개월은 용돈 정도의 급료를 받았으나 그 후에는 하루 2원의 임금을 받았다. 7)

---

6) 제 6회 신문 28~30문답; "공판조서," p. 149; "聽取書," 7항 참조.
7) 제 6회 신문 31~33문답; 공판조서, p. 150 참조.

2. 김구와의 해후

이봉창 의사가 백정선(白貞善),[8] 즉 김구(金九)를 처음 만난 때가 언제인지는 분명하지 않으나 여러 정황을 살펴보면 1931년 1월 이봉창 의사가 민단사무소를 처음 찾아간 때인 것 같다. 이봉창 의사는 9회에 걸친 예심신문에서는 명화철공소에 취직됐다는 것을 알려주기 위해 3월에 두 번째 민단을 찾아갔을 때 처음 만났다고 진술하고 있다. 이를 잠시 보자.

> (金東浩를 만나) 먼저 내가 명화철공소에 취직했다는 것을 알리고 나서 임시정부 단장을 만나게 해달라고 부탁하자, 金은 단장은 아무 때나 자주 나오지 않는다면서 단장을 만나는 것은 조금 어렵다고 했습니다. 그리고 나서 여러 가지 잡담을 하고 있는데 때마침 白貞善이 왔던 것입니다. 金이 白貞善에게 만나주라고 말하자 白貞善이 이를 승낙해 나는 金의 소개로 白貞善을 만날 수 있었습니다.[9]

그러나 공판조서에는 이봉창 의사가 명화철공소 직공으로 취직했음을 알려주기 위해 갔을 때 김구를 만난 것은 두 번째 만남이며

---

8) 이봉창 의사는 예심과 공판에서의 진술과 "上申書", "聽取書" 등의 기술에서 金九를 白貞善이라고 호칭, 金九의 신원을 철저하게 감추었다. 이봉창 의사는 金九의 안위를 걱정하고 감싸려는 충정에서 이와 같이 진술한 것이었다. 따라서 이봉창 의사에 대한 각종 조서 등에서 등장하는 白貞善이 바로 金九임은 물론이다.
9) 제 2회 신문 30문답 참조, 제 6회 신문 36문답.

처음 만난 것은 1월이었다고 진술하면서, 예심신문에서 3월에 처음 만났다고 진술한 것은 잘못된 것이라고 밝혔다.[10]

이봉창 의사 의거의 의의와 경위 등에 관해 김구가 소상히 쓴 〈동경 작안의 진상〉은 김구가 이봉창 의사를 만나는 장면을 다음과 같이 기술하고 있는 것으로 미루어 이것은 이봉창 의사가 임시정부를 처음 방문했을 때의 광경인 것 같고, 따라서 두 분의 첫 만남은 이봉창 의사가 민단을 처음 방문했을 때 이루어졌다는 "공판조서"의 답변이 옳은 것 같다.

> (이봉창 의사는) 임시정부의 통신처(通訊處: 사무소)를 홀로 찾아오게 되었다. 곳은 으슥한 농당(弄堂) 집, 때는 어두운 밤인데 그 집 위층에서는 마침 밀회(密會)가 있었다. 오기는 바로 왔으나 일어(日語) 반 섞은 한어(韓語)로 내력 없이 들어온 이 부지객(不知客)이 친절한 태도를 보일수록 더욱 의심을 사게 되었다. 필경 누하(樓下)에 있던 수삼 청년동지는 그를 적으로 혐의(嫌疑)하여 구축하려 하고 그는 아니 가려고 간구(懇求)하여 일시 쌍방의 성음(聲音)이 높아졌다. 내가 친히 누하로 가서 그와 수어(數語)를 교환한바 그의 태도가 자못 비범함을 보고 …. [11]

《백범일지》(白凡逸志)에서도 두 분의 첫 대면이 이봉창 의사가 처음 민단을 방문했을 때 이루어진 듯이 기술하고 있다. 이 전기에 따르면 어느 날 중년 동포[12]가 민단을 찾아왔는데 그가 이봉창 의사였으며, 그는 수일 전에 상해에 와 이날 처음 민단을 방문했다고

---

10) "공판조서," p. 150.
11) 金九 씀, 〈東京炸案의 眞狀〉의 "그립든 上海로" 항목.
12) 당시 이봉창 의사는 31세였음.

74

말했다는 것이다. 이봉창 의사는 독립운동이 하고 싶어 왔다고 말했고 김구는 독립정부는 있으나 운동가들이 아직 먹고 자고 할 역량이 없으니 갖고 있는 돈이 있어야 한다면서 갖고 있는 돈이 있느냐고 물었다. 그러자 이봉창 의사는 노동하면서 독립운동은 못하느냐고 반문했는데 김구는 이봉창 의사의 언어가 절반은 일어이고 동작이 일인과 흡사해 조사할 필요가 있다고 생각했다.[13]

이봉창 의사가 김구를 처음 만났을 때 김구는 자신을 백정선이라고 소개했다.[14] 이봉창 의사는 이 첫 만남에서도 김동호에게 부탁했던 것과 같이 영국 전차회사에 들어갈 수 있도록 도와달라고 했고 김구의 답변 역시 들어갈 수 없다는 거절이었다.[15]

이어 이봉창 의사는 임시정부와 민단의 주의, 강령, 목적이 무엇인지를 물었다. 이봉창 의사는 김구의 설명이 그가 희망하고 있는 조선독립운동에 도움이 되는 것이라면 단원으로 가입해야겠다고 생각하고 질문했던 것이다. 그러나 김구는 임시정부는 상해에 재류하고 있는 한국인의 직업소개와 상호친목을 도모하는 것을 사업목적으로 하고 있으며, 매월 각자에게서 1원 정도의 회비를 모아 부인회, 어린이회와 그 밖의 한국인이 개최하는 여러 회합을 뒷바라지하고 있다는 정도밖에 털어놓지 않았다.

이봉창 의사는 김구와의 이 대면이 첫 회견이고 또 김구가 이봉창 의사가 어떤 인물인지를 알지 못하기 때문에 모양 좋은 빈말만을 하는 것이 아닌가라고 생각했다.[16]

두 번째 만났을 때 김구는 이봉창 의사에게 일본 내 사정을 두루

---

13) 金九, 《白凡逸志》, 나남출판, 2002, p. 326.
14) "聽取書," 8항.
15) 공판조서 p. 151.
16) 제 2회 신문 30문답; "聽取書," 8항.

물었다. 일본 내에서 한국인에 대한 대우와 생활상태 등을 묻고 동경에서는 얼마 동안이나 살았는지 등을 물었으며 천황이 나들이 할 때 경계가 엄중한가, 무엇인가 세상을 놀라게 할 만한 사건을 일으킬 수 있겠는가 등을 물었다.

그리고 한 번 더 일본에 갈 일은 없는가라고 물어 이봉창 의사가 그 까닭을 되묻자 진담반 농담반의 어조로 폭탄을 들고 일본으로 가 한 번 해볼 생각이 없느냐고 말했다. 이에 대해 이봉창 의사는 경계가 엄중하지만 하려고 마음만 먹으면 하지 못할 것도 없다고 대답했다.[17]

그리고 나자 이봉창 의사는 불현듯 고조〔五條〕경찰서에 검속됐던 생각이 떠올랐다. 그리고 자신이 일본인으로 변신하여 살았으나 만족하지 못해, 본명을 대고 떳떳하게 한국인으로 생활하기 위해 상해에 왔음에도 이곳에서도 일본인으로 위장하여 살 수밖에 없는 자신의 처지를 한심스럽게 느꼈다.

이봉창 의사는 이와 같은 자신의 느낌을 김구에게 밝히면서 폭탄이든 무엇이든 적당한 무기가 입수되면 일본으로 가 '사건'을 일으켜도 좋다고 제의했다. 그러나 이봉창 의사는 '사건'이라는 말을 그때까지만 해도 '천황을 살해한다'는 뜻으로가 아니라 '고관을 살해한다'는 의미로 썼다.[18]

김구와 이러한 대면이 있은 후 이봉창 의사는 자주 술과 안주를 마련하여 임시정부 사무소에 들러 사무원들과 어울려 술을 마셨다. 당시 임시정부의 살림은 몹시 곤궁했으므로 이런 사정을 알게 된 이봉창 의사는 수중에 돈이 생기면 곧잘 임시정부 사무소에서 이 같은 주연을 베풀었다.

---

17) 제 6회 신문 37문답; "공판조서," pp. 151~152.
18) 제 6회 신문 38문답.

그러던 어느 날의 주연에서였다. 이봉창 의사는 아무도 상상하지 못했던 대담한 발언을 하는 것이었다. 그것은 김구에게 임시정부와 민단이 앞으로 전개해야 할 독립운동의 큰 방향을 제시해 주는 '지침'에 다름 아니었다. 김구는 이봉창 의사의 말을 듣고 내심 크게 기뻐하지 않을 수 없었다. 김구는 그 당시 상황을 다음과 같이 기술하고 있다.

> 그가 또 와서 수삼(數三)의 직원과 함께 식당에서 주효(酒肴)를 준비하고 통음(痛飮)하였다. 그는 주흥(醉興)이 도도하여 그 동지들에게 향하여 묻기를 "왜황(倭皇)을 도살(屠殺)하기는 극히 용이한데 하고(何故)로 독립운동자들이 이것을 실행하지 아니합니까"하였다.
>
> 만좌(滿座)한 동지들은 비웃는 태도로 코웃음을 치고 그 중에 한 사람이 대답하기를 "용이할진대 아직까지 왜 못 죽였겠소"하였다. 이 말을 듣고 그는 또 말하기를 "내가 연 전에 동경에 있을 때 어느날 일황(日皇)이 하야마〔葉山〕19)에 간다고 하기에 길가에서 본 적이 있는데 일황이 내 앞을 지나가는 것을 보고 '이 때에 나에게 총이나 작탄(炸彈)이 있었으면 어찌할까'하는 감촉(感觸)이 얼른 생겼습니다"하였다.
>
> 이 대화를 밖에서 들은 나는 도저히 무심(無心)할 수 없었고, 오히려 만심환희(滿心歡喜)하였다. 20)

이봉창 의사와 김구의 관계는 비록 그 기간은 짧았지만 매우 신뢰감이 두터웠고 돈독했다. 이봉창 의사는 김구를 그렇게 학문이

---

19) 東京에서 멀지 않은 가나가와현〔神奈川縣〕 미우라군〔三浦郡〕 하야마쵸〔葉山町〕의 중심지로 천황의 별장이 있는 곳.
20) 金九 씀, 〈東京炸案의 眞狀〉의 "醉中에 眞談" 항목.

있는 사람이거나 인격자라고는 생각하지 않은 것 같다. 그러나 이봉창 의사는 민단의 직원들이 식사를 못 하고 있음에도 김구가 거사자금으로 거금을 꺼내 선뜻 내어주는 모습에서 그의 '관대한 도량과 엄정한 공심(公心)에 탄복하고 감격'하여 깊은 존경의 염(念)을 간직하고 있었다.

　이봉창 의사는 민단의 단장이며 다른 한국인들이 그와 만나면 인사하는 것을 보면서 김구를 상해에 있는 한국인의 총대표자라고 알고 있었다. 그러나 이러한 것과 관계없이 두 사람은 서로 상대방을 존경하고 깊이 신뢰하는, 서로가 상대를 예사롭지 않은 인물임을 의식하는 관계였던 것이다.21)

---

21) 제 7회 신문 23문답; 앞의 〈東京炸案의 眞狀〉의 "最後의 一別".

3. 항일독립사상의 성숙

이봉창 의사는 용산역 근무 때의 차별대우와 그후 일본에서 겪은 갖가지 차별대우에서 적지 않은 마음의 상처를 입었다. 그러나 이러한 마음의 상처가 내면적으로는 반일감정(反日感情)으로 침잠하고 있었을망정 외면적으로 곧바로 반일의식으로 표출되지는 않았다. 그는 이러한 차별대우를 한국인의 문화 정도가 일본인에 비해 낮기 때문에 어쩔 수 없이 감수해야 하는 당연한 인과(因果)라고 판단, 감정적인 반일의식은 접어두고 사회적 현실로 받아들이려고 애썼다.

따라서 이봉창 의사는 차별대우에 대해 분개하기보다 이를 수긍하고 극복하려 노력했다. 이봉창 의사는 서울에 있을 때 일본인들에게서 조선인의 습관과 태도 등에 대해 나쁜 비평을 들을 때마다 일본인에게 조선인의 습관 등을 설명하여 될 수 있는 대로 일본인들이 한국인을 이해하도록 하는 데에 노력했다.

오사카에 있을 때에도 한국인의 복장이 어떻다든지 한국인은 불결하고 단정하지 못하다든지, 그밖에 갖가지 나쁜 평판을 들었지만 그때마다 그 이유를 설명하며 한국인은 아직도 무례한 점이 있으므로 지도해달라고 부탁하는 한편, 한국인에게는 이를 고치도록 계몽하는 일을 게을리하지 않았다.

그러나 교토〔京都〕의 천황 즉위식에서 당한 검속은 과거의 갖가지 차별대우와 상승작용, 이봉창 의사가 그때까지 지니고 있던 일본인에 대한 모든 생각을 항일의식(抗日意識)으로 바꿔놓았다. 그리고 이 의식은 한국인은 조국 한국의 자유를 획득하지 않으면 안

되며 자기 자신의 생명을 바쳐서라도 2천만 동포를 위해 한국독립의 실현을 위해 노력하지 않으면 안 된다는 독립사상(獨立思想)으로 승화했다. 22)

이봉창 의사가 최초로 사상(思想)에 관해 생각하게 된 것은 교토에서 검속되어 고조[五條]경찰서 유치장에 있을 때였다. 그는 이곳에서 무산당(無産黨)이나 공산당(共産黨)에 입당해야겠다는 생각을 했다. 그 이유는 이들 정당이 노동자에 대한 대우개선 등을 부르짖고 있어 무산계급에게 유리한 운동을 해줄 것이라는 소박한 기대가 있었기 때문이었다.

그러나 이봉창 의사는 그후 생각을 거듭하면서 무산계급이나 노동자계급을 위하기에 앞서 먼저 전체 한국인을 위해 무엇인가를 해야 하며 그것은 바로 한국독립을 위해 노력하는 것이라고 결론짓고 그때부터 무산당과 공산당에 대한 생각을 버렸다. 23)

이러한 이봉창 의사의 항일(抗日) 독립사상(獨立思想)은 오사카에서는 동지도 찾지 못하고 실제 운동에 들어갈 연줄도 없어 실제적인 독립운동으로는 전혀 연계되지 못했고, 동경에서는 오사카에 있을 때보다 그 열기가 식어 이봉창 의사의 가슴속에서만 고이 잠자고 있을 뿐이었다. 24)

이봉창 의사의 항일 독립사상은 중국 상해에 가 김구를 만나면서 무르익었다. 25) 1931년 4월 말경 민단 사무소에서 이봉창 의사가 김구와 세 번째 만났을 때였다.

이때 김구는 지난번에 만났을 때와 꼭같은 내용의 질문을 이봉

---

22) 제6회 신문 1문답.
23) 제6회 신문 3~5문답.
24) 제6회 신문 9, 15문답.
25) "공판조서," p. 148.

창 의사에게 던졌다. 그것은 천황이 지나갈 때 천황에게 폭탄을 던질 수 있느냐는 것이었다. 그러나 질문은 전번에 만났을 때와 같은 내용이었지만 김구의 표정과 어조는 그때의 반농(半弄) 반진담(半眞談)과는 달리 진지하고 엄숙했다.

이봉창 의사도 김구와 같은 태도와 어조로 일본에서 상당히 오랫동안 살았고 동경의 지리도 잘 알고 있으므로 폭탄만 손에 들어온다면 천황이 지나갈 때 천황을 향해 폭탄을 던지는 것은 손쉬운 일이라고 답변했다.

4. 천황이냐 수상이냐

그러자 김구는 이봉창 의사에게 누구를 죽이는 것이 좋다고 생각하느냐고 묻는 것이었다. 이봉창 의사는 천황은 신(神)과 함께 있는 장식물에 불과하므로 그를 죽인다 해도 도움이 안 된다고 생각하며, 그보다 오히려 총리대신이나 그밖에 한국에 대해 호감을 갖고 있지 않은 고관을 죽이는 편이 효과 있는 것이 아니겠느냐고 대답했다.

그러나 김구는 한국독립을 위해서는 천황을 죽이는 것이 훨씬 효과가 있고 또 세계 각국에도 강한 영향을 준다고 강조하며, 이봉창 의사의 의견에 동조하지 않았다. 이봉창 의사는 이와 같은 김구의 설명을 듣고 그의 생각이 과연 지당하다고 납득이 돼 천황에게 위해(危害)를 가할 결심을 굳게 갖게 되었다.[26]

그 후 5월 말경 이봉창 의사는 민단 사무소에서 김구를 만났다. 이봉창 의사는 김구에게 상해에 독립운동단체가 있으면 들어가고 싶은데 그러한 단체는 없는지, 임시정부는 어떠한지를 물었다. 김구는 그러한 단체가 2~3개 있으나 어느 하나 착실하지 못하니 그런 단체에 들어가는 것은 소용없으며 임시정부도 단지 형식적인 것으로 별로 힘이 없다고 대답했다.

그리고 이어 천황의 목숨을 빼앗겠다는 의지만 굳건하다면 단독으로 실행할 수 있으므로 그러한 단체에 들어가 그것에 기댈 필요가 없으며 단독으로 실행할 결심이 있으면 김구 자신이 후원자가

---

26) 제6회 신문 40, 41문답, 공판조서 p. 152 참조.

되어 주겠다고 말하는 것이었다.

이봉창 의사는 "폭탄을 구할 수 있는가"라고 묻고, 폭탄만 손에 들어온다면 일본으로 가 거사하겠다고 했으며, 김구는 "폭탄을 입수 못할 리가 없다"고 대답했다. 이봉창 의사는 폭탄이 입수되면 알려달라고 부탁하고 민단 사무소를 떠났다.[27]

이봉창 의사는 8월 말경 명화철공소를 그만두었다. 임금의 지급이 좋지 않았고 일에 실증이 나 '멋대로 놀았더니' 그만둬 달라고 해 바로 그만둔 것이다. 이봉창 의사는 무료숙박소인 이치키앙〔一樹庵〕에서 10일 가량 머물다가 일본인 하후리사카 고로〔祝榮五郎〕가 경영하는 축음기 상점 영창공사(榮昌公司)에 점원으로 취직했다. 이봉창 의사는 9월 중순쯤에 이 사실을 보고하기 위해 민단사무소로 김구를 찾아갔다. 김구는 이봉창 의사를 민단사무소 근처의 어느 음식점으로 데리고 갔다.[28]

이봉창 의사는 김구에게 폭탄을 입수할 가망이 없으면 없다고, 또 입수할 수 있으면 있다고 확실한 대답을 듣고 싶다고 말했다. 이봉창 의사로서는 폭탄입수 여부에 따라 자신의 앞날의 계획을 확정할 수 있기 때문이었다. 김구는 폭탄은 입수할 수 있고 이봉창 의사가 일본에 가는 여비도 마련할 수 있다면서, 오히려 이봉창 의사가 결행할 결심을 하고 있는지를 물었다. 이에 대해 이봉창 의사는 다음과 같이 대답했다.

5~10년 삶을 더 사는 것도 흥미 없다. 오히려 나는 빨리 죽고 싶다고 생각하고 있으므로, 폭탄이 손에 들어온다면 반드시 책임지고 결행하겠다. 더구나 나는 어떤 일이든 중도에 흐지부지

---

27) 제6회 신문 47문답.
28) 제6회 신문 46, 47문답, "聽取書," 8항.

하는 것을 싫어하므로 폭탄이 틀림없는 것인지, 그리고 그 효력이 어떠한지를 확인한 다음 일본에 갈 생각으로 있으니, 폭탄이 입수되면 즉시 알려주기 바란다, 언제든지 오겠다고 말씀드렸습니다. [29]

김구는 폭탄은 자기에게 경험이 있다면서 6~7칸 거리 내의 물건을 모두 파괴하는 위력이 있으므로 시험하지 않아도 문제가 없으니 믿어달라고 말하고, 폭탄과 여비가 준비되면 연락하겠다고 말했다. 이봉창 의사는 가능하면 연내에 폭탄이 입수됐으면 좋겠고 그렇게 안 되면 다음 해 3~4월로 연기해도 좋다고 말하자, 김구는 모두 연내에 된다고 확답했다.

이봉창 의사가 연내에 안 되면 다음 해 3~4월로 연기해도 무방하다고 한 것은 나름대로의 구상에 따른 것이었다. 이봉창 의사는 그동안 김구와 접촉하면서 그의 형편이 여의치 않음을 알았다. 거사자금(擧事資金)이라야 기껏 여비 정도밖에 마련할 수 없을 것이라고 판단한 이봉창 의사는, 김구가 주는 돈으로는 일본까지 가는 교통비로 쓰고 일본에서는 무언가 적당한 직업을 구해 생활하며 느긋하게 천황이 나들이하는 기회를 엿볼 심산이었다.

12월은 일본이 바쁜 때이므로 바로 일자리를 구하기가 쉬워 연내에 들어가는 것이 좋지만 1~2월은 한산한 시기로 쉽게 일자리를 구하지 못할 것 같아 연내에 준비가 안 되면 일이 바빠지는 3~4월로 연기하는 것이 좋을 것이라고 판단했던 것이다.

이봉창 의사는 이 자리에서 교토[京都]의 천황 즉위식 때 검속됐던 일, 이를 계기로 하여 자신의 사상경향이 현저하게 변화한 일, 또 민족독립운동에의 참여의욕 등이 생겼다는 이야기도 했

---

[29] 제6회 신문 48문답.

다.[30) 이봉창 의사는 그 후 민단사무소에 여러 차례 놀러갔으나 11월 하순까지 한 번도 김구를 만나지 못했다.[31)

---

30) "聽取書," 8항.
31) 제 6회 신문 51문답.

제 5 장
천황 살해계획과 준비

1. 거사자금의 조달

이봉창 의사 의거에는 중국 돈 3백 불과 일본 돈 1백 원(圓)이 소요됐다. 모두 김구의 주머니에서 나온 것이다. 3백 불은 상해에서 김구가 직접 준 것이고, 1백 원은 은행환으로 동경의 이봉창 의사에게 송금된 것이다. 중국 돈 3백 불은 일본 돈으로 환산하면 약 150원이며 동경에서 송금 받은 1백 원과 합해 모두 250원이 이봉창 의사에게 제공된 거사자금이다.[1)]

이 자금은 미국 본토와 하와이, 멕시코, 쿠바 등에서 사는 동포들이 거두어 김구(白貞善)에게 보내준 성금이었다. 김구는 이봉창 의사와 만나기 오래 전에 하와이에 있는 안창호(安昌鎬), 임성우

---

1) 제 8회 신문 12문답.

(林成雨) 등에게서 반가운 편지를 받았다. 편지 내용은 "우리 민족에 큰 빛이 날 무슨 사업을 하고 싶은데 거기 쓸 자금이 문제된다면 주선하겠다"는 것이었다.

김구는 "무슨 사업을 하겠다고 말할 계제는 아니지만 간절히 하고 싶은 일이 있으니 조용히 자금을 모았다가 보내달라는 통지가 있을 때에 보내달라"고 회답했더니 그렇게 하겠다는 답장이 왔다.

김구는 이봉창 의사를 만나 의거를 계획하면서 하와이에 자금을 보내달라고 연락했고, 1931년 12월 초 마침내 수백 달러의 돈이 왔다.[2] 김구가 이봉창 의사에게 준 거사자금은 바로 재미동포들이 보내준 성금이었다.

이봉창 의사는 1931년 12월 15일(또는 16일) 중국인 여관 중흥여사(中興旅舍)에서 김구와 함께 거사에 관해 논의할 때 자금출처에 대해 김구에게 물은 적이 있다. 이에 대해 김구는 그런 것은 아무래도 좋다면서 1백 원이나 2백 원 정도의 돈은 자신의 손으로 어떻게든 만들 수 있다고만 밝혔다.

그러나 이에 앞서 12월 13일 밤 사진관에서 기념사진을 찍고 나와 걸으면서 김구는 아메리카에 사는 한국인 동포들이 보내온 것이라고 돈의 출처를 무심코 밝힌 적이 있었다.

이와 관련, 일본은 이봉창 의사의 거사자금의 출처에 대해 "김구는 무일푼이므로 어디선가 외부에서 보내온 것이 분명하다"고 판단하고 여러 방면으로 내탐했다.[3] 이러한 가운데 이봉창 의사 거사자금이 중국 정부에서 제공했다는 정보를 입수했다. 중국 광동(廣東)의 일본 총영사관 총영사대리 수마 야기치로(須磨弥吉郎)는 다

---

2) 金九, 나남출판, 《白凡逸志》, 2002, pp. 323~324.
3) 上海 일본 총영사관 보고 극비 제13호의 2(1932. 1. 9) 무라이 총영사
  → 외상.

음과 같은 정보를 외상에게 보고했다.

이번의 不敬事件은 陳果夫[4]가 주동이 되어 蔣介石이 하야하기 전에 계획한 음모로써, 在上海 鮮人 金九를 통해 李奉昌에게 報酬로서 3천 元을 주고 실행한 것이라는 當館의 밀정의 보고가 있었음.[5]

이 밀정의 정보보고는 한국국민혁명당(韓國國民革命黨) 전위총부(前衛總部) 대표위원 왕억(王億)이 1월 12~13일경 광동(廣東)에 있는 자신의 집으로 보낸 서신에 이와 같은 내용이 담겨있는 것을 집을 지키고 있던 이수(李壽)라는 자가 읽고, 그 내용을 함께 사는 4~5명에게 이야기해 이들이 서로 손을 잡고 기뻐하는 것을 밀정의 지인(知人)이 목격했다는 것으로, 이 밀정이 왕억의 서한을 직접 읽은 것은 아니어서 믿기 어렵다고 수마(須磨) 보고서는 추기(追記)하고 있다.

이와 같은 보고에 대해 상해 일본 총영사관은 신빙성이 매우 적은 정보이기는 하나 아직 이를 부정할 만한 확실한 자료도 없다고 밝히고 자금출처에 대해 계속 내탐하고 있다고 보고했다.[6]

---

4) 中國 國民黨 중앙당부 조직부장 겸 江蘇省 主席으로 蔣介石 측근임.
5) 廣東 일본총영사관 보고 제35호(1932.1.15) 수마 총영사대리 → 외상.
6) 上海 일본 총영사관 보고 기밀 제181호(1932.2.25) 무라이 총영사 → 외상.

2. 수류탄의 입수

이봉창 의사가 거사를 위해 중국 상해에서 일본 동경으로 갖고 간 수류탄은 김구가 중국군 고창묘(高昌廟)의 병공창(兵工廠)에 근무하는 왕웅(王雄, 金弘壹의 중국 이름)에게 지시하여 그 병공창에서 1개, 김현(金鉉)을 시켜 하남성(河南省)의 유치(劉峙)방면에서 한 개 등 모두 두 개를 마련한 것이었다.[7]

이봉창 의사는 사전에 이 수류탄의 성능을 시험해 보자고 요청했으나 김구는 이 수류탄이 폭발하면 사방 7~8칸 주위의 모든 것을 산산조각 낼 수 있는 위력을 갖고 있으니 자기를 믿어달라면서 이봉창 의사의 요청을 받아들이지 않았다.[8] 김구가 이봉창 의사의 요청을 받아들이지 않은 것은 수류탄의 추가입수가 어렵고, 마땅한 시험장소도 없었기 때문이 아닌가 여겨진다.

상해 일본 총영사관은 이봉창 의사가 의거결행 때 사용한 수류탄의 입수경위에 대해 의거 직후부터 여러 갈래로 탐문했다. 총영사관이 수집한 정보 가운데는 김구가 1931년 5월 18일 상해에 왔다가 7일 후인 25일 떠난 국민혁명군 육군기병 제1여단 사령부 군의(軍醫) 주임 김현(金現)에게서 수류탄 두 개를 입수했다는 정보가 있었으며,[9] 이봉창 의사가 소지했던 수류탄 두 개는 김구가

---

7) 金九, 《白凡逸志》, 나남출판, 2002, p. 328.
8) 제 2회 신문 17문답; 제 3회 신문 52문답.
9) 上海 일본 총영사관 보고 극비 제13호의 2(1932.1.9) 무라이 총영사 → 외상. 이 보고서의 金現은 위 《白凡逸志》의 金鉉과 같은 인물이 아닌가 여겨진다.

1930년 말 소련의 블라디보스토크 지방의 고려공산당을 통해 입수한 6개의 수류탄 가운데 2개로 나머지 4개는 아직도 김구가 가지고 있다는 정보도 있었다.[10]

일본 총영사관은 이 정보는 한국의 병인의용대(丙寅義勇隊) 대원이 흘려준 것으로 비교적 믿을 만한 정보라고 평가하면서 이 정보에는 이봉창 의사 의거는 김구가 개인적으로 단행한 것이며, 임시정부는 전혀 관여하지 않았으나, 이봉창 의사의 의거가 한국의 독립운동에 크게 기여 공헌한 일대장거(一大壯擧)로 경모상탄(敬慕賞嘆)하는 분위기라는 내용도 담고 있다.

---

10) 上海 일본 총영사관 보고 기밀 제262호(1932. 3. 17) 무라이 총영사 → 외상.

3. 한인애국단 가입

폭탄과 여비를 얼추 마련한 김구는 이봉창 의사에게 곧 자기에게 들러달라는 편지를 띄웠다. 그러나 이봉창 의사는 정해진 날짜에 나타나지 않았다. 그후 얼마 지나지 않은 11월 말 이봉창 의사가 민단사무소에 갔다가 김구를 만났다.

김구는 편지를 보냈는데 왜 오지 않았느냐고 물었고, 이봉창 의사는 편지를 받은 사람이 깜박 잊고 자기에게 전해주지 않은 것 같다고 해명했다. 이 편지는 이봉창 의사와 아주 가깝게 지내는 잡화상점 도라야〔寅屋〕의 주인 오다기리〔小田切〕 앞으로 보내졌는데 이 상점 점원이 이봉창 의사에게 건네는 것을 잊었던 것이었다.11)

12월 10일(또는 11일) 도라야에서 이봉창 의사에게 편지가 왔다고 전화로 알려와 갔더니 김구에게서 온 편지였다. 그것은 12월 13일 오후 7시 반경에 와달라는 내용이었다. 이봉창 의사는 그 날 그 시간에 민단사무소로 갔다.12) 그러나 김구는 그 곳에 없었고 한참 기다려도 오지 않았다. 이봉창 의사는 사무소에 있던 김동호에게 김구에게서 와달라는 편지가 있어 이렇게 와 기다리고 있는데 지금 어디에 있느냐고 물었다.

김동호는 김구가 아마도 프랑스 조계(租界) 신천상리(新天祥里) 20호의 조선인 집에 있을 것이라면서 인력거를 불러 인력거꾼에게 이봉창 의사를 그 곳까지 모시고 가도록 태워 주었다. 그 집에도

---

11) 제7회 신문 1문답.
12) 金九는 〈東京炸案의 眞狀〉에서 이 날짜를 12월 11일로 쓰고 있는데 이봉창 의사의 여러 차례의 진술로 미루어 13일이 정확한 것 같다.

김구는 없었다. 그 집사람[13]은 어쩌면 저 곳에 있을지 모른다면서 이봉창 의사를 프랑스 조계의 프랑스 공원 근처 어느 한국인 집으로 안내해 주어 그 곳에서 김구를 만났다.[14]

김구는 이봉창 의사를 프랑스 공원 근처의 어느 러시아인이 하는 식당[15]으로 데려가 음식을 함께 들며 "마침내 준비는 모두 다 됐다"고 밝혔다. 그러면서 이봉창 의사에게 "언제 일본에 가겠는가?"라고 물었다. 이봉창 의사는 "언제든지 좋으며 모든 준비가 갖추어진다면 오는 17일 고베〔神戶〕로 바로 가는 배가 있는데, 그 배에는 일본으로 돌아가는 방적회사 친구들이 다수 승선하므로 그 배로 가는 편이 좋겠다"고 대답했다.

김구는 그 말을 듣고 나서 중국 지폐로 3백 불을 꺼내 이봉창 의사에게 주며 여비와 그 밖에 일본에 갈 준비에 써달라고 했다. 이봉창 의사는 김구가 폭탄과 그 밖의 것에 대해서는 이렇다 할 확실한 이야기도 하지 않은 채 너무나 갑작스럽게 거사를 실행하려 하는 데다 예상보다 많은 거사자금을 주는 데 놀랐다.[16]

저녁을 먹은 뒤 김구는 이봉창 의사를 어느 사진관인 듯한 집으로 데리고 갔다.[17] 밤 10시가 조금 지났을 무렵이었다.

그 집에는 23~24세 가량의 중국인인지 조선인인지는 모르겠으나

---

13) 한국독립당 집행위원, 민단 정무위원 겸 재정부장 金澈의 조카 金德根(18)인 듯함.

14) 제 7회 신문 3문답.

15) 上海 일본총영사관이 조사하여 외무성에 보고한 비밀문서 기밀 제 181호(1932. 3. 27)에 따르면 이 식당은 불란서 조계 環龍路 160호 중국인 경영의 '다크후아'임.

16) 제 7회 신문 5문답.

17) 앞서 인용한 上海 일본총영사관 비밀보고서는 이 사진관은 '霞飛路' 389호 La Maison Paije로 사료된다고 밝히고 있음.

중국 옷을 입은 청년이 있었다. 거기에는 폭탄 두 개와 조선독립선서문, 태극기가 놓여 있었다. 조선독립선서문은 다음과 같았다.

宣誓文
나는 적성(赤誠)으로써 조국의 독립과 자유를 회복하기 위하야 한인애국단(韓人愛國團)의 일원이 되야 적국(敵國)의 수괴(首魁)를 도륙(屠戮)하기로 맹세하나이다.

大韓民國 13년 12월 13일

宣誓人 李奉昌

韓人愛國團 앞

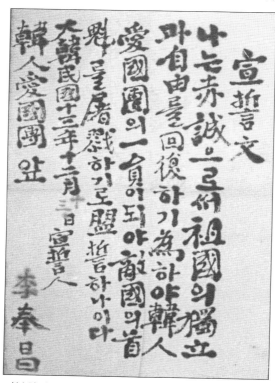

이봉창의 선서문.

김구는 이봉창 의사에게 폭탄을 갖고 사진을 찍으라고 했다. 그러나 이봉창 의사는 거사를 결행하면 자신도 죽지 않으면 안 되기 때문에 조선에 있는 형 범태(範泰)에게 기념으로 보낼 사진을 먼저 찍어달라고 청했다. 중국 옷의 청년은 먼저 이봉창 의사의 독사진을 촬영한 후, 김구가 말한 대로 선서문을 가슴에 달고 폭탄을 양손에 1개씩 들고 태극기를 배경으로 하여 이봉창 의사를 찍었다.[18] 이로써 이봉창 의사의 한인애국단(韓人愛國團) 가입절차는 끝났다. 그는 한인애국단 제1호 단원이 된 것이다.

한인애국단은 임시정부의 전위(前衛)조직체로서 암살, 파괴 등 대일(對日) 공작투쟁을 담당하는 특공단이다. 한인애국단은 임시정부의 독립운동이 만보산(萬寶山) 사건과 만주(滿洲) 사변으로 난관에 봉착하자 그 타개책의 일환으로 조직됐으며, 임시정부 국무회의는 이 조직의 구체적 운영과 시행사항 등은 단장인 김구에게 전권을 위임해, 한인애국단은 사실상 김구 개인조직이나 다름없었다.

김구는 한인애국단에 대해 다음과 같이 기술했다.

> 그러나 만근(輓近) 수년래로는 경제의 극곤(極困)과 사상의 혼란이 계속하여 사업진행에 지장이 불소(不少)하였고 인재를 광구(廣求)할 길까지 없었다. 나는 이를 개탄하여 권토중래(捲土重來)의 세(勢)로써 나의 사업을 부흥시키고자 하여 쇄신(刷新)한 정신과 삼엄한 훈련하에 한인애국단을 비밀히 조직하였다.[19]

이봉창 의사는 한인애국단의 제1호 단원이며 최선봉장(最先鋒將)이었고, 이봉창 의사 의거는 한인애국단의 제1호 의열투쟁이었

---

18) 제2회 신문 32문답; 제7회 신문 6문답.
19) 金九 씀, 〈東京炸案의 眞狀〉의 "愛國團의 最先鋒," 항목.

상해를 떠나기 앞서 선서문을 가슴에 달고 양손에 폭탄을 들고
태극기 앞에서 의거결행을 다짐하는 이봉창 의사.

다.[20] 윤봉길(尹奉吉) 의사는 제2호 단원이었고, 윤 의사의 의거는 제2호 의열투쟁이라 할 수 있다.

한인애국단은 극비의 점조직으로 운영돼 단원수 등 그 규모와 구성 등에 관해 자세히 알려진 것이 없다.[21] 그러나 한인애국단이 김구의 책임아래 처음 발족할 때 80여 명의 결사대원으로 조직됐으며 그 가운데 핵심 단원은 10여 명이었던 것 같다.[22]

이와 관련 상해 일본 총영사관은 김구가 1930년 말 소련 블라디보스토크 지방의 고려공산당을 통해 수류탄 6개를 입수했을 때 의거계획을 세우고 심복인 병인의용대원(丙寅義勇隊員)에게 결행을 종용했으나 그 대원이 "독립운동상으로나 실제상으로 효과가 적다"는 이유로 거절해 계속하여 적당한 인물을 물색하다 이봉창을 발견하게 됐다는 정보를 본국 정부에 보고했다.

이 보고는 이와 같은 정보는 병인의용대원이 흘린 것으로서 비교적 믿을만하다고 기술하고 있다.[23]

---

20) 앞의 〈東京炸案의 眞狀〉과 앞의 《白凡逸志》 p. 330.

21) 국사편찬위원회 간행, 《한국사》 48(임시정부의 수립과 독립전쟁), 2001. 12. 24, p. 344.

22) 앞의 주(註)와 金昌洙 씀 "韓人愛國團의 成立과 活動," 《한국독립운동사연구》 2, 1988, p. 443.

23) 上海 일본 총영사관 보고 기밀 제262호(1932. 3. 17) 무라이 총영사 → 외상.

4. 거사장소는 이봉창 의사에게 맡겨

선서문을 가슴에 달고 사진을 찍은 후 사진관을 나선 두 사람은 걸으며 잠시 이야기를 나누었다. 김구는 이봉창 의사에게 준 돈은 미국에 사는 조선인 동포들이 보내준 것이라고 말하고, 그 후 1백이나 2백 정도의 돈이라면 자신이 어떻게든 마련할 수가 있다고 말했다.[24] 이봉창 의사는 김구에게 폭탄사용법을 가르쳐 달라고 청했다. 김구는 시간이 늦었으니 내일이나 모래쯤 와 주면 그때 가르쳐주겠다고 해 두 사람은 헤어졌다.

이봉창 의사는 오송로(吳淞路)에 가 중국인 여자를 사 그곳에서 묵었다. 12월 14일 오후 이봉창 의사는 영창공사(榮昌公司)에 가 일본으로 돌아간다고 말하고 사직했으며, 그날 밤 도라야에 가 역시 일본으로 돌아간다고 알린 뒤 전날 묵었던 중국인 집으로 가 그곳에서 잤다.[25]

이봉창 의사는 15일 밤 7시 반(또는 8시)경 필요가 없게 된 이불 등을 싸들고 신천상리(新天祥里) 20호로 김구를 찾아갔다. 김구는 이봉창 의사를 어느 중국요리 집으로 데려가 둘이서 저녁을 먹었다. 음식이 거의 끝날 무렵 김구는 잠깐 기다리라고 하며 이봉창 의사를 남겨둔 채 밖으로 나갔다가 잠시 뒤 보자기로 싼 보따리를 갖고 왔다.

두 사람은 근처 어느 중국인 여관으로 갔다.[26] 김구가 갖고 온

---

24) 제8회 신문 8문답.
25) 제2회 신문 34문답, 제7회 신문 7문답.
26) 앞의 〈東京炸案의 眞狀〉은 이 여관을 中興旅館이라고 밝히고 있다.

보따리에는 신문지에 싼 폭탄 두 개가 들어 있었다. 13일 밤 사진 찍을 때 갖고 찍은 그 폭탄이었다.

김구는 폭탄을 보여주며 사용법을 설명했다. 폭탄 주둥이에 있는 나무마개를 빼내고 금속으로 된 이 기계를 모두 끼워 넣을 것, 안전핀만은 실행 전날에 뺄 것, 폭탄의 머리가 무언가에 부딪치지 않으면 폭발하지 않으므로 휴대에 안전하다, 폭탄은 머리 쪽이 무거워 높이 던지면 자연히 머리 쪽이 밑으로 향해 떨어지며, 머리가 무언가에 닿아야 파열하기 때문에 실행할 때에는 될 수 있는 대로 높이 던질 것 등을 가르쳤다.

이 폭탄에는 세로와 가로로 홈이 파져 있고 폭탄이 폭발하면 폭탄 표면이 이 홈결에 따라 각기 하나의 파편이 되어 날아가 폭탄이 폭발한 곳을 중심으로 6~7칸 사방에 있는 물건은 모두 엉망으로 파열시키는 무서운 위력이 있다고 설명했다.[27]

이날 밤에는 결행 일시와 장소 등에 대해서도 논의했다. 이봉창 의사는 동경역 앞이나 마루[丸]빌딩 근처에서 실행할 수 있을 것이라고 말했고, 김구는 12월 25일 천황이 국회 개원식에 참석하기 위해 나들이 할 때 결행할 수 없겠느냐고 물었다. 이에 대해 이봉창 의사는 날짜만 보면 때를 맞출 수 있을 것으로 생각되지만 실제로는 그때에 맞출 수 있을 것 같지 않으므로 그후 천황이 어딘가에 행차할 때 결행할 작정이라고 말했다.

김구는 하야마[葉山]에서 결행하는 것은 어떻겠느냐는 의견도 내놓았으나, 이봉창 의사는 그곳 지리를 잘 알지 못한다고 대답하고 시기와 장소는 자신에게 맡겨달라고 말해 김구의 동의를 얻었다.[28]

---

27) 제2회 신문 36~37문답; 제7회 신문 1문답; "聽取書," 9항.
28) 제2회 신문 38문답; 제8회 신문 3문답.

이봉창 의사는 이 날 김구에게 임시정부의 송별회를 요구했다. 그는 그 자리를 빌려 자신의 결행의지와 의의를 밝히고 싶었기 때문이었다. 이봉창 의사는 "일본인은 관헌까지도 우리 조선인에 대해 차별대우를 하며 학대하고 있으므로 우리 조선인은 어떻게 해서든 조선을 독립시켜 조선인의 국가를 갖지 않으면 안 된다는 생각을 갖고 있는 터에 김구로부터 천황을 죽이는 것이 조선의 독립을 촉진시키는 첩경이라는 말을 듣고 과연 그렇다고 생각되어 2천만 동포를 위해 희생하여 천황을 죽이고자 결심하기에 이르렀던" 경위와 "천황을 죽이는 일이 결코 이봉창 한 사람이 멋대로 하는 난폭이 아니라 조선민족이 전반적으로 독립을 희망하고 있기 때문에 그 민족을 대표하여 제일선의 희생자로서 결행한다"는 자신의 결의를 발표할 기회를 얻고자 했던 것이다.

그러나 김구는 그런 일을 하면 시끄러워져 안 되니 이 일은 단지 두 사람만의 문제로 하고 회(會)라든가 단(團)이라든가 임시정부 등과는 전혀 관계없는 것이라며 이봉창 의사의 요구를 받아주지 않았다.[29] 이날 밤의 한 정경에 대해 김구는 다음과 같이 극적으로 서술하고 있다.

> 그 밤에 우리는 다시 여관에서 동숙하면서 계획의 미진한 것을 구체적으로 논정(論定)하고 나는 그에게 "이미 준 돈은 동경까지 갈 노비로 쓰고 동경 가서 수요되는 돈은 다시 청구하라"고 부탁하였다. 그 때에 그는 나에게 말하기를 "나는 再昨日에 그 돈을 받아 가지고 온밤을 자지 못했습니다. 대관절 나를 어떻게 믿고 거액을 주셨습니까. 그 날에 부르심을 받아 먼저 정부기관 집으로 간 즉 직원들이 밥을 못 먹는 것을 보고 내가 돈을 내놓았는

---

29) 제7회 신문 26문답.

데 그 밤에 선생님이 남루한 의상 중에서 거액을 나에게 주심을 보고 놀랐습니다. 만일 내가 그 돈을 낭비하고 다시 아니 오면 어찌하시려 했습니까. 과연 관대한 도량과 엄정(嚴正)한 공심(公心)을 뵙고 탄복하여 긴 밤을 그대로 새웠습니다" 하였다. 30)

다음 날인 16일 아침 김구와 함께 여관을 나온 이봉창 의사는 김구와 헤어져 영창공사(榮昌公司)에 가서 짐을 싸 그것을 도라야에 가져가 맡기고 하루 종일 오송로(吳淞路)에서 논 뒤, 날이 어두워진 후 신청상리(新天祥里) 20호로 김구를 찾아갔다. 두 사람은 전날 밤과는 다른 중국요리 집으로 가 저녁을 먹었다. 저녁을 마친 뒤 김구는 이봉창 의사를 데리고 시계점으로 가 8원 80전을 주고 팔목시계를 사 이봉창 의사에게 주고 여관으로 갔다.

여관에서 이봉창 의사는 김구에게 체포될 경우 어떤 조치를 취하는 것이 좋겠느냐고 물었다. 김구는 독립선서문을 가슴에 달고 수류탄을 들고 찍은 사진을 보여주고 선서문 그대로라고만 말한 다음 그 밖의 일은 될 수 있는 대로 말하지 말고 버텨달라, 그러나 모든 수단을 다 동원하여 엄중하게 취조하고 고문이라도 하면 무엇인가 이야기하지 않으면 안 될 것이므로 그러한 경우에 취할 태도는 이봉창 의사의 인격에 기대할 수밖에 없으나 경우에 따라서는 김구에 관한 것과 그 밖의 모든 사실을 털어놓고 말해도 괜찮다고 대답했다.

이봉창 의사는 거사에 관한 취의서(趣意書) 같은 것이 없으면 곤란할 것 같다고 말했으나 김구는 독립선서문 내용이 사진에 찍혀 있으니까 모든 것이 이것에 의해 판명될 것이므로 특별히 그런 문서를 갖고 있을 필요는 없다고 말했다. 31)

---

30) 앞의 〈東京炸案의 眞狀〉의 "最後의 一別" 항목.

이봉창 의사는 혹시 동경에서 이봉창 의사와 뜻을 같이하는 사람이 있으면 그 사람과 연락을 취하여 거사할 때 망을 봐주는 등 함께 일하고 싶다고 김구에게 제안했다. 김구는 그러한 사람은 없다고 밝히면서 일의 성사여부와 관계없이 결과는 신문으로 알 수 있으므로 별도의 보고는 필요 없다고 말했다.[32]

이봉창 의사는 앞으로도 자신과 같은 희생자를 계속 보낼 계획이 있는지를 알아보기 위해 김구에게 자신은 조선민족을 위해 일본으로 가지만 이 계획이 다행히 성공한다 하더라도 조선의 독립이 바로 실현되지는 않을 것이라고 생각되는데 그 후에는 어떻게 할 작정인지를 물었다.

김구는 물론 한두 번의 직접행동으로 바로 조선이 독립할 것이라고는 생각하지 않지만 그 횟수가 반복하는 가운데 반드시 성공할 것이라고 믿고 이봉창 의사를 제1의 희생자로 하여 일본에 파견하는 것이니 애국심을 바탕으로 하여 반드시 목적을 관철해 달라, 이봉창 의사와 같은 인격자가 나오면 뒤를 이어 계속해서 파견할 생각이라고 밝혔다.[33]

폭탄을 지니고 일본으로 잠입하는 방법에 대해서도 의논했다. 중국 비단으로 만든 좁고 긴 주머니에 2개의 폭탄을 넣어 이 폭탄들이 고환을 사이에 두고 양 허벅지에 끼이도록 하고 주머니 끝을 배에 묶고 그 위에 팬츠를 입어 감추도록 했다.[34]

이날 밤 이봉창 의사는 자신의 이력서를 썼다. 김구는 어차피 이봉창 의사는 희생될 것이므로 이봉창 의사의 이력을 영구히 남기기

---

31) 제3회 신문 39문답; "聽取書," 10항.
32) 제2회 신문 39~40문답, "청취서," 10항.
33) 제2회 신문 40문답; "청취서," 10항.
34) 제3회 신문 4문답; "청취서," 10항.

위해 이력서를 써 달라며 편전(便箋)을 내놓아 거기에 이력을 쓴 것이다.[35]

안중근(安重根) 의사에 관한 이야기도 잠시 나왔다. 김구가 이토 히로부미〔伊藤博文〕를 암살한 안중근 의사가 아직도 하얼빈(哈爾賓) 일대에서 중국인의 숭배를 받고 있다고 이야기하자 이봉창 의사는 그 까닭을 물었다. 김구는 이토〔伊藤〕가 러시아와 어떤 협약을 하기 위해 갔던 것인데 암살되는 바람에 협약이 성립되지 않아 중국이 위기를 벗어나게 됐기 때문에 이 곳의 중국인들이 안중근 의사를 전과 같이 숭배하고 있다고 대답했다.

김구는 덧붙여 이봉창 의사가 이 번에 일본에 가 계획을 실행하여 성공하면 이봉창 의사의 이름은 중국인 사이에서는 물론 세계에까지 알려져 자신도 이봉창 의사 덕분에 명성을 높이게 될 것이라며 격려했다.[36]

공판 때의 주의사항에 관해서도 논의가 있었다. 김구는 이봉창 의사가 공판정에 서게 되면 관선 변호사를 선임해줄 것인데 변호사 같은 것은 필요 없다고 거절하고 자신이 생각한 것만을 진술하는 것이 좋다고 말했다.[37]

12월 17일에는 아침 8시 30분경 일어났다. 이봉창 의사는 전날 밤 배운 대로 면으로 된 긴 띠로 복대를 하고 폭탄 두 개를 중국 비단 주머니 아래쪽에 닿도록 넣은 뒤 주머니 양끝을 몸통에 감아 묶어 폭탄과 폭탄 사이에 고환을 끼우는 모양으로 늘어뜨리고 그 위에 팬츠를 입은 다음 양복을 입고 김구와 함께 여관을 나섰다.

두 사람은 어느 중국요리집[38]으로 가 최후의 축배를 들어 성공

---

35) 제8회 신문 4문답.
36) 제8회 신문 5문답.
37) 제8회 신문 6문답.

을 축(祝)하며 내세에서의 재견(再見)을 기약했다.

　요리점을 나온 김구는 드디어 최후의 이별이라면서 이봉창 의사를 중국인 사진관으로 데려가 두 사람이 함께 사진을 찍었다. 사진을 찍을 때의 정황을 김구는 다음과 같이 서술했다.

　　다시 안면(顔面)은 대하지 못할지라도 사진으로나 차세(此世)에 함께 있자하는 의미로 우리는 최후의 사진을 박았다. 사진을 박으려할 때 나의 안색이 부지중(不知中) 처참(悽慘)함을 보고 그는 나에게 은근히 말하기를 '우리가 대사(大事)를 성취할 터인데 기쁜 낯으로 박읍시다'하였다. 나는 이에 감동되어 마음을 굳게 가지고 안색을 고쳤다. 39)

　사진관을 나선 이봉창 의사는 김구와 최후의 악수로 작별하고 택시에 올랐다. 이봉창 의사는 곧바로 도라야로 가 그 곳에서 점심 대접을 받고 전날 맡겨 두었던 빨간 가죽트렁크 1개와 중국산 등나무로 된 바스켓 1개를 찾아들고 도라야 아주머니가 나라(奈良)에 있는 딸과 동경에 있는 아들에게 보내는 선물을 받아 가지고 부두로 나갔다. 부두에는 그와의 이별을 아쉬워하는 많은 일본인들이 나와 그의 귀국길이 평안하기를 축원했다. 이 전송객 가운데는 일본 경찰관도 있었다. 40)

　이봉창 의사는 원적을 효고켄 기사키군 미에무라 시모노미야(兵庫縣 城崎郡 三江村 下宮), 주소는 상해 민강로(上海 閩江路) 117호, 이름은 기노시타 마사조(木下昌藏) 31세로 기록하고 고베(神戶)행

---

38) 앞의 〈東京炸案의 眞狀〉은 이 음식점을 狀元樓라고 쓰고 있음.

39) 앞의 〈東京炸案의 眞狀〉의 "最後의 一別"항목.

40) 제7회 신문 13문답; "聽取書," 11항, 앞의 〈東京炸案의 眞狀〉의 "素質은 英雄"항목.

우편선 고오리가와마루〔氷川丸〕 3등석에 승선했다. 41) 원적은 전에 각기병으로 반년동안 요양했던 일을 생각해내고 그 곳을 적었다.

고오리가와마루〔氷川丸〕는 1931년 12월 17일 오후 3시 중국 상해를 떠나 일본 고베를 향했다. 이봉창 의사는 배 안에서 폭탄을 끌러 트렁크에 넣어 놓았다. 이봉창 의사는 며칠 전 배표를 살 때에 알게 된 중국인이 자기 동생이라며 소개한 주복근(周福根)과 함께 동승하여 그와 잡담하거나 술을 마시거나 마작을 하면서 배 안에서의 시간을 보냈다. 42)

---

41) 上海 일본 총영사관 보고 지급 제13호의 1(1932. 1. 9) 무라이 총영사 → 외상.
42) 제2회 신문 41문답; 제3회 신문 3, 4, 7, 8문답.

제6장
일본 잠입과 거사준비

1. 고베[神戶] 상륙

고오리가와마루[氷川丸]는 3일 동안을 바다에서 보내고 1931년 12월 19일 밤 8시경 고베[神戶]항에 도착했다. 이봉창 의사는 승선 때와 마찬가지로 폭탄을 비단 주머니에 넣어 그 폭탄을 사타구니 사이에 감추고 배에서 내렸다. 일본 세관 직원은 다행히 이봉창 의사의 트렁크와 바스켓만을 검사했을 뿐 몸수색은 하지 않아 폭탄은 발각되지 않고 무사히 상륙할 수가 있었다.[1]

고베에 상륙한 이봉창 의사는 곧바로 한신[阪神, 오사카와 고베 사이] 전차로 오사카에 가 밤 10시경 미나토구[港區] 야구모초[八雲町]의 우메노야[梅ノ屋] 여관에 기노시타 마사조[木下昌藏] 명의로

---

1) 제3회 신문 4문답.

투숙한 다음 곧바로 나와 근처의 카페 에이코샤〔榮廣舍〕에서 밤늦게까지 놀고 숙소로 돌아가 잤다.

다음 날 20일에는 상해의 도라야 잡화점 아주머니가 딸에게 보내는 선물을 가지고 나라〔奈良〕에 있는 여자고등사범학교 기숙사로 딸〔오다기리 미치코, 小田切美智子〕을 찾아가 선물을 전해주고, 나라를 관광했다. 정오를 조금 지나 오사카로 돌아온 이봉창 의사는 구조〔九條〕에 있는 영화관(花園구락부)에서 영화(영화 명 中村대위)와 그 밖의 것을 구경하고 전날 밤에 갔던 카페 에이코샤에 가 밤12시까지 놀고 일단 여관에 돌아갔다가 바로 나와 마쓰시마〔松島〕의 유곽 고토부키로오〔壽樓〕에 가 기노시타〔木下昌藏〕라고 칭하고 고토부키〔壽〕라는 여자와 함께 보냈다.

21일에는 도라야 아주머니가 아들〔오다기리 마사오, 小田切正夫〕에게 보내는 선물을 포장하여 동경시 히가시조후초〔東調布町〕 242의 2호에 우편으로 부치고, 상해에서 가깝게 지내던 일본총영사관 영사 시모가와〔下川〕가 부탁한 축음기 커버를 이치오카〔市岡〕에 있는 축음기점 고세이도〔高聲堂〕에 가 주문하고 몇 가지를 쇼핑했다. 그리고 다시 축음기점에 가서 주문했던 커버를 찾아서 어제 갔던 카페 에이코샤에 또 가 거기에서 커버를 포장한 후 다시 고토부키로오에 가 고토부키와 함께 밤을 보냈다.

다음 날 22일 아침 우체국에서 시모가와 영사 앞으로 축음기 커버를 소포로 부치고 여관으로 돌아와 출발준비를 한 후 오전 11시경 여관을 나와 오사카역으로 갔다.[2]

그는 역 구내매점에서 기차시간표 한 장을 사 그 시간표에 나와 있는 오후 1시 오사카발 동경행 열차 쓰바메〔燕〕호에 올랐다. 그는 기차 안에서 별 뜻 없이 오사카역에서 산 기차시간표를 들여다보다

---

2) 제3회 신문 9, 10문답.

거기에 실려 있는 여관 광고를 보게 됐다. 여관 광고는 여러 개가 있었으나 이봉창 의사의 처음 눈에 띈 여관은 아사쿠사구 마쓰기요초 3초메〔淺草區 松淸町3丁目〕3호 오와리야〔尾張屋〕여관이었다. 시타야구 시모구루마자카초〔下谷區 下車坂町〕14번지 아사히〔朝日〕호텔의 광고도 눈에 띄었지만 이봉창 의사는 오와리야 여관에 투숙하기로 마음을 정했다.

이날 밤 9시 20분경 동경역에 도착한 이봉창 의사는 국철 전차로 우에노〔上野〕역까지 간 다음 택시로 오와리야 여관으로 가 오사카시 미나도구〔港區〕야구모초〔八雲町〕산초메〔三丁目〕43번지 기노시타 마사조〔木下昌藏〕라는 이름으로 투숙했다.3)

이봉창 의사는 동경에 도착한 다음 날인 23일 상해의 김구에게 '100 필요하다. 바로 부탁한다. 마쓰기요 3. 오와리야'라고 1백 원을 송금해 달라고 전보를 쳤다. 고베〔神戶〕에 도착했을 때만 해도 70~80원의 돈이 남아 있었으나 오사카에서 여기저기 술집에서 술을 마셨기 때문에 동경에 도착했을 때에는 남은 돈이 13~14원밖에 없었다.4)

며칠이 지나도록 돈이 오지 않아 이봉창 의사는 27일 '돈오지 않았다. 확실하게 알려 달라. 지금 곤란하다'고 독촉 전보를 쳤다. 그러나 돈은 물론 아무런 회답도 오지 않는 데다 갖고 있는 돈은 더욱 줄어들어 이봉창 의사는 26, 27일 이틀 동안 오와리야 여관을 나와 혼조구 미도리초 4초메〔本所區 綠町 四丁目〕의 싸구려 여인숙 아오키〔靑木〕에 마쓰하라 가즈오〔松原一夫〕라는 이름으로 숙박했다.

이봉창 의사는 27일 이 여인숙 전당통장을 빌려 지난 16일 상해

---

3) 제3회 신문 14, 15문답.
4) "聽取書," 12항, 《警備關係綴》1월 9일 오후 1시 42분 보고 기타무라 파견원→ 경무국장.

에서 김구가 8원 80전을 주고 사준 팔목시계를 시영 전당포에 1원 50전에 전당잡혔다. 이봉창 의사는 또 근처의 어느 직업소개소에 가 기노시타 마사조〔木下昌藏〕 명의로 취직을 의뢰했다. 상해에서 돈이 오지 않아 일시적으로 취업하려했던 것이다. 직업소개소는 28일 이봉창 의사에게 초밥을 만드는 데 쓰이는 재료와 기재를 취급하는 상점을 소개했다.

이봉창 의사는 그 곳에서 일하기로 마음을 정하고 짐을 찾으러 오와리야 여관에 갔다. 그런데 여관에는 김구에게서 "정금(正金)에 100원 보냈다. 백(白)"이라는 전보가 와 있었다.

이봉창 의사는 곧 아사쿠사 우체국에 돈이 왔는지를 문의했다. 그러나 우체국의 대답은 오지 않았다는 것이었다. 이봉창 의사는 일단 취직을 미루고 오와리야 여관에 머물며 돈이 오기만을 기다렸다.

그러나 돈이 오지 않자 이봉창 의사는 29일 다시 '上海 法界 西門路 西門里 7호'[5] 白貞善 앞으로 돈을 보냈는지 여부의 문의전보를 쳤다. 해가 바뀐 1월 3일에도 송금 재촉전보를 보냈다. 전보를 칠 돈이 없어 이날 아오키 여인숙 근처의 헌 옷 장수에게 여름옷과 속옷 등을 1원 30전에 팔기도 했다.

1월 4일 이봉창 의사는 김구에게서 아무런 응답이 없자 이번에는 중앙우체국으로 가 송금여부를 알아봤다. 우체국 직원은 날짜를 따져보면 이미 와 있어야 할 터인데 아직 안 온 것으로 미루어 은행으로 보낸 것 같다고 말하였다. 이봉창 의사는 그때서야 전보 맨 앞의 '정금'(正金)이라는 문구가 '正金은행'이라는 것을 깨닫고 니혼바시구〔日本橋區〕 무로마치〔室町〕 正金은행에 문의하여 돈이

---

5) 15(또는 13)일 白貞善이 이봉창 의사에게 연락처로 직접 써준 주소 (제8회 신문 22문답).

와있는 것을 확인했다.

   그러나 돈을 찾는 데는 본인임을 증명할 수 있는 증명서가 필요했다. 이봉창 의사는 궁리 끝에 아사쿠사의 기쿠야바시〔菊屋橋〕우체국 근처 어느 도장집에서 '大阪市 港區 八雲町 3의 50 木下昌藏'라는 명함 20장을 20전 주고 찍은 다음, 오와리야 여관에서 숙박증명을 발급받아 돈을 찾았다. 6)

---

6) 제3회 신문 16~19문답; 제7회 신문 33, 35문답.

2. 거사는 1월 8일에!

12월 28일(또는 29일)《아사히[朝日]신문》[7]을 보고 있던 이봉창 의사는 어느 한 기사에 눈이 닿자 정신이 번쩍 났다. 그 기사는 새해 1932년 1월 8일 동경 교외의 요요기[代代木] 연병장에서 육군 시관병식(始觀兵式)이 거행되며 이 식전에 천황이 참석한다는 내용이었다.

1932년의 육군 시관병식은 특별한 의의가 있었다. 그것은 만주를 삼키려는 야욕으로 가득 찬 일본제국주의가 1931년 9월 18일 유조구(柳條溝) 사건을 빌미로 이른바 만주(滿洲)사변을 일으켜 만주를 점령한 후 처음으로 여는 이 관병식을 통해 일본 육군의 사기를 높여주고 육군은 이에 대해 소임완수를 다짐함으로써 만주침략을 기정사실화하려 했던 것이다.

이봉창 의사는 시관병식이 열리는 1월 8일을 상해에서 김구와 논의를 거듭하며 세웠던 '천황 도륙'(天皇屠戮)의 의거를 결행하는 날로 잡았다. 이봉창 의사는 김구와 논의했던 12월 25일(천황이 의회 개원식에 참석하기 위해 나들이하는 날)을 결행일로 하는 계획도 검토하기는 했었다. 그러나 그 당시에는 돈도 없었고 또 그 날은 어쩐지 결행하고 싶은 기분과 의욕이 나지 않아 포기했다.[8]

이봉창 의사는 28일(또는 29일) 오와리야 여관에서 수류탄을 손질해 수류탄 주둥이에서 나무마개를 뽑고 쇠로 된 기계를 끼워 넣

---

7) "聽取書"에서는《아사히[朝日]신문》인지《지지》[時事]신문인지 분명하지 않다고 밝히고 있음.

8) 제3회 신문 49문답.

은 다음 안전핀을 뽑아내어 언제 어디서든지 바로 던질 수 있도록 준비했다. 9) 이봉창 의사는 고베에 상륙한 이래 수류탄은 신문으로 잘 싼 다음 다시 보자기로 싸 트렁크 밑바닥에 넣어 두었었다. 10)

이봉창 의사는 송금한 돈을 받은 후 바로 김구에게 "상품은 1월 8일에 꼭 팔릴 터이니 안심하라"고 전보를 쳐 1월 8일 천황 살해를 결행하겠다고 알렸다. 11)

1월 5일 이봉창 의사는 여관을 옮길 생각을 했다. 그동안 중국 상해의 김구에게 송금과 송금 독촉전보와 결행일 통보전보뿐만 아니라 김구에게서 온 송금 등이 모두 오와리야 여관을 주소로 하고 있어 계속 이 여관에 머무를 경우 김구가 노출되지 않을까 우려됐기 때문이었다.

이봉창 의사는 이번 거사에서 김구를 완전히 감추고 자신이 모든 책임을 지려고 했던 것이다. 그러나 김구에게서 올 회답전보를 기다리느라 이 날에는 숙소를 옮기지 못하고 오와리야 여관 근처의 영화관인 데이고쿠칸[帝國館], 후지칸[富士館]에서 영화를 보며 시간을 보냈다. 12)

이봉창 의사는 오와리야 여관에서 묵는 동안 거사를 결행하는 데 즈음하여 자신의 출생과 경력 등을 자세히 적은 수기를 썼다. 그러나 이봉창 의사는 그와 같은 것을 남기는 것이 부질없다는 생각이 들어 6일 저녁 우에노[上野] 지하철 식당에서 식사를 한 후 그 식당의 쓰레기통에 버렸다. 이봉창 의사가 이 글을 버리지 않았더라면 이봉창 의사의 의거와 그의 생애에 관해 좀 더 자세한 경위

---

9) 제 2회 신문 13문답; "공판조서," p. 137; "聽取書," 14항.

10) 제 3회 신문 50문답.

11) 〈東京炸案의 眞狀〉의 "商品은 一月 八日에" 항목.

12) 제 3회 신문 24, 27문답.

와 이력을 알 수 있었을 것인 데 하는 아쉬움을 남겼다. 13)

6일에도 김구에게서는 회답이 없었다. 이봉창 의사는 김구가 회답을 안 하기로 한 것으로 단정하고 숙소를 바꾸기로 했다. 오와리야 여관 사람에게는 오사카로 간다고 말하고, 이 날 오후 4시 반경 오와리야 여관을 나와 시다야구 시모구루마자카초〔下谷區下車坂町〕 14번지의 아사히〔朝日〕 호텔에 "오사카 시 미나토구〔港區〕 야구모초 〔八雲町〕 3의 25, 비누상, 아사야마 마사이치〔朝山昌一〕, 31세"라고 적고 투숙했다. 이봉창 의사는 이 이름을 처음 사용했다.

기노시타 마사조〔木下昌藏〕라는 이름을 쓰고 싶었으나 이것을 쓰면 곧 자신의 행적이 드러날까 우려돼 새로운 가짜 이름을 쓴 것이다. 14) 이 호텔도 오와리야 여관과 마찬가지로 그 기차시간표에 광고한 여관이었다.

이봉창 의사는 이날 저녁 우에노〔上野〕 역전의 지하철 식당에서 식사를 하고 지하철 매점에서 엿이 들어있는 종이상자 2개를 샀다. 그는 미리 수류탄의 치수를 재어 이 수류탄이 들어갈 수 있는 상자의 치수를 메모해 갖고 있다가 이 날 종이상자를 살 때 메모 치수에 맞게 재어보고 샀는데 이 상자는 수류탄을 거사결행 현장 부근까지 갖고 가기 위한 것이었다. 15)

다음 날인 7일 저녁 숙소에서 이봉창 의사는 수류탄을 1개씩 종이로 싼 다음 종이상자에서 엿을 꺼낸 뒤 수류탄을 종이상자에 각각 1개씩 넣고 2개의 종이상자를 모슬린 보자기에 쌌다. 16)

---

13) 제7회 신문 34문답.
14) 제8회 신문 32문답.
15) 제8회 신문 22문답.
16) 제3회 신문 35문답.

3. 헌병 명함의 입수와 연병장 사전답사

1월 8일을 거사 일로 확정한 이봉창 의사는 요요기〔代代木〕 연병장을 거사장소로 예정하고 현장을 답사하기로 했다. 6일 아침 8시 반경 오와리야 여관을 나선 이봉창 의사는 우에노역에서 국철 전차를 타고 요요기역에서 내렸다. 요요기 연병장은 이곳에서 승합차를 타고 하라주쿠〔原宿〕까지 가 거기에서 다시 승합차를 갈아타고야 갈 수 있는 곳이었다. 이봉창 의사는 요요기역에서 승합차를 타고 가다가 지리를 잘 몰라 하라주쿠에서 내리지 못하고 종점인 메이지 진구 가이엔〔明治神宮外苑〕 운동장까지 갔다. 이봉창 의사는 거기에서 길을 물어 다시 하라주쿠로 가는 승합차를 탔다.

이봉창 의사는 이 승합차 운전수에게 요요기 연병장으로 가는 길을 물었고 이것이 관병식 이야기로 이어졌다. 그러자 이 운전수는 자기는 8일에 있는 관병식을 참관하러 갈 생각으로 잘 아는 헌병에게서 그의 명함을 받아 두었으나 공교롭게도 그 날은 쉬는 날이 아니어서 갈 수가 없게 됐다면서 혹시 그날 보러간다면 명함을 주겠다는 것이었다.

이봉창 의사는 그 명함이 관병식장에 들어가는 데는 물론 그밖에 여러 가지 일에도 도움이 될 것으로 생각돼 고맙다며 받았다. 그 명함에는 "東京 憲兵隊本部 副官部 陸軍憲兵 曹長 大場全奎"라고 쓰여 있었다.[17] 이 명함이 의거를 결행하는 데에 결정적 역할을 하게 될 줄이야, 이봉창 의사조차도 처음에는 예측하지 못했었다.

---

17) "聽取書," 14항, 제3회 신문 25, 29문답.

이봉창 의사는 헌병의 명함을 받고 하라주쿠에서 내려 요요기 연병장으로 갔다. 연병장에서는 관병식 예행연습이 한창이었다. 이 연습광경을 보면서 연병장 주위를 걸으며 거사하기에 알맞은 장소를 물색했다. 이봉창 의사는 오오바〔大場〕헌병의 명함을 이용하여 8일 관병식 당일 이 곳 관병식장으로 들어가 거사할 생각이었다. 그러나 현장을 답사한 결과 연병장은 지나치게 넓어 천황에게 접근할 수가 없다고 판단되어 요요기 연병장에서 결행한다는 계획은 포기할 수밖에 없었다.

이봉창 의사는 요요기 연병장이 안 된다면 천황의 행차가 오고 가는 연도에서 결행하기로 작정했다. 요요기 연병장에서 나온 이봉창 의사는 하라주쿠에서 신주쿠〔新宿〕까지 걸으며 혹시 천황이 이 길로 다니지 않을까 생각했으나 알 수가 없었다. 이봉창 의사는 신주쿠역 구내 매점에서 동경 시외지도를 사 여기저기를 살펴봤으나 천황의 행차코스는 짐작조차 할 수가 없었다. 그러나 이봉창 의사는 8일 당일이 되면 어떤 방법으로든 알 수 있을 것이라는 확신이 있었다. 18)

이봉창 의사는 여관으로 돌아가 짐을 꾸려 아사히 호텔로 숙소를 옮겼다. 이봉창 의사는 숙소를 옮긴 뒤 호텔에서 다카나와〔高輪〕2484번에 전화를 걸었다. 이 전화번호는 이봉창 의사가 상해에 가기 전 東京에서 일했던 사카구치〔坂口〕상점의 납품을 받고 있던 시라키야〔白木屋〕의 고단다〔五反田〕분점의 전화번호였다.

이봉창 의사는 이 분점의 여자직원 자모토 기미요〔座本幾美代(23세)〕에게 전화를 했던 것인데 불행히도 통화가 이루어지지는 않았다. 19) 자모토는 이봉창 의사가 호감을 갖고 사귀었던 유일한 여성

18) "聽取書," 14항; 제3회 신문 26문답.
19) 제3회 신문 33, 34문답.

이 아닌가 여겨지며 자모토도 이봉창 의사를 친밀하게 대해 준 듯하다. 거사 후 증인으로 불려간 자모토는 이봉창 의사를 성실하고 품위 있는 인격자로 증언하고 있어 두 사람이 격조 있는 교제를 하고 있었음을 미루어 짐작하게 한다.

1월 7일 이봉창 의사는 오전 10시경 일어났다. 거사의 날을 하루 앞둔 이봉창 의사의 거동은 평범했다. 오와리야 여관 뒤쪽에 있는 베이비 골프장에서 1시간 가량 논 뒤 마작 구락부에서 오후 2시 반까지 시간을 보내고 근처 음식점에서 3시간 동안 음식을 먹고, 오후 5시 반경 아사히 호텔로 돌아왔다. 폭탄 두 개를 종이상자에 넣고 보자기에 싼 이봉창 의사는 이 보따리를 들고 호텔을 나섰다.

이봉창 의사는 혼자 전철과 국철을 타고 오후 8시경 가와자키〔川崎〕에 가 지난 4일에도 와서 하룻밤을 보냈던 미나미마치〔南町〕 81의 유곽 다마키로〔玉木樓〕에 갔다. 회사원 마쓰이 가즈오〔松井一夫〕라고 칭한 이봉창 의사는 이미 구면인 시즈에〔靜枝〕, 즉 후지자와 시게루〔藤澤しげる, 24세〕의 방에 자리를 잡은 뒤 밤 12시경 나와 이웃 술집에서 한잔했다.

다음 날 새벽 1시 반경 대복(大福) 떡을 사들고 다마키로에 돌아간 이봉창 의사는 폭탄 보따리를 머리맡에 두고 잠자리에 들었다. 시즈에는 보따리를 보고 무엇이냐고 물었다. 이봉창 의사는 알 것 없다고 대답하고 시즈에에게 "내일 비가 오면 천천히 깨워도 되지만 날씨가 맑으면 7시경 깨워달라"고 부탁하고 깊은 잠에 빠져 들었다.[20]

1월 8일 아침의 날씨는 맑았고 시즈에는 아침 7시 이봉창 의사를 깨웠다. 그는 1시간 뒤인 오전 8시경 신사복 위에 검은색 오버를 입고 올백으로 단정하게 빗질한 머리에 헌팅캡을 눌러 쓰고 검

---

[20] 제3회 신문 35문답. 시즈에의 증인신문.

은 가죽구두 위에 천으로 된 구두 커버를 두르고 폭탄이 들어있는 보따리를 들고 다마키로를 나섰다. 그리고 가와자키역에서 국철을 타고 하라주쿠로 향했다.

제 7 장
신문과 재판, 그리고 순국

1. 당당한 자세로 신문에 응해

이봉창 의사를 경시청으로 연행한 이시모리 이사오〔石森勳夫〕
수사 2과장은 이봉창 의사를 자신의 방으로 데리고 들어가 몸을
수색하려고 했다. 그러나 이봉창 의사는 그들의 손길을 뿌리치고
스스로 양복바지 주머니에서 나머지 한 개의 수류탄을 꺼내놓았
다. 이어 저고리 주머니에 있던 동경 시외지도를 비롯해 거사를
위해 갖고 있던 10여 가지의 물건도 내놓았다. 현금 5원 64전도
꺼내놓았다. 1)

이어 이봉창 의사는 경시청 형사부장실에서 일절 외부와의 연락
이 차단된 가운데 동경 지방재판소의 미야기 나가고로〔宮城長五郞〕

---

1) 공판조서 p. 130; 이시모리 수사 2과장의 증인신문조서.

검사정의 취조를 받았다. 이 취조는 검찰이 대심원(지금의 최고재판소)에 예심을 청구하는 데 필요한 사건 보고서를 작성하기 위한 것이었다. 검찰은 사건보고서가 작성되자마자 이봉창 의사를 형법 제73조에 규정된 '황실에 대한 범죄자', 즉 '대역죄인'으로서 대심원에 예심을 청구했다. 2)

대역죄는 이른바 메이지유신(明治維新)을 계기로 일본 천황제의 권위를 높이고 지키기 위해 제정한 법제도로서 1880년 7월 17일 공포된 형법 제73조에 명문화되어 있다. 대역죄란 '천황, 황후, 황태자, 황태손, 황태후, 태황, 태황후 등에 대해 위해를 가하거나 위해를 가하려고 하는 행위'를 말하는 것으로 1947년의 신헌법 제정과 함께 있었던 형법개정으로 이 죄가 없어질 때까지 4건의 대역죄 사건이 있었다. 이 4건 가운데 이봉창 의사 의거와 1923년 12월 27일의 도라노몽(虎ノ門)사건만이 직접 실행에 옮긴 사건일 뿐 1923년 박열(朴烈)·가네코(金子) 사건 등 나머지 2건은 예비나 음모단계에 불과해 대역죄라 하기에는 억지스럽다.

대역죄는 일반 범죄의 3심 제도와는 달리 대심원의 단심에 의해 형이 확정되며 그 형은 사형과 무기형인 존속살인죄보다 더 무거운 '사형'으로 규정되어 있다. 용의자에 대한 신문도 대심원의 특별권한에 속해 경찰이나 검찰은 담당할 수 없으며 대심원이 지명하는 판사만이 신문을 할 수 있도록 되어 있다. 검찰은 단지 사건보고서를 작성하여 대심원에 대해 범죄사실에 관한 예심을 청구하고 대심원의 의견요구에 대한 의견서를 제출할 수 있을 뿐이다.

이봉창 의사는 거사 당일인 1월 8일 경시청 형사부장실에서 대심원이 지명한 동경 지방재판소의 아키야마 다카히코(秋山高彦) 예심담당판사의 첫 신문을 받았다. 동경 지방재판소 서기 아라이 유

---

2) 제1회 신문 2문답.

타카(新井 穰)의 입회 아래 진행된 첫 신문은 이봉창 의사의 이름, 나이, 직업, 주거, 본적과 출생지를 묻는 인정신문으로 시작됐다. 이봉창 의사는 이 신문에 대해,

이름은? 李奉昌.
나이는? 32세.
직업은? 무직.
주거는? 부정.
본적은? 朝鮮 京城府 錦町 118 번지.
출생지는? 朝鮮 京城府 元町 2丁目 번지불상.

이라고 답변했다.

이어 아키야마 판사는 이봉창 의사에게 "피고에 대해 검사총장에게서 형법 73조의 죄로써 다음과 같은 사실에 관해 예심(신문) 청구가 있었는데 이에 대해 진술할 것이 있는가"라고 물으며 동경 지방재판소의 미야키 검사정 명의로 된 '대심원 특별권한에 속하는' 보고서를 읽어주었다. 이에 대해 이봉창 의사는 "읽어 들려준 대로 사실에 틀림이 없다"고 답변했고, 첫 신문은 이것으로 끝났다.[3]

이봉창 의사의 신문을 받는 태도는 당당하고 늠름했다. 태연한 자세로 항상 미소를 띠고 명석한 언어로 답변했다. 이봉창 의사는 일본인과 거의 다름없는 유창한 일본말로 거침없이 진술했다. 일본인의 눈에는 "이와 같은 중대한 범행을 감히 저지른 데 대해 자책의 관념이 추호도 없는 듯했다."[4] 이봉창 의사는 조금도 위축되

---

3) 제1회 신문 1, 2문답.
4) 《警備關係綴》 1932년 1월 9일 오후 1시 40분 보고 東京 키타무라 파견원 → 경무국장.

지 않고 몹시 당당한 자세로 신문에 답변했다.[5]

　경시청에서 조사받던 이봉창 의사는 1월 9일 오후 아키야마 판사의 구류장(拘留狀)에 의해 도요타마〔豊多摩〕 형무소에 수감됐다.[6]

---

5)　경시청 수사 제2과장 이시모리 이사오〔石森勳夫〕의 검찰 증인신문 답변.
6)　《警備關係綴》 9일 오후 8시 22분 보고 東京 기타무라 파견원 → 경무국장.

2. 아홉 번의 예심

제 2회 신문은 1월 11일 이봉창 의사가 수감된 도요타마 형무소에서 역시 아키야마 판사에 의해 아라이 서기 입회로 진행됐다. 이 신문은 41개 문항에 걸쳐 ① 거사결행 순간에 관한 것, ② 의거를 결심하게 된 경위, ③ 중국 상해에서의 생활, ④ 김구과의 관계, ⑤ 거사준비, ⑥ 상해 출발 등에 관해 진행됐다. 제 1회 신문조서가 1쪽이었던 것에 비해 제 2회 신문조서는 11쪽에 이르고 있다.

제 3회 신문은 1월 12일 도요타마 형무소에서 아키야마 판사에 의해 야스다케〔安武六郎〕 서기 입회 아래 52문항〔조서는 14쪽 분량〕에 걸쳐 진행됐다. ① 상해를 출발하여 일본에 도착한 경위, ② 오사카 체재 때의 움직임, ③ 동경에서의 움직임, ④ 김구로부터의 송금 관계, ⑤ 거사 직전 며칠간의 움직임, ⑥ 거사 당일의 활동사항 등에 관한 문답이 있었다.

이봉창 의사는 이 신문의 마지막 52문에 대한 답변에서 다음과 같이 인상 깊은 진술을 하고 있다.

내가 여러 번 말씀드린 바와 같이 죽을 각오로 천황의 목숨을 빼앗으려고 했으나 폭탄의 위력이 작아 실패한 것에 대해 유감으로 생각하고 있습니다.

제 4회 신문은 1월 28일 역시 도요타마 형무소에서 있었는데 신문 판사는 아키야마 판사의 요청에 따라 나카사토 류〔中里 龍〕 동경 지방재판소 판사에 의해 진행됐다. 문항은 32개 5쪽 분량으로

① 이봉창 의사가 1928년 교토〔京都〕에서 경찰에 검속됐던 일, ② 중국 상해로 가게 된 동기, ③ 일본에 잠입한 후 오사카에서 만난 사람들에 관한 것 등이 주요내용이다.

제5회 신문은 2월 9일 도요타마 형무소에서 아키야마 판사에 의해 ① 출생과 성장, ② 일본에서 받은 차별대우에 관해 35개 문항에 12쪽 분량으로 진행됐다.

제6회 신문은 2월 12일 역시 도요타마 형무소에서 아키야마 판사에 의해 ① 이봉창 의사의 사상, ② 상해에 가기 전의 동경생활, ③ 상해에서의 생활, ④ 김구와의 관계, ⑤ 거사 논의 등에 관해 51개 문항 14쪽 분량으로 진행됐다.

제7회 신문은 2월 13일 도요타마 형무소에서 아키야마 판사에 의해 ① 김구와의 관계, ② 거사 논의와 준비, ③ 일본 잠입 후의 활동 사항 등 40개 문항 11쪽 분량으로 진행됐다.

제8회 신문은 3월 11일 동경 지방재판소에서 아키야마 판사에 의해 ① 김구와의 관계, ② 거사자금의 출처, ③ 김구에게서 받은 돈의 사용내역, ④ 소지품과 압수품의 확인 등 39문항에 걸쳐 11쪽 분량으로 진행됐다.

돈의 사용내역에 대해 이봉창 의사는 먼저 받은 중국 화폐 300불은 일본 돈으로 환산하면 150원으로 동경에서 송금으로 받은 100원을 합쳐 모두 250원쯤 된다면서 사용 내역을 다음과 같이 밝혔다.

    25원: 상해 — 고베의 선임〔船賃〕
    약 50원: 출발 전 상해에서의 유흥비와 선물값
    약 50원: 오사카에서의 숙박비와 유흥비 기타
    약 10원: 오사카 — 동경의 차비 기타
    약 40원: 동경에서의 숙박비

약 70원: 동경에서의 음식, 유흥비[7]

마지막 예심신문인 제9회 신문은 6월 27일 도요타마 형무소에서 아키야마 판사에 의해 5개 문항(분량은 2쪽)으로 짧게 진행됐다. 이 신문은 이봉창 의사가 자신이 거사한 의거에 대해 어떤 생각을 갖고 있는지, 조선의 독립문제에 대해 어떤 생각을 갖고 있는지 등 지난 8회에 걸친 신문에서 판사가 수없이 물었고 이봉창 의사가 수없이 대답한 문항을 새삼 다시 제기한 것이다.

그러나 판사의 신문은 전과 같은 것이었지만 이봉창 의사의 진술은 지금까지의 확신에 찬 답변과는 정반대되는 심약한 것으로 예심조서에 기록돼 있다.

이봉창 의사는 지금까지 '백정선'(白貞善)이라고 불러왔던 인물을 '김구'(金龜)라고 지칭하고 있으며, '의거'를 자신의 "어리석음으로 인해 천황에게 난폭한 짓을 한 것", "조선의 독립은 전혀 실현할 수 없는 것"이라고 진술한 것으로 기록하고 있는 것이다.

이봉창 의사의 진술이 왜 이처럼 갑자기 바뀌었을까. 국제한국연구원의 최서면(崔書勉) 원장은 이 조서가 '조작'됐다고 주장한다. 그는 "대역죄는 천황의 성덕을 증거하기 위해 경관, 검사, 판사들이 범인이 후회의 뜻을 표명시키는 노력을 하는 것이 불문율로 되어 있었다"고 대역죄 연구학자의 결론[8]을 인용, 주장하고 있는 것이다. [9]

---

7) 제8회 신문 12문답.
8) 許世階, 《日本 政治裁判錄》, "櫻田門 大逆事件," 第一法規出版, 1970, pp. 392~393.
9) 보훈처 간행, 《대한민국임시정부 수립 80주년 기념논문집》(하), 崔書勉 씀, "이봉창 의거 연구 서설".

이러한 주장이 없다 하더라도 제9회 신문조서를 보면 누구나 이봉창 의사의 돌연한 진술에 의심을 품고 조작된 것으로 판단하게 될 것이다. 그 문답은 다음과 같다.

1. 문: 피고인은 올해 1월 8일의 흉행(兇行)을 현재 어떻게 생각하는가?

   답: 나는 형무소에 수용된 후 불교의 이야기를 듣거나 불교의 책을 읽어 여러 가지 생각을 한 결과 나의 사상은 내가 사바(娑婆)에 있을 때와 아주 다르게 변했습니다.

   나는 김구(金龜)에게서 부추김을 받아 결국 그런 마음이 생겨 천황폐하에 대해 난폭한 짓을 했습니다만 오늘에는 굳이 김구를 원망하지는 않으나 그 사람의 부추김에 놀아난 나 자신의 어리석음을 원망하고 있습니다. 나의 어리석음으로 엄청난 짓을 해 참으로 변명의 여지가 없다고 생각하고 있습니다.

2. 문: 조선독립문제에 대해 현재 어떻게 생각하는가?

   답: 형무소에 들어가고 나서 여러 가지 생각을 했습니다만 조선의 독립이라는 것은 전혀 실현할 수 없는 것이라고 판단했기 때문에 지금으로서는 독립문제에 대해 아무 것도 생각하고 있지 않습니다.

3. 문: 그렇다면 조선인을 행복하게 해주기 위해서는 어떻게 했으면 좋겠다고 생각하는가?

   답: 조선인은 대체로 미신적이지만 진정한 신앙은 없고 또 이해력도 낮다고 생각합니다. 생활상태, 문화의 정도도 아직 일본 사람에게 미치지 못합니다. 그런데 나는 종교로써 조선인을 이끌고 정신수양과 인격양성 방면으로

126

힘써 간다면 조선인도 점점 발전해 일본인과 서로 이해하고 융화하여 피차 일본국민으로서 유쾌하게 생활해 가게 될 것이라고 생각합니다. 나는 이와 같은 방법으로써 조선인의 행복을 증진시켜야 한다는 생각으로 바뀌었습니다.

예심판사는 피고인에게 본건 기록에 입각하여 피고인이 본건 범죄혐의를 받게 된 원인을 알리고,

4. 문: 무엇이든 진술할 것은 없는가?
   답: 나는 상해에 간 뒤 얼마 안 되어 상해에서 자전거 1대를 들치기 한 적이 있습니다. 이 일은 말씀드리지 않았으므로 들어주셨으면 합니다.

   민단의 총무인가 한 조선인이 자전거를 들치기 해오면 팔아주겠다고 해 마침 돈에 곤란을 겪던 때라 자전거 1대를 들치기하여 민단사무소로 갖고 갔더니 중국인 보이에게 팔아오게 해 나에게는 12, 3원을 주었습니다. 후에 이 일을 생각해 보니 나를 일본의 스파이라고 의심하여 시험해본 것이 아닌가 여겨집니다.

   덧붙여 말하거니와 나는 자신의 어리석음 때문에 여러분에게 폐를 끼쳐 어떻게 사죄하는 것이 좋을는지 모르겠습니다. 다만 이제는 하루라도 빨리 형을 받아 사죄하고 싶습니다.

5. 문: 자전거를 들치기 해오라고 한 사람의 이름은?
   답: 민단 사람들은 그 사람을 백(白)선생이라고 부르고 있습니다만 실제 이름은 알지 못합니다.

3. 두 명의 검사 상해 파견

일본 수사당국은 백정선(白貞善)이 어떤 인물인지를 이봉창 의사에게 추궁했으나 이봉창 의사의 답변은 한결같이 "민단 간부인 백정선이라는 것 외에는 아무것도 모른다"는 것이었다. 그러나 거사 다음 날인 9일의 검사 취조에서 백정선이 곧 김구(金九)임이 드러났다. 검사는 조선총독부가 작성한 요주의, 요시찰인 카드 가운데 상해체류자 사진만을 추려 본적 이름 등을 가리고 이봉창 의사에게 보이며 백정선의 얼굴을 지적하라고 했다. 이봉창 의사는 사진이 선명하지도 않은데도 카드번호 제586호를 가리키며 이 사람이 '백정선'이라고 말했는데 실은 그 사진은 '김구'의 얼굴이었다. 10)

한편 상해 일본 총영사관 경찰서장은 거사 당일인 1월 8일 밤 경시청 형사부장이 보낸 백정선 수사지시 전보를 통해 백정선의 인상착의를 통보받고 즉각 백정선을 김구라고 판단했다. 그 인상착의는 키 5척 5촌 정도, 둥근 얼굴에 통통한 편이며 머리는 짧게 깎았고 체격은 보통, 복장은 주로 중국 옷이나 때로 양복도 입으며 임시정부의 총무라고 불린다는 것이다. 11)

상해 일본 총영사관은 경찰서를 통해 김구의 소재수사를 벌이는 한편 김구의 주거지가 프랑스 조계임에 따라 프랑스 총영사에게 그의 체포에 협조해줄 것을 요청했다. 무라이 구라마쓰(村井倉松)

---

10) 《警備關係綴》 1월 9일 오후 4시 50분 보고, 東京 기타무라 파견원 →
　　경무국장.
11) 上海 일본 총영사관 보고 극비 제13호의 1, 2(1932. 1. 9) 무라이(村
　　井)총영사 → 외상.

일본 총영사는 프랑스 총영사 게쿠랑에게 협조를 요청했고, 이에 따라 아카기〔赤木〕사무관과 스기무라〔杉村〕경부가 프랑스 총영사관 정치부장 사라레이와 수사방침에 대해 협의했다. 그러나 양측이 합의한 것은 '강경한 활동'은 피하고 우선 김구의 거처를 찾아내기 위해 여러 가지 수단을 동원하여 신중하게 내정(內偵)을 벌인다[12]는 것으로 프랑스 총영사관은 일본의 요청을 사실상 거부한 것이나 다름없었다.

이에 앞서 일본 총영사관은 이봉창 의사의 의거가 있기 직전인 1월 5일 김구가 프랑스 조계 자래미 마랑로 보경리(自來爾 馬浪路 普慶里) 4호 한국임시정부 청사 내에 있음을 밝혀내고 프랑스측의 양해 아래 체포에 나섰으나 조선인의 내통으로 미리 행방을 감추어 검거에 실패한 바 있다. 일본 총영사관은 그 후에도 끈질기게 김구를 추적했다. 여러 정보를 종합해 보면 김구는 프랑스 조계내에 있는 것이 분명한데도 그 소재조차 파악이 제대로 되지 않았다.

김구에 대한 수사가 이처럼 부진하자 일본 사법성은 동경 지방재판소 검사 가메야마 싱이치〔龜山愼一〕를 상해에 파견했다. 가메야마 검사는 1월 21일 고베〔神戶〕에서 회사원 사이토 싱이치〔齊藤新一〕라는 가명으로 나가자키마루〔長崎丸〕에 승선, 23일 오후 상해에 도착했다.[13]

가메야마 검사는 총영사관 경찰서의 수사를 지휘, 김구가 프랑스 조계내의 임시정부 청사에서 사무에 종사하고 있음을 2월 23일 확인했다. 2월 26일 오전 11시 반경 서문로(西門路) 226호 고창묘 병기창(高昌廟 兵工廠) 근무원 왕웅(王雄, 金弘壹의 중국 이름)의 집

---

12) 上海 일본 총영사관 보고 제18호(1932. 1. 11) 무라이 총영사 → 외상.

13) 일본외무성 지시 제6호(1932. 1. 19) 외상 → 무라이 上海 총영사.

에 들러 점심을 먹은 사실도 확인함에 따라 김구 체포의 기회포착만을 노리고 있었다.[14] 그러나 김구 체포는 가메야마 검사의 뜻대로 성사되지 않았다. 당초 1개월 예정의 체류기간을 연장하며 수사를 벌였으나 김구의 체포는커녕 소재조차도 제대로 파악하지 못하고 귀국했다.

김구에 대한 수사는 그에 대한 여러 갈래의 정보에 따라 우왕좌왕했다. 김구, 조소앙(趙素昻), 박세창(朴世昌), 이수봉(李秀峰) 등 4명이 남경(南京) 방면으로 가려 한다는 정보에 따라 2월 16, 17일 이틀에 걸쳐 총영사관 경찰서 경찰관들이 북(北)정거장에 잠복하여 검색을 벌였으나 사실을 확인하지 못했으며 할 수 없어 남경영사관에 김구의 사진을 보내 주의하도록 수배했다.

또한 김구가 프랑스 조계 김신부로(金神父路) 북신신리(北新新里) 17~18호를 숙소로 하고 있다는 정보에 따라 경찰관을 변장시켜 '야중밀행'(夜中密行)을 시켰으나 아무런 단서도 잡지 못했다. 그러나 일본 총영사관은 김구가 계속 프랑스 조계에 있다고 판단하고 2월 18일 이구치[井口]영사가 프랑스 경시청 총감 후이오리에게 김구 체포에 협력해줄 것을 독촉했다.[15]

그러나 프랑스 조계 경찰은 일본의 요청을 적극적으로 받아드리지 않았다. 일본 총영사관도 이를 의식해 무라이 총영사는 외상에게 다음과 같이 보고했다.[16]

---

14) 上海 일본 총영사관 보고 기밀 제262호(1932. 3. 17) 무라이 총영사 → 외상.
15) 上海 일본 총영사관 보고 기밀 제181호(1932. 3. 3) 무라이 총영사 → 외상.
16) 앞서의 일본 총영사관 보고 기밀 제262호.

프랑스 조계 경찰당국에 대해 전폭적 신뢰를 보내는 것은 능사가 아님이 아주 명료하므로 프랑스 경찰과 연락을 한층 긴밀히 하되 그 함축성도 고려하여 만사를 진행중에 있음.

일본 사법성은 3월에 들어서자 이 번에는 2명의 검사를 상해에 파견했다. 사법성은 대심원 검사국 검사 고다 마사타케〔古田正武〕와 앞서 파견됐던 가메야마 검사를 파견하면서 서기 에가와 니로쿠〔江川 二六〕를 대동시켰다.

3월 18일 고베에서 고다 검사는 아오키 마사오〔靑木正夫〕, 가메야마 검사는 그 전과 같이 사이토 싱이치〔齊藤新一〕, 에가와 서기는 니시카와 야스지로〔西川泰二郎〕라는 가명으로 나가자키마루에 승선, 상해에 도착했다. 17)

---

17) 일본 외무성 지시 극비 제 117호 (1932. 3. 12) 외상 → 무라이 上海 총영사.

4. 김구 체포의 실패

이 두 검사의 임무는 이봉창 의사 의거에 관한 여러 가지 실정을 정밀히 조사하는 한편 공범자의 체포에 전력을 경주하는 것이었다. 그러나 이들 검사가 상해에 파견된 후 어떤 활동을 폈는지는 구체적으로 알려진 바가 없다. 다만 일본 상해 총영사관이 김구의 체포를 위해 윤봉길 의사의 사형집행을 연기해 달라고 본국정부에 건의하면서 사전에 고다〔古田〕 검사와 상담했다는 기록이 있을 뿐이다. 18)

어쨌든 김구는 체포되지 않았으며 오히려 윤봉길 의사 의거 등 김구를 중심으로 한 임시정부의 움직임은 더욱 활발했다.

4월 29일 윤봉길 의사의 의거가 있자 일본의 김구 체포노력은 가히 필사적이었다. 이러한 가운데 프랑스 조계의 경찰은 4월 30일 이 의거와 관련한 검색을 벌여 안창호〔安昌浩〕를 비롯한 한국인 11명을 체포하여 일본 경찰에 인도했다.

일본 경찰은 이 가운데 한국독립당〔韓國獨立黨〕 집행위원 김철〔金澈〕의 조카 김덕근〔金德根, 18세〕을 가혹하게 신문하여 5월 5일 드디어 김구의 소재를 진술받았다.

김구는 약 한달 전부터 프랑스 조계 환용로〔環龍路, Route Vallon〕 Passage 118의 19호 러시아인 아스타호프〔Mrs. Astahoff〕 부인의 집 안쪽 2층의 한 방에서 엄항섭〔嚴恒燮〕과 함께 기거하고 있었다. 김덕근은 때때로 우편물 신문 등을 김구에게 전하는 역할을 해 여러

18) 上海 일본 총영사관 보고 제 1072호〔1932.9.21〕 이시이 이타로〔石射猪太郎〕 총영사 → 외상.

번 그 곳을 출입했다. 이봉창 의사 의거 후 김구는 자신의 거처를 감추는 데에 극히 부심하여 임시정부 간부들조차 아는 자가 없고 다만 안공근(安恭根), 엄항섭, 김철 등 3명만이 알고 있을 뿐이었다.

김철은 김덕근에게 김구의 거처를 절대로 발설하지 않도록 엄달(嚴達)한 바 있었다. 그러나 김덕근은 일본 경찰의 가혹한 고문을 이겨내지 못하고 할 수 없이 김구의 거처를 진술했던 것이다.

김덕근의 진술에 따라 일본 총영사관은 김구가 머물렀다는 그곳을 검색할 것인가의 여부를 놓고 잠시 망설였다. 김덕근이 체포된지 이미 5일이 지난 지금, 아직도 그 곳에 김구가 머물고 있을 리만무하리라는 판단 때문이었다. 그러나 다른 한편 그 곳은 지금까지 어느 정보에서도 나타나지 않았던 장소여서 김구 일파들이 오히려 안전지대로 여기고 머물고 있을 수도 있고 설혹 다른 곳으로 피신했다 하더라도 머물고 있었을 때의 상황을 파악하기 위해서도 검색해야한다는 주장이 있어 즉각 검색에 들어갔다.

일본 총영사는 헌병대장과 협의해 헌병의 도움도 받기로 하여 경찰 20명과 헌병 10명 등 모두 30명의 김구 체포대를 조직하여 다음날인 6일 새벽 4시 환용로(環龍路) 118의 19호 김구 거처를 완전 포위했다. 그리고 프랑스 경찰본부에 통고하여 프랑스 형사 파견을 요청하고 그들과 함께 즉각 수색했다.

그러나 때는 이미 늦어 김구는 벌써 그곳을 떠난 뒤여서 김구의 체포는 완전히 실패했다.

일본 총영사관은 이 집에 사는 다른 러시아인에 대해 조사한 결과 김구가 4월 16일부터 이 집 안쪽 2층의 가장 작은 방에서 살았으며 5월 2일 오후 6시에 외출한 이래 돌아오지 않았고, 다음날인 5월 3일 한 여자가 찾아와 김구의 짐을 챙겨 갔다는 사실을 확인하는 것으로 이 수색을 끝마쳤다. [19]

아스타호프 부인 집에서 나온 김구는 일본 경찰의 체포수사가 강화됨에 따라 자신은 물론 다른 임시정부 요원들도 모두 당분간 피신하기로 하고 국무위원에게는 60불, 비서에게는 30불씩의 피신비용을 지급했다.[20] 김구는 자신에게 호감을 갖고 2대에 걸쳐 적극적으로 도움을 준, 지금은 고인이 된 피치 목사와 그의 아들인 상해 YMCA 총무인 피치 씨를 생각해내고 피치 총무에게 부탁하여 그의 집 2층에 김철, 안공근, 엄항섭 등과 함께 4명이 숨어 지냈다.

피치 부인이 정성껏 만들어주는 음식을 대접받으며 20여일 그 집에서 지내던 어느 날 피치 부인이 급히 2층으로 올라와 밀정들이 이 곳을 의심하는 것 같다고 말하고 곧 전화로 직장에 있는 피치 씨를 집으로 불러 대책을 논의한 끝에 다른 곳으로 피신하기로 의견을 모았다.

김구와 피치 부인은 부부인 듯이 하고 피치 씨 자동차 뒷좌석에 타고 피치 씨는 운전수가 되어 피치 씨 집 정원을 떠나 대문 밖으로 나와 달렸다. 주변에는 프랑스인, 러시아인, 중국인 등 일본 첩자들이 즐비했으나 그들은 미국인 집이라 감히 손을 대지 못했다. 차가 프랑스 조계를 지나 중국 지역에 이르렀을 때 김구와 안공근은 차에서 내려 기차역으로 가 그날로 가흥(嘉興)의 수륜사창(秀綸沙廠)으로 피신했다.[21]

일본 총영사관의 김구 체포 노력은 그 후에도 계속되었으나 결과는 모두 참담한 실패로 끝났다. 일본 당국은 윤봉길 의사 의거 직후 김구 체포에 20만 원의 현상금을 걸었으나 아무런 효과도 없

19) 上海 일본 총영사관 보고 기밀 제592호(1932. 5. 9) 무라이 총영사 → 외상.
20) 崔書勉 편, 《일본 외무성 외교사료관 소장 한국관계사료 목록》, p. 511.
21) 金九, 《白凡逸志》, 나남출판, 2002, p. 348.

자 일본 외무성과 조선총독부와 상해 주둔군사령부의 3자 합작으로 현상금을 60만원으로 3배 올렸다.[22] 그럼에도 김구의 체포에는 끝내 실패했다. 김구 체포 실패의 이유는 정보의 불확실성도 그 중의 하나였으나 그것보다는 프랑스 조계의 비협조가 가장 큰 이유였다.

일본내무성은 5월 20일 외무성에 대해 김구 검거를 위해 프랑스 조계 경찰당국의 협조를 얻을 수 있도록 프랑스 정부에 요청해 달라고 공문으로 의뢰했다. 내무성은 이 공문을 통해 상해 프랑스 조계에 거주하는 사쿠라타몽 가이〔櫻田門外〕 불상사건의 주모자인 불령 조선인 일당에 대해 그 곳 일본 총영사관 및 아카기〔赤木〕 내무사무관 등이 극력 수사 내탐에 노력하고 있으나 그 목적달성을 위해서는 그 곳 프랑스 조계 경찰당국의 적극적 원조가 필요하므로 외무성이 프랑스 정부에 대해 협력을 요청하는 방안을 고려해 줄 것을 요청한 것이다.[23]

한편 상해 일본 총영사관은 프랑스 조계 경찰의 김구 체포협조에 대해 극히 비관적 견해를 갖기 시작했다. 이러한 견해를 갖게 된 것은 일본 정부가 베트남〔安南〕의 독립운동을 단속하지 않고 특히 베트남의 독립을 주장하는 콘테 왕자를 비호하는 일파가 일본 국내에 있는 한 프랑스 조계 경찰의 협력은 기대할 수 없다는 판단 때문이었다. 무라이〔村井〕 총영사는 프랑스 정부가 상해의 한국 독립운동을 일본에 대한 베트남 독립운동의 단속요구의 책략으로 이용할 속셈이 있으며, 따라서 프랑스 당국은 한국독립 운동에 대한 일본의 탄압행동을 방해까지는 안 하더라도 적극적으로 협조할 의사가 없는 것은 분명하다고 판단했다.[24]

---

22) 위의 《白凡逸志》, p. 347.
23) 내무성 外警 제 63호(1932. 5. 20) 내무차관 → 외무차관.

이러한 판단에서 무라이 총영사는 한국 독립운동 주모자의 체포와 한국독립운동의 근절은 프랑스의 태도가 변하지 않는 한 기대하기가 매우 어려우며 심하게 말하자면 백년하청(百年河淸)을 기다리는 것과 같다는 느낌이 없지 않다고 비관했다.

무라이 총영사는 또한 상해 총영사관 경찰서에 특고과(特高課)를 설치하는 문제에 대해서도 오래 전부터 희망해왔고 그것이 제대로의 기능을 발휘할 수 있도록 전력을 다해야 하겠지만 프랑스 정부가 태도를 바꿔 적극적으로 한국 독립운동을 단속하려는 의향을 갖지 않은 한 프랑스 조계내의 조선독립운동에 대한 탄압은 그다지 크게 기대하기는 어려울 것으로 사료된다고 보고했다. 그러면서도 무라이 총영사는 9월에 진행 중인 프랑스와의 정부간 교섭에서 프랑스에 대해 상해 프랑스 조계내 한국 독립운동을 단속해 주도록 강력히 요청해달라고 상신했다.[25]

한편 윤봉길 의사는 4월 29일 거사현장에서 체포되어 5월 25일 상해 파견군사령부 군법회의 예심에서 사형선고를 받았으나 그 집행이 늦춰지고 있었다. 이것은 김구를 윤봉길 의사 의거의 주범으로서는 물론 이봉창 의사 의거의 공동정범(共同正犯)으로서 기소하기 위해 그의 체포 때까지 형 집행을 연기하고 있었던 것 같다. 김구를 체포하여 법정에 세우지 못한다는 것은 일본 사법기관의 권위와 직결되는 것으로서 이렇게 엄청난 두 개의 대사건의 범인으로 고작 '교사받은 하수인'만을 단죄하고 처벌하는 것으로 끝내야 한다는 데에 형언할 수 없는 수치감을 가졌을 것임에 틀림없다.

그러나 9월이 거의 다 가자 일본 정부는 윤봉길 의사의 사형집행을 거론했고, 이에 대해 상해 총영사관은 김구 체포를 위해 계속

24) 上海 총영사관 보고 제1049호의 1(1932.9.15) 무라이 총영사 → 외상.
25) 앞의 上海 일본 총영사관 보고 제1049호의 2.

연기해달라고 건의했다. 다만 윤봉길 의사의 신병을 상해 총영사관에 계속 구금하는 것은 규정상으로도 곤란할 뿐만 아니라 유치장 설비도 완전하지 않아 만전을 기하기가 어려우며 또한 윤봉길 의사의 구금사실이 누설될 우려도 있어 윤봉길 의사를 일본으로 이송하여 적절히 구금하도록 건의했다.

새로 상해 일본 총영사로 부임한 이시이 이타로[石射猪太郎]는 이와 같은 건의를 하기에 앞서 상해에 파견된 대심원 검사국의 고다[古田] 검사와 의논하여 이같이 합의했던 것이다. 26)

윤봉길 의사는 11월 18일 일본 오사카 위수(衛戍) 형무소로 이송 수감됐고, 한달 후인 12월 18일 가나자와[金澤] 형무소로 옮겨져 다음날 1932년 12월 19일 총살형으로 순국했다.

---

26) 上海 일본 총영사관 보고 제 1072호(1932. 9. 21) 이시이 총영사 → 외상.

5. 청취서와 상신서의 진술

일본 대심원은 이봉창 의사에 대한 아홉 번의 예심신문을 벌이는
사이에 두 번에 걸쳐 이봉창 의사의 행적을 이봉창 의사의 진술에
의거하여 작성했다. 그 하나는 이봉창 의사가 체포 된지 3일째 되
는 1월 10일 도요타마 형무소에서 대심원 검사사무 취급담당 동경
지방재판소 검사 가메야마 싱이치〔龜山愼一〕가 이봉창 의사에게서
이봉창 의사의 행적을 직접 청취하고 그 기록에 이봉창 의사의 확
인 서명을 받은 "청취서"(聽取書)라는 문건이다.

모두 18항목으로 나누어 진술한 이 청취서는 1항의 본적 출생
지, 2항의 가족관계, 3항 일본에서의 생활, 4항 중국 상해 도항(渡
航) 경위 등으로 시작된다. 5항은 교토〔京都〕에서의 검속 경위, 6
항에서 10항까지는 상해생활과 백정선 즉 김구와의 만남, 거사논
의 및 거사 준비 등에 관해 진술하고 있으며, 11항은 상해 출발과
일본 고베 상륙과 오사카 경유 동경 도착까지의 경위, 12항은 김구
에게서의 추가송금과 관련된 진술이다. 14, 15항은 요요기〔代代木〕
연병장의 사전 답사, 오바〔大場〕 헌병조장(曹長)의 명함 입수경위
등 동경에서의 거사준비 과정을 진술하고, 16~17항은 1월 8일 거
사경위를 상세하게 진술하고 있다.

18항은 의거결행에 대한 이봉창 의사의 소회를 담고 있는데 그
내용은 다음과 같다.

조선민족을 위해 희생할 각오를 가지고 그러한 의기(義氣)로 나
갔기 때문에 죽음은 물론 각오하고 있습니다. 또한 일본 천황을

폭격할 생각으로 폭탄을 던졌던 것인데 폭탄이 백정선이 이야기 한 것과 같은 위력이 없었기 때문에 나의 목적을 달성할 수 없었 던 것을 유감으로 생각하고 있습니다.

두 번째 진술은 2월 13일 제7회 신문을 받은 후 도요타마 형무 소에서 간수 호시 마사스케〔星 昌輔〕입회 아래 이봉창 의사의 자 술서 형식으로 자신의 행적을 설명한 "상신서"(上申書)다.

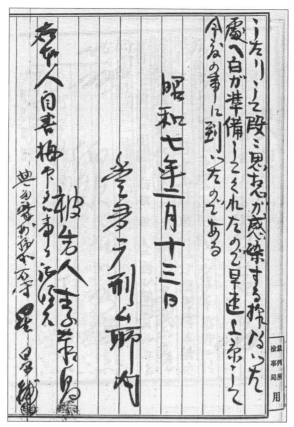

"上申書" 끝에 이봉창 의사가 서명하고 무인했다.

6개의 소제목을 붙여 진술한 이 "상신서"는 용산역 근무 때의 일, 오사카에 있을 때의 일, 부두노동 할 때의 일 등 주로 자신이 일본인에게서 차별대우를 받던 일을 적고 이때에 맛봤던 좌절감과 적개심, 그리고 이에 의한 조선독립사상의 고양 등에 대해 주로 기술하고 있다.

　이 "상신서"는 이봉창 의사의 독립사상이 어떻게 싹 트고 자랐으며 또 그것이 김구와 만나 어떻게 만개했는지를 잘 알려주는 귀중한 구술서로 이봉창 의사 연구에 빼놓을 수 없는 자료이다.

　1932년 6월 27일 제9회 신문을 끝으로 이봉창 의사에 대한 예심을 모두 마친 예심담당 판사 아키야마는 6월 30일 이봉창 의사 의거 사건에 대한 자신의 의견을 상부에 보고했다. 아키야마 판사는 이봉창 의사에 대한 신문내용을 "의견서"(意見書)라는 명칭아래 7쪽의 분량으로 요약하고 다음과 같은 견해를 첨부했다.

　　이상의 사실은 형법 제73조에 해당하는 범죄로서 그 혐의가 충분하다고 사료됨에 따라 형사소송법 제482조에 의거 의견을 첨부하여 서류 및 증거물건을 함께 송부하는 바임.

　이 의견서를 받은 대심원 제1특별형사부 재판장 판사 시마타 데쓰요시(島田鐵吉)는 이 의견서를 첨부하여 7월 8일 검사총장 하야시 라이사부로(林賴三郎)에게 검사의 의견을 구하는 "구의견서"(求意見書)를 보냈다. 이에 대해 하야시 검사총장은 7월 13일 '이 사건은 대심원 공판에 회부돼야 한다'는 내용의 의견서를 보냈다. 하야시 검사총장은 이 의견서에서 검사가 조사한 이봉창 의사의 '범죄사실'도 아키야마 판사의 의견서에 기재된 바와 같다고 밝히고, "대심원의 공판에 회부돼야 한다고 사료되기에 이에 따라 형사소송법 제483조 제1호에 의거 공판개시를 결정해야 할 것으로 이

140

건(件)에 대한 의견을 개진하는 바"라는 의견을 제시했다.

대심원 제1특별형사부는 7월 19일 하야시 검사총장의 의견서를 접수하고 재판장 판사 시마타를 비롯하여 판사 스가 기사부로〔須賀喜三郎〕, 니시카와 가즈오〔西川一男〕, 에자키 사타지로〔江崎定次郎〕, 오타 요시나나〔織田喜七〕의 명의로 공판개시를 결정했다.

이에 따라 이봉창 의사에 대한 공판준비 신문이 9월 9일 대심원 제2특별형사부 법정에서 모도지 니이구마〔泉二新熊〕 판사에 의해 진행됐다. 차석 검사 야오이 슈사쿠〔矢追秀作〕와 관선변호인 우자와 후사아키〔鵜澤總明〕, 야마구치 사다마사〔山口貞昌〕가 입회한 가운데 있은 이 신문은 주로 예심에서 이봉창 의사가 진술한 내용을 확인하는 12개 문항의 문답으로 간단하게 끝났다.[27]

---

27) "공판준비조서," pp. 120~124 참조.

6. 첫 공판이 구형 공판

이봉창 의사에 대한 공판은 단 두 번으로 끝났다. 첫 번째는 구형 공판이고, 두 번째는 선고 공판이었다. 그리고 구형과 선고 모두가 '사형'이었다.

그 첫 공판은 1932년 9월 16일 오전 9시 대심원 제 2 특별형사부 법정에서 열렸다. 이 법정은 고토쿠 슈수이〔幸德秋水〕 일당, 박열 (朴烈)·가네코 후미코〔金子文子〕 사건, 난바 다이스케〔難波大助〕 사건 등 이른바 세 대역사건의 공판이 열렸던 곳으로, 이번에 네 번째의 대역사건으로서 이봉창 의사에 대한 재판이 열린 것이다.

재판장을 맡은 와니 데이키치〔和仁貞吉〕 대심원장을 비롯하여 배석판사 이케다 도라지로〔池田寅二郎〕, 나카니시 요도쿠〔中西用德〕, 모도지〔泉二新熊〕, 고모부치 기요오〔菰淵淸雄〕와 보충판사 요코무라 요네타로〔橫村米太郎〕, 재판소 서기 스즈키〔鈴木喜一郎〕, 네기시 가메타로〔根岸龜太郎〕 등이 자리에 앉고 검사총장 하야시〔林賴三郎〕, 차석검사 야오이〔矢追秀作〕가 입회하고 국선변호인 우자와〔鵜澤總明〕, 야마구치〔山口貞吉〕가 출정한 가운데 열린 이날 공판은 일사천리로 진행되어 이봉창 의사에 대한 논고 끝에 사형이 구형되었다.

이날 이봉창 의사에 대한 사형 구형을 하늘조차 슬퍼하여서인가 온종일 부슬비가 내렸다. 공판이 열린 대심원 내외에는 새벽 3시부터 나가타〔永田〕 고지마치〔麴町〕 경찰서장이 진두지휘하는 200명의 경찰관과 30여 명의 헌병이 개미 한 마리 지나갈 수 없는 철통같은 경비망을 펼치고 있었다.

아침 6시부터 열성 방청객들이 부슬비를 맞으며 정문 앞에 모이기 시작해 7시에 문이 열리면서 발급된 방청권을 받은 사람만도 20여 명이나 되었다. 이날 오전 8시 45분 현관 앞에서 엄중한 신체검색을 받고 방청이 허락된 109명의 방청객이 방청석에 들어와 조용히 재판을 기다렸고 우자와, 야마구치 두 변호인들도 일찍 변호인석에 나와 앉아 있었다.

　9시 정각 이봉창 의사는 마스야마〔增山〕 계호주임과 아사노〔淺野〕 간수장, 그리고 여러 명의 간수의 계호를 받으며 입정했다. 이와 함께 법관석 뒤의 문이 조용히 열리며 와니 재판장이 들어와 법관석 중앙으로 천천히 가 앉자 그 오른쪽에 이케다, 모도지, 왼쪽에 나카니시 고모부치, 요코무라 등 배석판사들도 자리 잡았다. 서기들은 법관석을 향해 왼쪽에, 하야시 검사총장과 야오이 차석 검사는 오른쪽에 앉았다.

이봉창 의사의 첫 공판이 9월 16일에 열린다는 《동아일보》 1932년 9월 11일자.

스즈키 서기가 "피고인 이봉창"이라고 부르자 이봉창 의사는 재판장 앞으로 나와 섰고 와니 재판장이 "피고인에 대한 형법 73조 죄의 심리를 개시한다"고 개정을 선언했다. 와니 재판장은 이봉창 의사에게 낮은 목소리로 인정신문을 시작했다.

　　재판장: 피고인의 이름은?
　　이봉창 의사: 이봉창.
　　재판장: 나이는?
　　이봉창 의사: 32세.

　이봉창 의사의 답변은 명확하고 정확한 일본말이었다.

　　재판장: 직업은 지금 특별히 없군?
　　이봉창 의사: 네.
　　재판장: 주소는 지금은 없겠지?
　　이봉창 의사: 네, 없습니다.
　　재판장: 본적은 京城府 錦町 118인가?
　　이봉창 의사: 네.
　　재판장: 태어난 곳은?
　　이봉창 의사: 京城府 元町 2丁目.

　이 때 야오이 차석 검사가 하야시 검사총장을 대신하여 본 건은 안녕질서를 해칠 우려가 있으므로 공개를 금지해야 한다고 검찰측의 의견을 제시하며 재판부에 방청금지를 신청했다.
　와니 재판장은 배석판사들과 합의실로 가 30초가량 협의한 뒤 법관석으로 돌아와 "본 건은 안녕질서를 해칠 것으로 인정돼 공개를 금지한다"고 선언하고 특별히 허가된 자 이외의 방청자에게 퇴장을 명했다.

이에 따라 이 공판의 공개는 겨우 6분, 검사의 공소사실 진술도 있기 전에 방청이 금지돼 공판은 일단 휴정했다. 이때가 오전 9시 7분이었다. 일반방청객과 교체되어 들어온 방청객은 특별히 허가된 72명이었다. 28)

재판은 재개되어 검사의 공소사실 진술과 이에 이어 재판장의 이봉창 의사에 대한 신문으로 진행됐다. 재판장의 신문에 이어 변호인의 이봉창 의사에 대한 신문이 있었다. 야마구치 변호인은 이봉창 의사에게 "1919년 3월 1일 만세운동을 목격했는가"라고 묻고 이봉창 의사가 목격하지 못했다고 하자 그것에 대한 소감을 물었고 의식하지 못했다는 답변이 있었다. 29)

이때가 오전 11시 46분. 와니 재판장은 중식을 위해 휴정하며 오후 1시에 개정한다고 선포했다.

공판은 오후 1시에 속개되어 증거물과 증인신문에 대한 확인과 이의(異意) 여부를 중심으로 이봉창 의사에 대한 재판장의 신문이 계속됐으며 이 신문이 끝나자 재판장은 사실 및 증거조사가 종료됐음을 알렸다. 이어 야오이 차석검사는 이봉창 의사의 경력, 범죄동기, 사실의 인정 등의 논고를 했고 하야시 검사총장의 추가 진술이 있었다.

특히 하야시 검사총장은 이봉창 의사의 '범죄사실'은 명백한 것으로서 형법 73조 및 폭발물취체 벌칙 1조에 해당되어 이봉창 의사는 사형에 처해야 한다고 주장했다. 그는 조선의 독립을 꿈꾸는 것은 착각과 천려(淺慮)로서 이것은 일본 황실의 일시동인(一視同仁)의 고마운 성지(聖旨)를 받들지 않는 데서 비롯되는 민족적 편견과

---

28) 東京《아사히신문》, 1932년 10월 11일자 석간.
29) "공판조서," p. 162.

세계대세와 동떨어진 시대감각이라고 억지 사설을 늘어놓았다. 그리고 마지막으로 다음과 같은 진술로 사형을 구형했다.

> 그 사정이 어떠했든 피고인의 행위는 황공하옵게도 천황의 행차 행렬을 침해한 천지에 용서받지 못할 대죄입니다. 따라서 처음부터 추호의 가차도 허용할 수 없는 것이므로 피고에 대해 사형에 처한다는 재결이 있어야할 것으로 사료되는 바입니다. 30)

이어 우자와, 야마구치 양 변호인이 정상참작을 해야 할 사실을 들어 이봉창 의사를 위해 변론했다.

공판조서 마지막은 느닷없이 다음과 같은 와니 재판장과 이봉창 의사의 문답으로 끝난 것으로 기록하고 있다.

> 재판장: 오늘에는 나쁜 일을 했다고 후회하고 있는가?
> 이봉창 의사: 후회하고 있습니다.
> 재판장: 그 밖에 최후에 진술할 것은 없는가?
> 이봉창 의사: 아무것도 없습니다. 31)

이 문답은 예심 마지막 신문의 맨 끝의 문답과 함께 조작의 냄새를 짙게 풍기고 있다. 6월 27일에 있은 제9회 신문의 문답조서에도 이와 같은 문답이 있었으나 그로부터 2개월이 훨씬 지난 이 날 공판에서는 다시 "조선독립을 위해 천황의 목숨을 앗고자 했다"고 확신범으로서의 자신에 찬 답변을 하고 있다. 이것이야말로 제9회 신문조서가 조작됐다는 반증이 아닐 수 없다 하겠고, 공판조서에

---

30) "공판조서," p. 169.
31) "공판조서," p. 170.

서도 그러한 확신에 찬 답변이 있은 뒤 거두절미하고 또 맨 뒤끝에 "후회하고 있습니다"라고 한 진술의 기록 역시 날조한 것으로밖에 풀이할 수 없다.

이것은 대역죄인에 대한 사법관계자들의 불문율 — 피고인이 사후에 뉘우치고 있다고 진술한 것으로 기록함으로써 천황의 권위를 높이고 성덕을 돈독히 하려는 경찰, 검찰, 법관들의 불문율 — 때문에 이같이 조작한 것임에 틀림없다는 일부 학자들의 주장을 뒷받침해 주는 것이 아닐 수 없다 하겠다. 32)

이 날 특별 방청객은 이봉창 의사를 체포했다는 이시모리 이사오〔石森勳夫〕 료고쿠〔兩國〕 경찰서장(사건 당시 경시청 수사 제2과장)을 비롯 마쓰모토〔松本〕 경보국장, 우라가와〔浦川〕 경시청 제1과장 등 경찰 관계자와 하타〔秦〕 헌병사령관과 육 해군 법무 관계자 등 군 관계자, 기노시타〔木下〕 총무과장과 시라이〔白井〕 황궁 경찰부장 등 궁내 관계자, 문부성의 이토〔伊東〕 학생부장, 그리고 사법〔司法〕관계자 등이었다. 33)

---

32) 이 책의 제6장 1의 "아홉번의 예심" 참조.
33) 東京《아사히신문》1932년 10월 11일자 석간.

7. 사형선고와 순국

　이봉창 의사는 1932년 9월 30일 두 번째 공판에서 사형을 선고받았다. 이 날도 구형공판 날과 마찬가지로 부슬비가 내려 이봉창 의사에 대한 사형선고를 미리 예견이나 한 듯 법정의 분위기를 더 한층 무겁게 하였다.

　사형공판은 구형공판 때와는 달리 일반인에게 공개되어 70명의 특별 방청인과 100명의 일반 방청인이 아침 일찍부터 밀려들었다. 이들은 아침 8시 반부터 삼엄한 경계 속에서 방청석에 입장했고 우자와, 야마구치 관선 변호인들도 변호인 석에 자리 잡았다.

　이봉창 의사는 이 날 아침 5시에 잠자리에서 일어나 아침 예불을 끝내고 아침식사를 한 다음 오전 8시 호송차를 타고 비 내리는 길을 달려 대심원에 도착했다. 재판소 내외는 경시청의 경찰관 200명과 고지마치〔麴町〕헌병 분대의 헌병 50명 등 모두 250명의 군경이 삼엄한 경계를 폈다.

　8시 55분, 이봉창 의사는 가케이〔筧〕수위장의 안내로 구형공판이 열렸던 제2특별형사부 법정으로 들어섰다. 사지 천으로 된 일본 홑옷 차림의 이봉창 의사는 왼손에 염주를 들고 입정하다 옷에 맨 비단 띠가 풀어지자 이를 바로 맨 뒤 아주 평온한 자세로 얼굴에 미소를 띠고 변호인에게 인사한 다음 잠시 다시 옷매무새를 바로잡고 방청석을 한 바퀴 둘러본 후 조용히 자리에 앉았다.

　재판장을 비롯한 배석판사, 서기와 검찰은 모두 구형 공판 때와 같은 인물들로 이들은 오전 9시 6분 각각 자리에 앉았다. 스즈키 서기가 "피고인 이봉창"이라고 부르자 이봉창 의사는 일어섰다.

와니 재판장은 "판결을 선고한다"고 말한 다음 판결문을 꺼내들고 판결이유를 약 10분 동안 읽어 내린 뒤 목소리를 한 단계 높여 "피고인 이봉창을 사형에 처한다"고 극형을 선고했다.

　이때가 1932년 9월 30일 오전 9시 15분.

　사형이 선고되는 순간 이봉창 의사의 태도나 얼굴 표정에는 아무런 변화도 없었다. 있었다면 염주를 꼭 쥔 채 법관을 향해 공손히 머리를 숙인 것뿐이다. 법관들이 퇴정하자 이봉창 의사는 다시

이봉창 의사(가운데 용수를 쓴)가 1932년 9월 30일 간수들의 계호를 받으며 법정으로 들어가고 있다. 이 의사는 사형을 선고받았다.

변호인 석에 아무 말 없이 인사한 뒤 양손을 간수에게 내밀어 수갑을 차고 조용히 법정을 뒤로했다. 34)

이봉창 의사에 대한 판결문은 이봉창 의사의 성장과 경력, 거사 때까지의 경위 등을 기술한 다음 (1) 거사 당일 하라주쿠〔原宿〕역에서 거사결행 때까지 이봉창 의사가 접촉한 사람들의 증언, (2) 이봉창 의사가 예심 신문과 공판에서 거사결행을 자인한 진술, (3) 이봉창 의사를 체포한 경찰관의 증언, (4) 행차 행렬에 있었던 어기〔御旗〕 하사관 등의 증언, (5) 현장과 마차에 대한 검증조서 등의 증거를 종합할 때 피고인의 범적(犯跡)이 역연(歷然)하므로 이에 판시(判示)사실을 인정한다고 밝혔다. 판결문의 주요 부분은 다음과 같다.

> 법률에 비추어 피고인의 행위는 형법 제73조 전단 천황에 대한 위해를 가하는 죄에 해당하는 것이다. 또한 폭발물취체 벌칙 제 1조의 죄에 해당되는 것으로 형법 제54조에 의하여 그 죄가 무거운 전자의 형에 따라 처단되며 압수물 가운데 압(押) 제35호의 29, 39와 42 내지 44(폭발된 수류탄의 파편들: 필자)는 범죄용 물건에 관계되고 같은 호1(바지 왼쪽 주머니에 넣어 두었던 수류탄: 필자)은 범죄에 사용할 것을 목적으로 하였던 물건에 관계되므로 모두가 범인 이외의 자에게 속하지 아니하므로 형법 제19조에 의하여 이를 몰수한다. 소송비용은 형사소송법에 제 237조에 의하여 전부 이를 피고인 부담으로 한다. 이에 주문과 같이 판결한다.
> 검사총장 林賴三郎 검사 矢追秀作 본건에 관여하다.
> 昭和 7년(1932년) 9월 30일

---

34) 東京《아사히신문》 1932년 10월 1일자 석간, 《동아일보》 1932년 10월 1일자.

이봉창 의사의 사형을 집행한 이치가야〔市ヶ谷〕 형무소

이봉창 의사의 사형이 집행된 곳(이치가야) ─ 현 자위대 본부.

대심원 제2 특별형사부

재판장 판사 和仁貞吉

판사 池田寅二郎 판사 中西用德 판사 泉二新熊 판사 菰淵淸雄[35]

한편 이봉창 의사에게 사형이 선고된 바로 그 시간에 일본 사법성은 이봉창 의사의 의거 개요를 발표했다. 이 발표문은 이봉창 의사의 성장과 가정환경, 일본과 상해에서의 생활, 동경에서의 거사 준비와 결행 등을 담고 있으나 전체적 문맥은 이봉창 의사를 파렴치한으로 폄하(貶下)하는 내용으로 일관하고 있다.[36] 이봉창 의사를 폄하한 이유는 이봉창 의사의 의거를 '숭고한 의거'가 아니라 성격이 파탄된 무뢰한이 저지른 '저질의 범죄'로 절하하여 이 의거의 의의를 희석시키려는 데에 있었던 것임에 틀림없다.

1932년 10월 10일 오전 9시 2분.[37]

이봉창 의사는 이치가야(市ヶ谷) 형무소에서 사형이 집행돼 순국했다. 이봉창 의사의 나이 만 31년 2개월.[38] 길지 않은 생애였지만 그의 죽음은 고귀하고 거룩했다.

이봉창 의사는 이날 아침 일찍 그동안 수용됐던 도요타마(豊多摩) 형무소에서 이치가야 형무소로 옮겨졌다. 형무소를 옮긴 것은 도요타마 형무소에는 사형집행 시설이 없었기 때문이었다.

---

35) 李奉昌 판결문.

36) 《동아일보》 1932년 10월 1일자.

37) 이봉창 의사 호적란에는 "檀紀 四貳六五年 拾月 拾日 午前 九時 貳分 東京市 牛込區 市谷富人町 百拾參番地 市谷刑務所에서 死亡. 市谷刑務所長 佐藤江二 報告 同月 拾日 東京市 牛込區長 松永潤一郎 受附報告書謄本 同月 拾五日 送附"라고 기재되어 있음.

38) 李奉昌 의사의 생년월일은 1901년 8월 10일임.

이봉창 의사의 사형집행을 보도한 1932년 10월 1일자 《조일신문》.

이에 앞서 9월 30일 대심원 특별재판에서 이봉창 의사에 대해 사형이 선고되자 이봉창 의사의 공판기록은 바로 하야시 라이사부로〔林賴三郞〕 검사총장에게 보내졌고, 하야시 검사총장은 이를 근거로 하여 오야마〔小山〕 사법상에게 사형집행 명령을 요청했다.

오야마 사법상은 10월 7일 사형집행 명령서에 서명했고 이에 따라 하야시 검사총장은 즉각 집행지휘서를 발급하여 이날 사형이 집행된 것이다.

이봉창 의사는 이날 오전 9시 교수형장에 입장했고, 이어 사토〔佐藤〕 형무소장과 대심원 검사부 취급 다나마치〔棚町〕 차석 검사, 이타〔井田〕 서기, 후지이〔藤井〕 교회사(敎誨師) 등이 입회한 가운데 사형이 집행됐으며 소가와〔曾川〕 보건기사의 사망진단으로 사형집행을 끝냈다. 39) 이봉창 의사의 유해는 동경 서북쪽으로 멀지 않은 사이타마현〔埼玉縣〕 우라와시〔浦和市〕의 우라와〔浦和〕 형무소 묘지에 매장됐다.

---

39) 東京《아사히신문》, 1932년 10월 11일자 석간.

제 8 장
의거의 의의와 시대적 상황

1. 이봉창의 인간상

이봉창 의사는 이와 같이 31년의 생을 찬란하게 마감했다. 2천만 겨레를 대신하여 나라의 독립을 되찾고자 하는 숭고한 사명감으로 흔쾌히 자신을 불사른 것이다. 이봉창 의사는 "항일애국(抗日愛國) 투쟁의 불꽃이요 투혼(鬪魂)"이었다. 이봉창 의사는 자신의 말과 같이 지난 30년 동안 누렸던 육신의 쾌락을 접고 영원한 쾌락을 찾아 떠난 것이었다. 1)

사실 이봉창 의사의 30년은 육신의 쾌락과 노상 무관하지 않았다. 그만큼 그는 평범한 청년과 보통사람의 속성을 지니고 있었다. 어쩌다 좌절감에 사로잡히면 쉽게 자포자기하여 술 마시고 도박하고 여자에게 빠지기도 하는 단순하고 순박한 젊은이였다. 그

---

1) 金九, 《白凡逸志》, 나남출판, 2002, p. 326 참조.

러기에 그는 혈기도 왕성하여 한번 마음먹으면 반드시 해내는 성격이었고 결코 남의 의견을 받아들이지 않는 외골수이기도 했다. 2) 이러한 이봉창 의사에 대해 김구는 "성행은 춘풍같이 화애(和靄)하지만 그 기개(氣慨)는 화염(火焰)같이 강하다"고 평했다. 3)

이러한 이봉창 의사의 양면의 성품은 그의 거사결행에 여러 면에서 긍정적으로 작용했다. 그와 사귀었던 사람들은 그가 대단히 낙천적이고 사교적이라고 말한다. 매우 성실하고 진실하며 부지런하여 일을 찾아서 하는 사람이라고 입을 모은다. 악의가 없어 사귀기가 쉽고 마음을 열게 하는 매력 있는 남자라는 애정 어린 눈길도 있다. 4)

그는 또한 일본말이 매우 유창했다. 오사카에서는 그곳 사투리로, 동경에서는 그곳 말씨로 일본인과 거의 같은 일본말은 구사해 그를 모두 일본인으로 알았을 정도로 유창했다. 5) 이러한 그의 성품과 일본말 솜씨로 이봉창 의사는 중국 상해에서 많은 일본인과 사귀었고 그 가운데는 경찰관도 있어 이봉창 의사가 의거를 위해 일본으로 떠날 때 이 경찰관이 부두까지 나와 전송해 주어 폭탄을 갖고도 무사히 승선할 수 있었다. 6)

특히 이봉창 의사의 사교성이 결정적으로 작용한 것은 육군 시관병식이 열리는 요요기(代代木) 연병장을 사전 답사하러 가는 길에 탔던 합승차에서 그 차 운전수에게서 오바(大場) 헌병 조장의 명함을 입수할 때였을 것이다. 이봉창 의사 특유의 화술과 점착성

---

2) "上申書," p. 4.
3) 앞의 〈東京炸案의 眞狀〉의 "그 素質은 英雄" 항목.
4) 증인들의 증언 참조.
5) 앞의 증언 참조.
6) 앞의 〈東京炸案의 眞狀〉 참조.

은 쉽사리 그 운전수의 마음을 사로잡을 수 있었고 기꺼이 명함을 넘겨주도록 할 수 있었던 것이다. 만약 이 명함이 없었더라면 과연 이봉창 의사의 의거는 가능했을까.

그러나 이봉창 의사의 의거(義擧)가 가능했던 것은 이러한 사교적 성품 때문만은 아니었다. '화염(火焰) 같은 기개(氣槪)'가 없었던들 그것은 이루어질 수가 없었던 것이다. 이봉창 의사는 이 엄청난 거사를 결행하면서 추호도 두려워하거나 주저한 적이 없었다. 그는 거침없고 담대한 자세로 몇 번의 난관과 위기를 돌파하여 기어이 천황 행렬에 폭탄을 던지는 장거에 성공한 것이다.

이봉창 의사는 거사 후 당당하게 스스로 체포됐고 체포 후의 태도 또한 조금도 위축되지 않고 거침이 없었으며 항상 미소를 띠고 있어 '중대한 범행을 저지른 데 대한 죄책감도 전혀 없는 듯' 담담하고 침착했다. 이러한 이봉창 의사의 모습에서 우리는 강인한 의지와 치열한 도전의식(挑戰意識), 그리고 불퇴전(不退轉)의 실천력을 지닌 영웅의 풍모를 느끼지 않을 수가 없다.

이봉창 의사의 학력은 고향의 서당에서 3년간 한문을 배운 후 사립 문창(文昌)학교 4년 졸업과 오사카에서 간사이〔關西〕공업학교 야간부에 4개월 다닌 것이 전부다. 7) 그래서인지 이봉창 의사에게서 지성미(知性美)를 찾아보기는 쉽지 않다. 그러나 그가 거사 후 예심과 공판에서 진술한 내용은 고학력자 못지않은 정연하고도 일관된 논리와 사상을 담고 있다.

특히 다음과 같은 이봉창 의사의 진술은 이러한 이봉창 의사의 진면목을 가장 잘 드러내주는 대목이라 할 수 있겠다.

---

7) 제5회 신문 5문답;《警備關係綴》, 1932. 1. 8, 오후 11시 10분 보고 咸北경찰부장 → 경무국장.

일본인은 관헌까지도 우리 조선인에 대해 차별대우를 하며 학대하고 있으므로 우리 조선인은 어떻게 해서든 조선을 독립시켜 조선인의 국가를 갖지 않으면 안 된다는 생각을 갖고 있는 터에 白貞善으로부터 천황을 죽이는 것이 조선의 독립을 촉진시키는 첩경이라는 말을 듣고 그렇다고 생각되어 2천만 동포를 위해 희생하여 천황을 죽이고자 결심하기에 이르렀던 것이다.

　　나는 천황을 죽이는 일을 결코 이봉창 한 사람이 멋대로 벌이는 난폭이 아니라 조선민족이 전반적으로 독립을 희망하고 있기 때문에 그 민족을 대표하여 제일선의 희생자로서 결행한 것이다. 8)

　이봉창 의사가 사상(思想)과 주의(主義)에 관심을 갖게 된 것은 교토(京都)의 천황 즉위식에서 검속당한 때부터였다. 그는 고조(五條) 경찰서 유치장에 구류됐을 때 무산주의와 공산주의에 대해 많은 생각을 했다. 이들 주의가 무산 노동계급을 위해 유리한 운동을 해줄 것으로 생각했기 때문이었다. 그러나 이봉창 의사는 자신이 노동자이기 전에 조선인이며 따라서 조선의 독립이 우선돼야한다고 생각해 무산당이나 공산당에 입당하려던 마음을 바꾸었다. 9)

　이처럼 이봉창 의사는 조선독립에 대한 자기 나름의 확고한 이론과 사상이 있었던 것이다.

　김구는《백범일지》에서 이봉창 의사를 '이 선생'이라고 존칭했다. 이봉창 의사를 처음 만났을 때는 '이 씨'라고 했으나 이봉창 의사의 투철한 독립사상을 알고 나서부터는 깍듯이 '이 선생'이라고 높여 불렀다.

　김구가 이봉창 의사를 '선생'이라고 존칭한 것은 윤봉길(尹奉吉)

----

8) 제 7회 신문 26문답.
9) 제 6회 신문 3, 5문답.

의사를 시종 '윤 군'이라고 부른 것과 극히 대조적이다.

　물론 윤봉길 의사는 이봉창 의사보다 나이가 7살이나 아래여서 '군'이라고 부른 것이 더 자연스러웠는지 모른다. 그러나 김구가 이봉창 의사는 '선생'이라고 부르고 윤봉길 의사는 '군'이라고 부른 데에는 단순히 연령의 차이 때문만은 아닐 것이다. 두 분이 처음 만났을 때 이봉창 의사의 나이라야 고작 30세였고 김구는 55세로 두 분 사이는 부자지간이라 해도 좋을 만큼 나이차이가 있었다.

　그럼에도 김구가 이봉창 의사를 '선생'이라고 부른 것은 그만큼 이봉창 의사가 남다른 성품과 인격과 덕망을 갖추고 있었다는 반증이 아닐까.

　일본의 사법당국은 이봉창 의사가 자신의 주의 사상이나 판단 없이 김구의 사주에 의해 그의 하수인으로서 사건을 일으킨 단순한 난폭자로 평가절하하려고 노력했다. 그리고 또한 이봉창 의사를 술과 도박과 여자에 탐닉한 무뢰한이고 파렴치한 시정잡배로 몰아붙임으로써 이봉창 의사의 의거를 격하시키려고 애썼다.

　그러나 이봉창 의사의 의거가 남의 사주(使嗾)에 놀아난 난폭이 아니라 뚜렷한 자기 사상과 주의에 의한 거사였다는 것은 예심과 공판과정에서 여실히 드러난 대로다.

　다만 이봉창 의사에게 어느 일면 속물적 성향이 노상 없었다고 부인할 수는 없을 것 같다. 김구도 이봉창 의사를 "주(酒)는 무량(無量)이고 색(色)은 무제(無制)"라고 평한 적이 있다. 10)

　그러나 이러한 이봉창 의사의 '성향'은 전혀 문제될 것이 없다. 왜냐하면 이것들은 영웅들이 갖는 아주 자그마한 편린(片鱗)에 불과하며 그리고 이봉창 의사는 당당하게 영웅의 반열에 오르고도 남는 위대한 거인이었기 때문이다.

---

10) 앞의 〈東京炸案의 眞狀〉의 "그 素質은 英雄" 항목.

2. 의거의 의의와 시대적 상황

이봉창 의사의 의거가 있은 1932년을 전후한 동북아시아는 일본의 만주침략으로 먹구름이 잔뜩 뒤덮여 있던 때였다. 일본은 만주를 장차 일본의 인구, 식량, 자원 등의 문제를 해결할 식민지로 삼고자 만주진출의 야욕을 펼치기 시작, 1928년 6월 4일 일본의 만주 진출에 걸림돌이 되고 있던 만주의 실질적 지배자 장작림(張作霖)을 폭살(爆殺)했다. 이어 이봉창 의사 의거가 있기 3개월여 전인 1931년 9월 18일 이른바 유조구(柳條溝) 철도폭파 사건을 조작하여 만주사변을 일으켜 만주침략을 본격화했다.

일본은 이듬해 1월 장학량(張學良, 張作霖의 아들)의 반만항일(反滿抗日)의 거점인 금주(錦州)를 점령하면서 만주에 청(淸)의 마지막 황제 부의(溥儀)를 앞세워 괴뢰국인 만주국(滿洲國) 건설을 준비하고 있었다.

일본의 만주침략에 대해 구미열강은 모두 반대했고 특히 미국은 이봉창 의사 의거가 결행된 바로 그날 스팀슨 국무장관의 이름으로 "일본의 만주침략을 불법으로 간주한다"(스팀슨 독트린)는 서한을 주일 미 대사를 통해 일본 수상 이누카이 쓰요시〔犬養毅〕에게 전했다. 11)

일본으로서는 이날 한국의 독립을 원하는 한국민족의 뜻을 행동으로 전한 이봉창 의사의 의거와 만주침략을 반대하는 미국의 뜻

---

11) 앞의 《日本外交史辭典》, p. 967, "滿州事變" 항목; 東亞日報 간행, 《브리태니커 세계대백과사전》 13권, p. 197 "스팀슨" 항목 참조.

을 한꺼번에 받은 괴로운 하루였다.

한편 만주사변 발생 2개월여 전인 1931년 7월 2일 발생한 만보산(萬寶山) 사건은 일본의 교묘한 흉계에 의해 사건의 실체보다 크게 과장되어 한국 신문에 보도됨으로써 한국 각지에서 한국인에 의해 중국인이 학살되는 불상사건으로 확대됐고 이에 대해 중국에서는 중국인들이 한국인에게 위해를 가하는 사건이 빈발하는 등 한중(韓中) 민족간의 반목이 증폭됐다.

이러한 상황에서 상해 임시정부의 활동은 여러 면에서 난관에 부닥쳐 곤혹스러운 나날을 보내고 있을 뿐이었다. 임시정부의 재정은 바닥나 활동은커녕 요원과 직원들의 생계조차 제대로 꾸리지 못하는 형편이었으며, 공산주의 사회주의 등 새로운 이념의 물결이 임시정부 내외에 소용돌이쳐 극도의 사상적 혼란이 계속되었고, 이에 따라 임시정부에 참여하려는 사람의 발길도 끊겨 임시정부의 활동은 사실상 정지된 상태에 있었다.

김구는 이러한 상황을 다음과 같이 기술했다.

> 만근(輓近) 수년내로는 경제의 극곤(極困)과 사상의 혼란이 계속하여 사업진행에 지장이 불소(不少)하였고 인재를 광구(廣求)할 길까지 없었다. 12)

이러한 대내외적 여건 속에서 결행한 이봉창 의사의 의거는 만주사변으로 인해 증폭된 중국 국민의 항일운동을 더욱 고조시켜 1·28 제1차 상해사변을 일으키는 한 원인이 됐다. 일본은 중국 국민의 항일운동을 무력으로 진압하기 위해 상해에서 중국인을 매수하여 일연종(日蓮宗)의 일본인 승려를 한낮에 노상에서 살해하는

---

12) 앞의 〈東京炸案의 眞狀〉, "愛國團의 最先鋒" 항목.

사건을 조작하고, 이 사건을 구실로 이봉창 의사 의거가 있은 지 20일 후인 1932년 1월 28일 상해 주둔 해군 육전대(陸戰隊: 해병대)로 하여금 중국의 19로군(路軍)과 전투를 벌이게 했다. 일본은 2월에 3개 사단을 파견하여 상해 일원을 점령하고 5월 일본에 유리한 정전협정을 체결했던 것이다.

이봉창 의사 의거에 대한 중국 언론의 보도는 "불행하게도 폭탄이 천황에게 명중하지 않았다"고 애석해 하면서 중국인이 해야 할 일을 한국인이 대신했다며, 중국 국민의 각성을 촉구하는 논지가 주류를 이루었다. 이에 대한 일본의 대응도 강경하여 해당 신문이 있는 지방관서에 압력을 넣어 많은 신문이 정간당하는 등의 피해를 입었고 폐간된 언론기관조차 있었다.

이봉창 의사의 의거는 만보산 사건으로 인한 한중(韓中) 민족간의 반목 감정을 완화하는 데 크게 기여했을 뿐만 아니라 중국정부의 임시정부에 대한 종전의 태도와 관심을 바꾸게 해 적지 않은 경제적 정신적 지원을 받는 계기가 됐다.

이봉창 의사의 의거는 또한 그동안 활동이 부진하던 임시정부에 활력을 불어넣어 주었으며 독립운동자금의 모금도 활발해졌다. 뜸하던 인재들도 앞을 다투어 몰려와 윤봉길 의사 의거를 비롯한 여러 항일투쟁의 기폭제가 됐으며 광복군(光復軍)의 창설에도 적지 않은 영향을 주었다 하겠다.

제9장

대한민국 임시정부의 대응

1. 임시정부와 이봉창 의사

　김구를 제외한 임시정부 요인들은 이봉창 의사의 임시정부청사 출입을 몹시 못마땅해 했다. 이동녕(李東寧) 당시 임정 주석 겸 한국독립당(韓國獨立黨) 이사장을 비롯한 많은 국무위원들은 한국인인지 일본인인지 판단하기 어려운 이봉창 의사를 정부 내에 출입하게 하는 것은 경계직무를 소홀히 하는 것이라고 힐책했다.

　그도 그럴 것이 이봉창 의사가 처음 임시정부청사에 찾아왔을 때 사용하는 말이 절반은 일본말이었고, 임시정부라는 단어도 일본정부가 쓰는 가정부(假政府)라고 했으며, 몸동작 또한 일인과 흡사했다. 뿐만 아니라 한번은 어느 날 일본인 옷인 하오리를 입고 신발은 게다(일본식 나무 신발)를 신고 임정 청사문을 들어서다가 중국 경비원에게 내쫓긴 적도 있었던 것이다.

이봉창 의사의 임정청사 출입을 금하라는 임정요인들의 요구에 대해 김구는 다만 "조사 연구하는 사건이 있다"고만 말하며 이봉창 의사의 출입을 감쌌고, 김구가 그렇게 감싸자 더는 강경하게 요구하지는 않았으나 불쾌하게 여기는 표정은 여전했다. 1)

김구는 만보산 사건으로 인해 상해에서도 길거리에서 한·중 노동자 사이에 종종 충돌사건이 일어나자 양국 국민의 반목감정을 해소하기 위해서도 무엇인가 특별한 항일공작(抗日工作)이 필요하다고 생각, 이를 전담할 기구로 한인애국단(韓人愛國團)을 구상하여 이를 임시정부 국무위원회에 상정, 승인을 받았다.

이에 대해 김구는 다음과 같이 기술했다.

> 그때 임시정부 국무회의에서 특권을 부여받아 '한인애국단'을 조직한 나는 첫 번째로 동경사건을 주관했던 것이다. 암살 파괴 등의 공작을 실행하되 자금과 사람의 사용에 전권을 가지고 운용하여 성공 또는 실패의 결과만 보고하면 되었다. 그래서 1월 8일이 임박하였으므로 국무위원에 한하여 그동안의 경과를 보고하고 첫 번째 사건이 일어나면 우리는 좀 곤란할 것이라고 했다. 2)

이봉창 의사의 의거를 신문을 통해 안 임시정부 국무위원들은 천황을 살해한 것보다는 못하지만 한국인의 정신적 정서적 입장에서는 천황을 죽인 것과 다름없으며, 이것은 세계만방에 한국인이 일본에 동화되지 않았음은 물론 독립을 열망하고 있다는 것을 웅변으로 증명한 것으로서 이 의거를 성공한 것으로 인정해야 한다는 데에 의견을 모았다. 3)

---

1) 앞의 《白凡逸志》, p. 327.
2) 앞의 《白凡逸志》, p. 330.

이봉창 의사의 임시정부 청사 출입을 못마땅해 하던 국무위원들은 이봉창 의사 의거의 반향이 예상보다 큰 것에 적지 않게 놀랐다. 일본은 그들대로 이 의거에 강경하게 대응하여 프랑스 조계에 대해 김구를 비롯한 임시정부 요인들의 체포에 협조할 것을 강도 높게 요청했고, 이에 따라 프랑스 조계 공무국도 더 이상 김구 등의 보호가 어렵게 됐다는 비밀통지를 김구에게 보내왔다.

> 지난 10여 년 동안 프랑스가 김구를 극히 보호하여 왔으나 이번에 김구가 부하를 보내어 일황에게 폭탄을 투척한 사건에 대하여 일본이 반드시 체포 인도의 문제를 제기할 터인즉, 프랑스가 일본과 개전(開戰) 결심을 하기 전에는 김구를 보호하기가 불가능하다. 4)

이에 따라 김구를 비롯한 임정요원들은 모두 모습을 숨기고 사태의 추이를 주시하고 있었다. 상해 일본 총영사관은 한국 임시정부가 백래니몽 마랑로 보경리(白來尼蒙 馬浪路 普慶里 4호)에 있던 임시정부 청사를 프랑스 조계 서문로(西門路) 123호 미신(美新)이 발소 앞 건물로 이전했다는 정보를 입수했다.

그러나 임시정부 요원들 사이에 이봉창 의사의 의거는 임시정부로서 당연히 해야할 일을 한 것에 불과하며 일을 할 때마다 임시정부 청사의 위치를 변경하는 것은 상해에 재류하는 한국인에게 위신을 실추하는 것으로써 임시정부의 존재이유를 상실할 우려가 있다는 주장이 대두하여 다시 옛 위치인 보경리 4호로 돌아간다는 정보도 일본 총영사관에 입수됐다.

---

3) 앞의 《白凡逸志》, p. 331.
4) 앞의 《白凡逸志》, p. 331.

일본 총영사관은 이 정보를 확인하기 위해 서문로 123호 부근을 정찰했는데 그 번지에는 미신이발소가 있었고 그 앞 건물 안의 상황은 명확하게 밝혀내지는 못했으나 그 건물 양쪽과 도로 네거리의 요소요소에 여러 명이 입초(立哨)를 서며 극히 엄중한 경계를 펴고 있는 것으로 미루어 임시정부 청사가 서문리 123호 앞 건물로 이전했던 것으로 판단하고 있음을 시사했다.[5]

그러나 일본 총영사관은 임시정부 청사가 보경리 4호로 다시 이전했는지 여부에 대해서는 언급이 없다.

한편 상해 거주 우리 교포들은 1932년 5월 25일 상해 한교(韓僑) 일동 명의로 상해주재 프랑스 총영사와 프랑스정부 앞으로 다음과 같은 6개항의 '항의문'을 보냈다.[6]

1. 한교(韓僑)의 거주권을 확보할 것.
2. 혁명가(독립운동가 = 필자)를 보호할 것.
3. 한교(韓僑)의 무리한 체포에 절대 반대함.
4. 가택수색 반대.
5. 프랑스 조계에 있는 일본 경찰을 즉각 구축할 것.
6. 이번 불법행위에 대해 귀 영사관은 즉시 전한교(全韓僑)에게 사죄할 것.

이 항의문은 이봉창 의사 의거와 윤봉길 의사 의거 후에 불어 닥친 프랑스 조계(租界)에 거주하는 한국인에 대한 프랑스 경찰의 체포와 가택수색에 대한 항의로 보인다.

---

5) 上海 일본 총영사관 보고 기밀 제262호(1932. 3. 17) 무라이 총영사 → 외상.
6) 朝鮮民族運動年鑑(自 大正8년 至 昭和7년), p. 282.

김구도 《백범일지》에서 "전화로 이따금 우리 동포가 체포되었다는 보고를 들었다. …" "날마다 왜놈들이 사람을 잡으려고 미친개처럼 돌아다니는 판이어서 …"라고 당시의 우리 교포사회의 어려움을 술회하고 있다.

2. 한국독립당 선언

　임시정부의 여당인 상해의 한국독립당(韓國獨立黨)은 이봉창 의사의 의거에 대해 민첩하게 대응했다. 임시정부의 핵심요원이기도 한 한국독립당의 주요 당직자들은 이봉창 의사의 의거가 천황을 살해한다는 당초의 목표는 이루지 못했으나 그것이 일으킨 반향과 파장이 예상보다 큰 데에 크게 고무됐다.

　중국 국민당의 '이당치국'(以黨治國)의 당정(黨政) 체제를 도입하여 임시정부를 지원하고 발전시키기 위해 1930년 1월 25일 이동녕 (李東寧), 조완구(趙琬九), 김철(金澈), 안창호(安昌浩), 이시영(李始榮), 조소앙(趙素昂), 김구 등이 주축이 되여 창당된 한국독립당은 이봉창 의사의 의거가 결행된 다음 날인 1월 9일 이봉창 의사의 의거에 대해 짤막한 성명을 발표했다. 상해에서 발행되는 중국인 경영의 〈국문통신사〉(國聞通信社)는 1월 11일 이 성명을 한국독립당 통전(通電)이라는 표제 아래 전문 게재했다. 이 성명의 전문은 다음과 같다.

　　본당(本黨)은 삼가 한국 혁명용사 이봉창이 일본 황제를 저격하는 벽력일성(霹靂一聲)으로 전세계 피압박 민족에게 신년(新年)의 행운을 축복하고 이것과 같은 소리로 환호하며, 바로 제국주의자의 아성을 향해 돌격하여 모든 폭군과 악정치(惡政治)의 수범(首犯)을 산제(剷除)하고 민족적 자유와 독립의 실현을 도모할 것을 바란다.

　　　　　　　　　　　　　　　　　대한민국 14년 1월 9일
　　　　　　　　　　　　　　　　　　　　한국독립당7)

한국독립당은 다음 날인 1월 10일 다시 장문의 선언문을 발표했
다. "이봉창이 일황을 저격한 데 대한 한국독립당 선언"이라는 제
목의 이 선언문은 일본의 포악한 죄상을 파헤치고 이봉창 의사의
의거가 결행된 원인 등을 밝히고 있는데 그 전문은 다음과 같다.

韓國獨立黨宣言
對李奉昌狙擊日皇事件

韓國獨立黨對於此次李奉昌狙擊日皇事以韓國民族與夫獨立運動
者立場撮被暴日之罪跡昭示本案之前因後果宣言于左
兒被島賊旣倂三韓魚肉我同胞奄吞滿蒙芻狗我友邦以被血族相婚
之酋自誇謂萬世一系以被萬惡橫行之魁坐食人民之膏自稱天皇高
踞無上之位以被穢德欲兼韓中積其惡而不悔挑人天之共怒豈惟韓
人欲漆其頭抑亦漢族刳爲飮器雖然被日皇者固不足殺也被智不足
以衡時勢權不足以制軍閥威不足以御元老與黨魁無論其爲明治爲
大正爲昭和同丘一貉蠢一偎儡耳韓人固知其不足殺而殺之何也被
居元首萬惡所匯一, 擒賊擒王二, 爲宗邦報仇三, 行天討伸人權四,
爲友邦雪恥五, 因民不忍誅厥獨夫六, 革被國體復我主權七, 戎狄是
膺環球是懲八, 順天應人鼓動天下以之解放人類九, 也今者李奉昌
之狙擊究其動機實由於此是孰使然其惟日本軍閥元老與夫日本帝
國主義者之先鋒者乎被旣日夜製造原因韓人亦飽受刺戟公憤致今
三十年來義人烈士前仆後繼如張仁煥之於須知分, 安重根之於伊藤
博文, 李在明之於李完用, 新民會之於寺內正毅, 姜宇奎之於齊藤
實, 梁瑾煥之於閔元植, 金益湘之於田中義一, 金址燮之於二重橋,
宋學先之於金虎門, 趙明河之於久彌親王等是也, 使韓人迫令出此

7) 上海 일본 총영사관 보고 기밀 제78호(1932. 1. 15) 무라이 총영사 →
   외상.

無非日帝國主義之所使然也試看彼等表裏相應狼狽爲奸襲關白之
餘風挾天子而弄權滅人國家弑人君后佔奪鄰疆屠殺無忌盡其蛇蝎
之性橫施豺狼之虐青丘之野積骨爲山遼碣之外流血標杵是日本軍
閥元老相與勾結以演其帝國主義之兇幕於東亞者也

綜而言之彼日人實假手于我韓人屠其君者也非徒李奉昌一介有此
志二千三百萬人人胸中盡有李奉昌之決志焉將見第二第三乃至盡
二千萬爲李奉昌其人

大韓民國十四年一月十日

韓國獨立黨

한국독립당이 1932년 1월 10일에 발표한
이봉창 의사의 일황저격에 대한 선언

위 글을 우리 글로 풀이하면 다음과 같다.

한국독립당은 이번의 이봉창이 일본 천황을 저격한 사건에 대하여 한국민족과 여러 독립운동자의 입장에서 저 포악한 일본의 죄상을 파헤쳐 이 사건이 일어나게 된 원인과 뒤이어 있게 될 결과를 밝혀두고자 다음과 같이 선언한다.

흉악한 저 섬나라 도적무리는 이미 한국을 합병하고 우리 동포를 어육으로 삼았으며 만몽(滿蒙)까지도 남김없이 병탄하려고 우리의 우방을 쓸모없는 집신 버리듯 하고 있다.

저들은 혈족끼리 서로 결혼한 괴수를 내세워 스스로 만세일계(萬世一系)라 부르며 자랑삼고 있으며, 저들은 온갖 나쁜 짓을 횡행하는 우두머리로 앉아 인민들의 고혈을 먹고 있으면서 스스로를 천황이라 일컫고 가장 높은 자리에 걸터앉아 있다.

저들은 악덕으로써 한국과 중국을 겸병(兼併)하고자 못된 짓을 더해가고 있으면서도 뉘우치는 바 없으니 천인을 공노하게 했다.

어찌 한국인에게만 머리에 옷 칠을 하려고 할 뿐이랴. 중국인도 쪼개서 물그릇을 만들고 있으나 저 일본 황제는 본래 죽일 만한 가치도 없다. 그의 지력(智力)은 시세를 가늠하기에 모자라고, 그의 권력은 군벌(軍閥)을 통제하기에 모자라고, 그의 위엄은 원로와 정당 당수를 거느리기에 모자란다. 물론 明治와 大正과 昭和 할 것 없이 저들은 모두가 같은 소굴의 한패거리요 괴뢰일 뿐이다.

한국인은 본래 그를 죽일 가치도 없다는 것을 알면서도 죽이려고 하는 것은 무엇 때문인가?

그가 원수(元首)의 자리에 있으며 온갖 죄악이 모이는 자리에 있는 것이 그 첫째요.

그 적도(賊徒)를 사로잡으려면 먼저 그의 왕을 사로잡아야 하는 것이 그 둘째요.

우리 조국을 위해 원수를 갚는 것이 그 셋째요.

천벌을 내리고 인권을 신장하는 것이 그 넷째요.

우방을 위해 치욕을 풀어주기 위함이 그 다섯째요.

백성들이 참을 길이 없으면 무도(無道)한 임금을 주(誅)하는 것이 그 여섯째요.

그들의 국체(國體)를 고쳐 우리 주권을 회복하기 위함이 그 일곱째요.

못된 오랑캐에게는 응당한 벌을 내리고 온누리 사람에게는 뉘우침을 주기 위함이 그 여덟째요.

하늘에 순(順)하고 사람에 응(應)하며 천하를 고동(鼓動)케하여 인류를 해방시키려함이 그 아홉째이다.

이번 이봉창의 저격은 그 동기를 살펴보면 바로 이에서 나온 것이다. 이는 오직 일본 군벌과 원로와 제국주의자들의 선봉자가 밤낮으로 그 원인을 만들었다.

한국인도 이에 자극을 받아 오늘에 이르기까지 공분을 크게 느껴온 터이라, 30년 동안 의인(義人)과 열사(烈士)가 전에 없이 뒤를 이어 나타나고 있으니, 즉

장인환(張仁煥)에게의 스티븐스

안중근(安重根)에게의 이토 히로부미〔伊藤博文〕

이재명(李在明)에게의 이완용(李完用)

신민회(新民會)에게의 데라우치 마사타케〔寺內正毅〕

강우규(姜宇奎)에게의 사이토 마코토〔齊藤　實〕

양근환(梁瑾煥)에게의 민원식(閔元植)

김익상(金益湘)에게의 타나카 기이치〔田中義一〕

김지섭(金祉燮)에게의 니주바시〔二重橋〕

송학선(宋學先)에게의 깅고몽〔金虎門〕

조명하(趙明河)에게의 구니신노〔久彌親王〕

172

와 같은 예가 모두 그러하다. 한국인으로 하여금 이렇게 나서지 않을 수 없게 한 것 가운데 제국주의자들이 그렇게 만들지 않은 것이 없다.

살펴보건대 저들은 표리가 상응하는 이리떼처럼 간교하여 관백(關白)의 여풍(餘風)을 이어받아 천자(天子)인양 권세를 농락하며 남의 나라를 멸망시키고 남의 나라 임금과 왕후를 시해하며 이웃 나라의 강토를 빼앗고 거리낌 없이 마구 죽이면서 그 독사와 같은 짓을 다하고 표범과 이리와도 같은 잔학한 횡포를 거듭하였던 바, 한반도의 온 들녘에는 뼈가 쌓여 산이 되고 동쪽의 먼 바다 밖이 피가 흘러 붉게 물들어 있으니 이는 모두가 일본 군벌의 원로들이 서로 더불어서 꾸며낸 것으로 그 제국주의자들의 흉극(兇劇)을 동아시아 지역을 무대로 삼아 연출하기 위한 것이다.

요컨대 저들 일본인은 실로 우리 한국인의 손을 빌려서 자신의 천황을 죽이려 한 것이나 다름이 없다. 오직 이봉창 한 사람만이 이 같은 뜻을 지니고 있는 것만은 아니며 2천 3백 만의 가슴속에다 이봉창과 같은 결의가 깃들여 있어 제2 제3, 아니 2천만 모두가 이봉창과 같은 사람으로 될 것이다.

대한민국 14년 1월 10일
한국독립당[8]

'한국독립당 선언'은 지금까지 알려져 있는 것은 한문으로 된 것뿐이다. 우리 글로 쓰인 것이 분명 있을 것으로 추정은 되나 아직까지 발견되지 않고 있다. 일본 경시청장 하세가와 규이치〔長谷川久一〕가 수상과 내무상, 외상 등에게 극비문서로 보고한 선고비(鮮

---

8) 金裕赫 단국대 명예교수 번역.

高秘) 제 87호(1932. 1. 19)에 첨부된 '한국독립당 선언'도 한문으로 된 것을 일본어로 번역한 것이었다.

그런데 이 극비 보고서는 '한국독립당 선언'이 명의는 한국독립당으로 되어있으나 실제로 이 선언을 작성한 것은 상해 대한교민단(大韓僑民團) 정무위원회라는 정보를 접했다고 기술하고 있다.

이 보고서에 따르면 민단은 1932년 1월 6일 민단 정무위원에 이유필(李裕弼), 김구, 김철을, 심판원(審判員)에 이시영(李始榮), 안창호(安昌浩), 김사집(金思漢) 등을 선임하고 이봉창 의사 의거 2일 후인 1월 10일 제1차 정무위원회를 열어 정무위원장 겸 서무부장에 이유필, 재정부장에 김철, 의경(義警)대장에 김구를 임명했으며, 또한 "한국독립당 선언"이라고 제목을 붙여 대한민국 14년 1월 10일 한국독립당이라는 명의로 이봉창의 불경(不敬)사건을 기재한 원한문(原漢文)의 '불온' 인쇄물을 작성하여 각 방면에 살포했다는 정보에 접했다는 것이다.

그러나 이 선언이 이 보고서대로 민단에서 작성한 것이라면 민단 명의로 발표해도 될 것을, 임시정부 명의라면 모를까, 구태여 한국독립당(韓國獨立黨) 명의로 발표해야 할 이유가 무엇인가라는 의문을 낳게 한다. 오히려 일본 경시청의 정보가 잘못된 것이 아닌가 여겨진다. 이 선언은 명실상부한 한국독립당의 선언임이 분명한 것 같다.

이 선언은 1월 19일 북평(北平)의 《북평신보》(北平晨報) 등 여러 신문에 보도됐다. 이 선언서는 또 상해에서 여러 지역으로 우송돼 19일엔 천진(天津)의 우리 교포에게,[9] 24일에는 봉천(奉天) 관내 해룡(海龍)의 북산성자(北山城子)에 있는 한국인 소학교에 배달됐

---

9) 天津 일본 총영사관 보고 기밀 제73호(1932. 1. 29) 구와시마 가즈에 〔桑島主計〕총영사 → 외상.

으며10) 간도(間島)에는 봉천(奉天)을 경유하여 그곳 한국인과 예수교 관계자 등에게 배달됐다.11)

민단 기관지 《상해한문》(上海韓聞)은 1월 11일자 제 11호에 "이봉창 의사의 쾌거"라는 제목으로 이봉창 의사 의거를 대서특필했다. 그 주요 내용은 다음과 같다.

> 지난 8일 오전 11시 반경 동경 櫻田門 앞에 떨어진 청천벽력은 倭皇의 副車에 誤中하였으나 그 원인과 결과는 溥浪沙中에서 始皇의 副車를 誤中한 우리 滄海力士의 壯擧보다 천 배 만 배의 힘을 얻어 세계에 큰 충동을 주었으며, 倭皇과 그의 5천만 괴뢰로 하여금 간담을 서늘하게 하고 2천만 韓族의 위업에 떨게 하였다. 이 쾌거를 실행한 우리 義士 李奉昌 선생의 위업과 약력에 대하여 …(이하 생략).12)

---

10) 奉天 일본 총영사관 海龍분관 기밀公領 제 47호(1932.1.29) 마쓰우라〔松浦〕분관주임 → 외상.
11) 間島 일본 총영사관 보고 기밀 제 91호(1932.2.2) 오카다 가네가즈(岡田兼一)→외상.
12) 上海 일본 총영사관 보고 기밀 제 78호(1932.1.15) 무라이 총영사 → 외상.

3. 김구의 〈동경작안(東京炸案)의 진상(眞狀)〉

　김구는 이봉창 의사에 대한 사형선거가 임박해오자 선고 2일 전인 1932년 9월 28일 이봉창 의사 의거의 경위와 의의, 이봉창 의사의 출생 성장과 경력, 그리고 이봉창 의사에게 형이 집행되는 날 그의 육신이 세상을 떠남을 애도하고 그의 위업을 기리기 위해 우리 한국인 모두에게 한 끼의 식사를 굶자고 제의하는 내용 등을 담은 장문의 글을 썼다. 〈동경작안(炸案)의 진상〉이라는 제목 아래 우리 글로 씌어진 이 글은 이봉창 의사 의거의 다른 한 당사자인

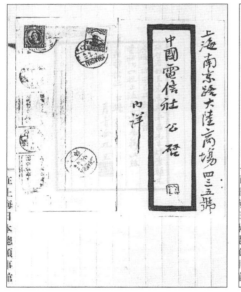

1932년 10월 이봉창 의사 사형직후 김구 선생이 성명서 게재를 요청하며 중국 통신사에 보낸 친필서한의 겉봉과 내용(서한의 끝부분에 인정이 뚜렷이 보인다).

震動全世界 東京炸案之眞相

韓人金九揮淚誌述經過

文字生動令人可歌可泣

김구의 〈동경작안의 진상〉을 게재한 중국남경 《중앙일보》(1932년 10월 15일자).

김구가 썼다는 이유만으로도 이 의거를 거론할 때 빼놓을 수 없는 중요성을 지니고 있는 것이다.

김구는 이봉창 의사가 사형집행으로 순국하기 전날인 10월 9일 중국의 통신사인 중국통신사(中國通信社)에 이 글과 이 글을 중국어로 번역한 글 등 2통의 글을 보냈다.

중국통신사는 이 가운데 중국어로 번역된 글 〈東京炸案之眞相〉을 중국 독자에게 잘 맞게 이를 교정하고 김구의 집필 날짜도 순국 다음 날인 10월 11일로 바꾸고 한 끼의 식사를 굶자는 "제의"는 이미 "시행"한 것으로 과거시제로 고쳐 10월 14일 각 신문사에 배포해 15일자의 상해《신강일보》(申江日報)와 남경(南京)의 《중앙일보》(中央日報)에 게재돼 세상에 알려졌다.

중국통신사는 이 글 앞에 "中國社 附言"이라는 편집자 주(註)를 달아 "이 성명서는 애국단(愛國團) 단장 김구가 최근 원문 2통을 우송하며 이의 번역발표를 의뢰함에 따라 이를 번역하여 각 신문사에 보내 우리 국민들로 하여금 분기하도록 …"이라고 중국국민의 항일정신을 고취했다. 이 글은 12개 항목으로 나뉘어 각기 소제목을 부쳐 씌어졌는데 그 내용을 소제목별로 검토해 보고자 한다(권말부록 직해 〈東京炸案의 眞狀〉 참조).

1) 발표의 이유

이봉창 의사 의거의 진상을 밝히게 된 이유를 설명한 것으로 첫째는 이봉창 의사가 곧 사형에 처해지기 때문에 그 진상을 감출 필요가 없으며, 둘째는 중국 신문들이 일본의 압력으로 의거를 제대로 보도하지 못해 그 진상을 알고자 하는 중국 국민의 요망에 따른 것이라고 다음과 같이 밝히고 있다.

이 의사가 미구에 차세(此世)를 떠나게 된 것은 즉 본안(本案)의 진상을 영원히 몽롱한 무중(霧中)에 감출 필요가 없을 뿐 아니라 본안에 관련된 언론으로 왜적에게 청도(靑島)의 시당부(市黨部)가 도훼(擣毁)되고 상해의 《민국일보》가 영구 폐간됨으로써 중국 민중이 그 진상을 알고자 하는 요망이 더욱 큰 까닭이다.

2) 애국단의 최선봉

이봉창 의사가 한인애국단(韓人愛國團)에 제일 먼저 가입한 단원이며 이 애국단의 최선봉장(最先鋒將)이라는 것을 밝히고, 임시정부의 독립운동이 폭렬행동(暴烈行動)으로 갈 수밖에 없는 이유를 다음과 같이 설명하고 있다.

물론 이러한 행동으로만 우리의 혁명사업이 전부 성공되리라고 생각하는 바는 아니지만 참담한 사선(死線)에서 처한 우리로서 최소의 역(力)으로 최대의 효(效)를 수(收)할 것은 차도(此途) 이외에 제2도(第二途)가 없다. … 만근(輓近) 수년래로는 경제의 극곤(極困)과 사상의 혼란이 계속하여 사업진행에 지장이 불소(不少)하였고 인재를 광구(廣求)할 길까지 없었다.

당시의 임시정부가 처한 어려운 현실을 이와 같이 밝히고 이러한 환경에서의 독립운동 방향을 제시하고 있다.

3) 출생지는 용산

이봉창 의사의 원래 고향은 수원이었으나 조상에게서 물려받은 땅을 철도 부속지라는 이유로 일본에게 빼앗기고 서울로 이사했다는 것을 비롯하여, 이봉창 의사의 출생, 문창학교 졸업, 가족관계 등을 간략하게 소개하고 있다. 다만 이봉창 의사의 출생년도를

1900년이라고 쓴 것은 잘못된 것으로 이봉창 의사의 생년월일은
1901년 8월 10일이다.

4) 청춘은 혈루(血淚)로

이봉창 의사가 문창(文昌)학교를 졸업한 뒤 가정형편이 어려워
어려서부터 일본인이 경영하는 과자점에서 일했고, 19세에는 남만
(南滿) 철도회사에서 운영하는 용산 차참(車站)의 전철수(轉轍手)로
일하는 등 어렸을 때부터 일본인의 학대와 착취와 압박을 받았다
고 쓰고 있다.

"꽃봉오리가 눈서리 맞은 것과 같이 인생의 고미(苦味)를 맛보지
못한 어린 이 의사…", "용산벌 어둔 밤 처량한 기적소리에 홀로
짓는 피눈물이 어찌 한 두 번이었으랴" 등 이봉창 의사의 고달팠던
성장기를 이와 같이 감상적으로 서술하고 있는 것이 이 항목의 특
색이다.

이봉창 의사가 19세 때 근무한 곳을 "남만철도에서 운영하는 용
산 차참"이라고 기술한 것은 잘못된 것으로, 이봉창 의사는 용산역
의 역부와 전철수, 연결수로만 일했다.

5) 대지(大志)는 이로부터

이봉창 의사의 일본에서의 생활을 영탄조(詠嘆調)로 기술하고 있
다. 그러나 이 항목에는 교토(京都)의 천황 즉위식 때에 경찰에 검
속됐던 사실에 대해서는 한마디의 언급도 없다. 그가 병으로 고생
하던 때 친구가 일본사람의 데릴사위가 되도록 주선했으나 이를
단연코 거절했다는 이야기는 이 글에서만 언급되고 있다. 다음은
이 항목의 주요 대목들이다.

복구(復仇)! 혁명! 조국의 자유! 민족의 해방! 이 모든 환상이 이 의사의 머리를 종횡(縱橫)할 때는 일인에게 몸소 학대를 당하던 용인(傭人) 생활시대다.

오사카[大阪]로 향할 때의 이 의사는 벌써 역발산기개세(力拔山氣蓋世)의 당당한 철혈남아(鐵血男兒)요, 진로를 찾고자 방황하는 일개 무명소년은 아니었다.

32세의 금일까지 독신으로 유리전전(流離轉輾)하였으니 오직 조국을 사랑하는 마음이 무엇보다 큰 까닭이었다.

동경, 오사카 등지로 유역(遊歷)하며 기회를 엿볼 새 이때에는 언어동작이 일인과 호말의 차이가 없으므로 드디어 성명을 木下昌藏이라 속칭(俗稱)하니 이로부터 그를 한인(韓人)으로 아는 자는 하나도 없었다.

6) 그립던 상해(上海)로

이봉창 의사가 상해로 온 이유와 임시정부청사를 처음 방문했을 때의 광경을 적고 있다.

이봉창 의사는 일본에 있을 때에 천황을 살해하려 했으나 그 어려운 일을 의논할 사람이 없었고 동지를 구할 뜻도 없어 작년(1931년) 1월에 평소 그리워하던 임시정부가 있는 상해로 왔다는 것이다.

이봉창 의사가 임시정부 청사에 처음 방문했을 때 그는 일본말을 반이나 섞은 말을 하는 데다 내력도 없이 들어온 부지객(不知客)이여서 몇몇 청년동지가 그를 적으로 의심하고 내쫓으려 했다. 그러나 이봉창 의사는 안 나가려고 버텨 서로 옥신각신하며 언성이 높아져 그때 2층에서 비밀회의를 하던 김구가 내려왔다. 김구는 이봉창 의사와 몇 마디 말을 나누고 그의 태도가 비범함을 간파하고 근처 여관에 묵게 했다는 것이다.

조급한 가슴을 움켜지고 노상에서 방황하다가 요행히 성명부지의 한 한인의 지시로 비밀한 임시정부의 통신처(通訊處)를 홀로 찾아오게 됐다. 곳은 으슥한 농당(弄堂) 집, 때는 어두운 밤인데 그 집 위층에서는 마침 밀회가 있었다. 오기는 바로 왔으나 일어반 섞은 한어로 내력 없이 들어온 이 부지객(不知客)이 친절한 태도를 보일수록 더욱 의심을 사게 되었다.

필경 누하(樓下)에 있던 수삼 청년동지는 그를 적으로 혐의(嫌疑)하여 구축하려 하고 그는 아니가려고 간구하여 일시 양방의 성음(聲音)이 높아졌다. 내가 친히 누하로 와서 그와 몇 마디를 교환한바 그의 태도가 자못 비범함을 보고 근처의 소객잔(小客棧)에 안주시키도록 명하였다.

7) 취중에 진담

그 후 이봉창 의사는 임시정부 청사에 자주 놀러왔으며, 어느 날 몇몇 직원과 식당에서 술자리를 마련하여 통음(痛飮)하면서 일본 천황을 죽일 수 있다는 놀라운 이야기를 하는 것을 김구가 밖에서 엿들었다는 내용을 쓰고 있다.

김구는 이봉창 의사의 이야기를 듣고 만심환희(滿心歡喜)했다고 술회하고 있는데 이봉창 의사의 이야기에서 '동경작안'(東京炸案)을 착상하고 구상했던 것이다.

그는 취흥이 도도하여 그 동지들에게 향하여 문기를 "왜황을 도살(屠殺)하기는 극히 용이한데 어찌하여 독립운동자들이 이것을 실행하지 아니합니까"하였다. 만좌(滿座)한 동지들은 비웃는 태도로 코웃음을 치고 그 중 한 사람이 대답하기를 "용이할진대 아직까지 왜 못 죽였겠소" 하였다. 이 말을 들은 그는 또 말하기를 "내가 연전에 동경에 있을 때 어느 날 일황이 葉山에 간다고 하기

182

에 왕관(往觀)하였는데 일황이 내 앞을 지나는 것을 보고 '이 때에 나에게 총이나 작탄(炸彈)이 있으면 어찌 할까' 하는 감촉이 얼른 생겼었습니다" 하였다.

이 대화를 밖에서 귓결에 들은 나는 도저히 무심(無心)할 수 없었고 오히려 만심환희(滿心歡喜)하였다. 그러나 좌석이 번요(煩擾)했으므로 모르는 체하고 말았다.

8) 그 작호(綽號)는 '일본 영감'

이봉창 의사의 취담(醉談)을 들은 김구는 며칠 후 이봉창 의사를 만나 비로소 이봉창 의사가 다른 사람들이 의심하는 사실과는 정반대의 대지(大志)를 품은 것을 확인하고 천황을 작살(炸殺)할 대계(大計)를 세웠다. 이 계획을 비밀히 진행하기 위해 이봉창 의사는 일본인 기노시타 마사조〔木下昌藏〕로 위장하여 일본인 사회에서 취직하고 생활하면서 3~4개월에 한 번씩 김구와 만났다.

김구는 이 항목에서 이봉창 의사가 임정청사에 올 때의 광경을 다음과 같이 기술했다.

그가 올 때에는 반드시 주육(酒肉)을 사서 자기를 아직도 의심하고 싫어하는 그 동지들과 서로 마시되 조금도 개의치 않았다. 한번은 왜(倭)의 목리(木履)를 신고 왔다가 정부의 용인(傭人) 중국 공우(工友)에게 구축을 당한 일도 있다. 그러므로 험구(險口)의 청년동지들은 그를 기소(譏笑)하여 '일본 영감'이라고 칭호하였으며, 일반동지들은 그와 같은 잡류(雜類)를 기관에 들인다고 나에게 정면공격하였으나 사정을 표백(表白)할 뜻이 없는 나는 고개를 숙이고 속으로 웃기만 하였다.

9) 그 소질은 영웅

이봉창 의사의 성품과 사교성, 그리고 일본인 행세에 관한 김구의 견해를 적은 항목이다. 이봉창 의사의 성행은 인자하고 호쾌하되 그 기개는 불꽃처럼 강하다고 쓰고 있다. "주(酒)는 무량(無量)이고 색(色)은 무제(無制)"라고도 했다. 상해에서 1년도 안된 사이에 사귄 일본인은 그 양과 질 모두에서 어느 진짜 일본인보다 많았다.

> 홍구(虹口)에 거주한 지 1년 미만에 그의 친붕(親朋)이 된 왜녀 왜남(倭女倭男)이 불가승수(不可勝數)였다. 심지어 왜(倭)경찰까지 그의 고장간(股掌間)에서 현혹하였고 ○○영사의 내정(內庭)에는 무상출입하였다. 그가 상해를 떠날 때에 그의 옷깃을 쥐고 눈물지은 아녀자도 적지 아니하였지만 부두까지 나와 일로평안(一路平安)을 축(祝)하는 친우중에는 왜경찰도 있었다.
> 그러나 그때에 가왜인(假倭人) 木下昌藏이 왜황을 죽이려고 두 개의 작탄(炸彈)을 품고 가는 것은 그와 내가 알았을 뿐이었다.

위 글은 이봉창 의사의 일본인 행세가 얼마나 완벽했는지를 잘 보여주고 있으며 특히 마지막 대목은 일본에게 보내는 더할 수 없는 통쾌한 야유였던 것이다.

10) 최후의 일별(一別)

거사를 위해 상해를 떠나기 얼마 전인 1931년 12월 11일[13] 김구가 이봉창 의사를 만나 천황을 살해할 실제 계획을 논의한 후 거사비용을 내어준 내용과 이틀 후 다시 만나 애국단에 가입하고 "적황

---

13) 이날 이봉창 의사와 만났다는 金九의 기술은 착각인 듯하다. 거사자금을 건네 준 날은 11일이 아니라 13일이다.

(敵皇)을 도륙(屠戮)할 것"을 선서한 뒤 수류탄을 들고 사진을 촬영했으며, 다음 날 또 만나 최후의 축배를 들어 성공을 축하고 내세에 다시 만날 것을 기약한 경위 등을 기술하고 있다.

　이 항목에서는 특히 이봉창 의사가 김구에 대해 "관대한 도량과 엄정한 공심(公心)에 탄복하며 감격한" 경위와 김구가 이봉창 의사의 생사를 초월한 달관에 감동하는 대목이 씌어 있어 읽는 이의 콧날을 시큰거리게 하고 있다.

> 　그는 나에게 말하기를 "나는 재작일(再昨日)에 그 돈을 받아 가지고 온밤을 자지 못하였습니다. 대관절 나를 어떻게 믿고 거액을 주셨습니까. 그날에 부르심을 받아 먼저 정부기관 집으로 간즉 직원들이 밥을 못 먹는 것을 보고 내가 돈을 내놓았는데 그 밤에 선생님이 남루한 의상 중에서 거액을 나에게 주심을 보고 놀랐습니다. 만일 내가 그 돈을 낭비하고 다시 아니오면 어찌하시려 하였습니까. 과연 관대한 도량과 엄정한 공심(公心)을 뵙고 탄복하며 감격하여 긴 밤을 그대로 새웠습니다" 하였다.
> 　다시 안면은 대하지 못할지라도 사진으로나 차세에 함께 있자는 의미로 우리는 최후의 사진을 박았다. 사진을 박으려 할 때 나의 안색이 부지중 처참함을 보고 그는 나에게 은근히 말하기를 "우리가 대사를 성취할 터인데 기쁜 낯으로 박읍시다" 하였다. 나는 이에 감동되어 마음을 굳게 가지고 안색을 고쳤다.

11) 상품은 1월 8일에

　이봉창 의사가 상해를 떠나 고베〔神戸〕에 무사히 상륙하여 동경에 도착한 뒤 거사일을 1월 8일로 정하고 1월 초 김구에게 "상품은 1월 8일에 꼭 팔릴 터이니 안심하라"는 암호전보로 알려왔다는 내용을 설명하고 있다. 그리고 불행히 천황에 명중시키지는 못했으

나 정신적으로는 성공했다고 평가하고 폭탄의 위력이 약했던 것에
대해 유감을 표했다.

> 금년 1월 초에 그가 동경에서 최후로 발한 전보중에는 "상품은 1
> 월 8일에 꼭 팔릴 터이니 안심하라"는 부탁이 있었다. … 불행히
> 적황을 명중치 못하고 부차(副車)를 오중(誤中) 작상(炸傷)하였
> 으나 이것만으로도 우리의 정신은 충분히 발휘하고 우리의 계획
> 은 성공하였다할 수 있다. 다만 지금까지 유감이 되는 것은 그때
> 의 우리 역량이 홍구(虹口)공원에서 윤봉길 의사가 사용했던 그
> 거탄(巨彈)을 만들 수 있었더라면 하는 것뿐이다. 그러나 기회
> 는 쉬지 아니하고 오나니 미구에 이 의사의 한을 우리 단원 중에
> 서 풀어줄 것을 확신한다.

12) 장엄한 그 의기(義氣)

이봉창 의사는 의거결행 후 현장에서 가슴에 품었던 태극기를 꺼
내 휘두르며 "대한독립 만세"를 삼창했다고 기술했다. 체포된 후에
는 자신의 이름, 나이, 본적과 한인애국단 단원으로서 단의 사명으
로 천황을 살해하려 했다고 밝히고 그 이외에는 함구했다고 적고 있
다. 예심도 없이 첫 공판을 열었으나 이봉창 의사의 태도가 삼엄하
여 법정 위신이 떨어지고 법정 내외가 소연해져 개정 5분 만에 비공
개로 공판이 진행됐다고 기술했다.

그리고 이봉창 의사의 육신이 세상을 떠남을 기념하기 위해 그에
게 형이 집행되는 날 우리 모두 한 끼의 식사를 굶자고 제의했다.

그런데 이 항목에서 (1) 이봉창 의사가 거사 직후 가슴에 품었던
태극기를 꺼내 휘두르며 대한독립 만세를 삼창했다는 것, (2) 체포
후 자신의 신상명세와 애국단 단원으로서 단의 사명으로 천황을
살해하려 했다는 것 외에는 함구했다는 것, (3) 예심도 없이 첫 공

판이 열렸다는 것 등은 전혀 없었던 일이거나 사실과 정반대되는 기술이다.

이봉창 의사는 폭탄을 던진 후 뒤에서 누군가가 체포되며 "나는 아니야"라고 하는 소리를 듣자 바로 자신이라고 밝히고 스스로 체포됐기 때문에 만세를 삼창할 여유가 없었으며. 또 가슴에 태극기를 품고 있지도 않았다.

체포 후 이봉창 의사는 검찰과 판사의 신문에 대해 자신의 신상 명세는 물론 그밖에 거사 의논, 계획, 준비 등 자신이 알고 있는 사실을 거의 다 진술하고 있으며, 예심은 아홉 차례나 진행됐다. 〈동경작안의 진상〉은 다음과 같은 제의로 끝을 맺는다.

> 듣건대 적은 본월 말에 이 의사에게 사형을 선고하리라 한다. 이 영광의 죽음! 억만인이 흠앙(欽仰)치 아니할 리 없을 것이다. 그가 비록 단두대상의 한 점 이슬이 될지라도 그의 위대한 정신은 일월로 더불어 천추에 뚜렷이 살아있을 것이니 우리는 오히려 우준(愚蠢)한 적을 일소(一笑)할 뿐이다. 그러나 우리 한인(韓人)은 그의 육신이 이 세상을 떠남을 기념하기 위하여 적이 그에게 형을 집행하는 날에 전체가 일돈(一頓)의 반(飯)을 절(絶)하기로 결정하였다.
> 만천하 혁명동지여!
> 그날에 우리와 희비를 함께 하자!
>
> 1932. 9. 28. 야반(夜半).

4. 중국 언론의 보도경위

이봉창 의사의 의거 직후 중국신문들은 이를 보도하면서 이봉창 의사를 영웅시하고 이봉창 의사가 던진 수류탄이 천황에게 명중하지 않은 것에 대해 애석해하고 안타까워하는 자세를 보였다.

일본은 이러한 중국신문의 보도를 "천황에 대한 커다란 불경(不敬)"으로 간주하고 현지 일본 영사들로 하여금 해당 중국 지방정부에 압력을 가하도록 하여 문제의 신문들을 정간조치하고 책임자를 구속하고 해임시키는 등 언론탄압을 서슴없이 자행했다.

이와 같은 탄압으로 중국언론이 잠잠해진 지 얼마 안 된 가운데 상해에서 발행되는 《신강(申江)일보》의 〈東京炸案之眞相〉 보도는 일본 상해총영사관을 당혹스럽게 하고도 남았다. 사전에 이를 막지 못한 책임의식과 또다시 벌여야 할 '언론과의 전쟁'이 일본 총영사 이시이 이타로[石射猪太郎]를 곤혹스럽게 만들었던 것이다.

총영사 이시이는 《신강일보》에 이 기사가 보도되자 외상에게 우선 다음과 같이 보고했다.

김구는 한인애국단 단장의 이름으로 10월 15일 이곳 상업신문 《신강일보》(孫科[14]의 기관지) 지상에 "韓烈士 李奉昌 就義始末"이라는 장문의 성명서 같은 것(日附는 1932년 10월 11일 夜半이라 했음)을 발표했음. 자세한 것은 우편으로 보고하겠음. [15]

---

14) 孫文의 아들로 反日의식이 강한 애국지사였음.

15) 上海 일본 총영사관 보고 제1132호(1932. 10. 18) 이시이 총영사 →
   외상.

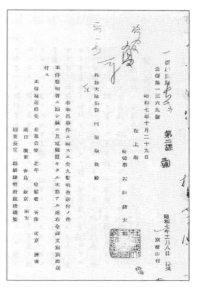

상해 일본총영사관이 《신강일보》에
김구의 〈동경작안의 진상〉을 일본어
로 번역하여 외무성에 보고한 문서.

　남경(南京)의 일본 총영사 대리 가미무라 싱이치〔上村伸一〕도 《중
앙일보》 보도에 관해 외상에게 다음과 같이 보고했다.

　　이달 15일의 한자지(漢字紙)는 중국사(中國社) '뉴스'라면서 금
　　년 1월 8일 동경 사쿠라타몽가이(櫻田門外)에서 대역(大逆)을
　　범행하고 사형에 처해진 선인(鮮人) 이봉창의 출생 성장과 대역
　　범행에 이르기까지의 경위 등에 관한 애국단 단장 김구의 성명
　　서 모양의 기고문을 게재하여 이 사건의 전말을 상세히 보도하
　　고 있어 이 신문을 오려 송부하니 사열(査閱)해 주시기 바람.16)

<hr />

16) 南京 일본 총영사관 보고 보통 제567호(1932. 10. 19) 가미무라 총영
　　사대리 → 외상.

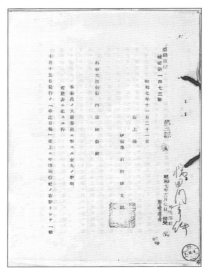

김구가 쓴 〈동경작안의 진상〉이 《신강
일보》에 실린 경위를 조사하여 외무성에
보고한 상해 일본총영사관 비밀문서.

    상해 일본 총영사관은 외상에게 제1보를 보고한 뒤 《신강일보》
에 실린 기사 전문을 일본어로 번역하여 외상에게 보내는[17] 한편
이 신문에 게재된 경위를 공동조계(共同租界) 공부국(工部局) 경찰
의 협력을 얻어 조사했다. 조사내용은 다음과 같다.

    공동조계 한구로(漢口路) 248호 소재의 신강일보사에 대해 조사
한 바 10월 14일 남경로(南京路)와 산동로(山東路) 모퉁이 대륙
상장(大陸商場) 제435실의 중국통신사 상해지부로부터 중국어
로 된 원고를 받은 것으로 판명됨에 따라 다시 이 통신사를 조사
한 결과 다음과 같은 사실이 밝혀졌다.

---

17) 上海 일본 총영사관 보고 公信 제1369호(1932. 10. 29) 이시이 총영
    사 → 외상.

190

김구가 〈동경작안의 진상〉의 게재를 요청하면서 통신사에 보낸 중국어 번역문.

(1) 펜으로 쓴 우리글로 된 원고와 한문으로 된 원고 등 2통을 10월 9일 우편으로 받았음.

(2) 이 원고가 들어있던 봉투는 이미 파기됐으나 중국통신사 사원의 기억에 따르면 상해에서 발송된 것 같다는 것임.

(3) 10월 12일 중국 봉투에 중국식 편전지에 중국문으로 다음과 같은 내용의 모필로 쓴 편지를 받았음.

謹啓, 전번에 이봉창 선생의 동경 폭탄사건 전말을 쓴 원고 1부를 보냈습니다만 이미 받으셨으리라 생각합니다. 아무쪼록 귀사에서 교정을 본 후 발표해 주시기 바랍니다. 敬具.

중국전신사 귀중 김구

10월 11일 金九 모 金九之印

(4) 이 편지는 10월 12일 상해 지나가 서문로(支那街 西門路) 제14분국 관내에서 투함(投函)된 것으로 이 봉투의 일부(日附) 스탬프에 의해 밝혀졌음.

(5) 중국통신사 직원은 이 편지를 받은 후 13일에 중국문 원고를 여러 통 등사 복사 제작하여 이를 신보(申報), 신문보(新聞報)와 그 밖의 한자(漢字) 신문사에 보냈으며 외자(外字) 신문사에는 1통도 보내지 않았음.

(6) 《신강일보》이외의 한자지(漢字紙)도 이 통신을 입수했으나 전에 《민국일보》가 이봉창 사건에 관해 '불경(不敬) 기사'를 게재했다가 중일(中日)관계에 분규를 일으켜 결국 일본의 압력에 의해 폐쇄된 전철을 밟을 우려가 있어 이 기사를 묵살한 것임. 18)

이상의 조사로 확실해진 것은 김구가 이 글을 쓴 것은 이봉창 의사의 사형이 집행되기 전이고 이 글이 보도된 것은 이봉창 의사가 순국한 후였다는 사실이다. 따라서 이봉창 의사의 사형선고와 집행을 예견하고 쓴 이 글이 사형집행 후에 보도되는 과정에서 시제 등 일부가 고쳐지고 바뀐 것은 신문의 속성상 불가피했을 것이다.

우리글로 된 원문은 이봉창 의사의 사형선고와 집행이 머지않아 있을 것이라는 예견을 전제로 하여 쓰고 있으나 중국 언론들은 사형이 집행된 후를 시제로 하여 보도하고 있는 것이다. 이를 보다 구체적으로 살펴보기 위해 우리 글 원문의 끝부분과 《신강일보》의 기사 끝부분을 보자.

---

18) 上海 일본 총영사관 보고 기밀 제1473호(1932. 11. 21) 이시이 총영사 → 외상.

우리 글 원문

듣건대 적은 본월 말에 이 의사에게 사형을 선고하리라 한다. 이 영광의 죽음! 억만인이 흠앙치 아니할 리 없을 것이다. 그가 비록 단두대 상의 한 점 이슬이 될지라도 그의 위대한 정신은 일월로 더불어 천추에 뚜렷이 살아 있을 것이니 우리는 오히려 우준(愚蠢)한 적을 일소할 것뿐이다. 그러나 우리 한인은 그의 육신이 이 세상을 떠남을 기념하기 위하여 적이 그에게 형을 집행하는 날에 전체가 일돈(一頓)의 반(飯)을 절(絶)하기로 결정하였다.

만천하 혁명동지여! 그날에 우리와 희비를 함께 하자!

1932. 9. 28. 夜半.

《申江日報》의 기사

이리하여 지난 달 30일 의사에게 사형이 선고됐다. 아아 의사의 죽음은 무상의 영광이며 억만인이 경앙(景仰)하는 바이다. 의사의 육신은 단두대상의 한 방울 피가 됐으나 의사의 위대한 정신은 일월과 나란히 불후(不朽)하고 천추에 빛날 것이다. 오호라 장하도다. 우리 한인(韓人)은 의사가 의롭게 가신 날 모두 한 끼를 절식하여 비장한 기념을 했다. 원컨대 만천하의 동정혁명지인(同情革命之人)들이여 이 영애(榮哀)스러운 거사를 다 함께 경축하기를(完).

1932년 10월 11일 夜半 韓人愛國團 團長 金 九

이 두 문장을 비교하면 우리글 원문은 "본월 말에 이 의사에게 사형을 선고하리라 한다"고 이봉창 의사에 대한 사형선고가 있을 것임을 예견하고 있는데, 《신강일보》는 이것을 "지난 달 30일 의사에게 사형이 선고됐다"고 과거형 시제로 바꾸었다.

그리고 우리글 원문이 이봉창 의사가 이 세상을 떠남을 기념하기 위해 사형이 집행되는 날 한 끼의 식사를 굶자고 온 국민에게 '제의'하고 있는 데 반해, 《신강일보》는 이봉창 의사가 가신 날 모두 한 끼를 절식하여 비장한 기념을 했다는 '시행'으로 바꾸었다.

이 신문은 김구의 집필 날짜인 '9. 28 夜半'을 이봉창 의사의 순국 다음 날인 '10월 11일 夜半'으로 고쳐 썼다. [19]

김구가 중국통신사에 보낸 우리글 원문 〈東京炸案의 眞狀〉과 이 것을 중국어로 번역한 〈東京炸案之眞相〉, 그리고 이 글의 보도를 의뢰하는 김구의 서한 등은 상해 일본 총영사관이 모두 사진복사하여 외무성에 보고했다. [20]

상해 일본 총영사관은 이 두 개의 글과 보도의뢰 서한의 필적을 비교검토하여 보도의뢰 서한은 김구가 직접 쓴 직필(直筆)이라고 인정했다. 우리글 원문에 대해서는 김구의 직필인지에 의심을 품었고 중국어 번역문은 김구의 필적이 아니라고 단정했다.

그러나 일본 총영사관은 보도의뢰 서한이 김구의 자필임이 분명한 이상 설혹 우리글 원문이 김구의 자필이 아니라 하더라도 적어도 그 글이 김구의 의사에 따라 작성되었을 것이라고 판단했다. 이 글을 발표함으로써 이익을 얻을 사람은 이봉창을 제외하면 김구 한 사람뿐이라는 점을 고려할 때 이 글은 김구의 발의에 나온 것이

---

19) 韓人愛國團이 1932년 12월 1일 중국어로 발간한 《屠倭實記》의 〈東京炸案之眞相〉과 해방 후 1946년 3월 1일 우리글로 발간한 《屠倭實記》의 〈東京爆彈事件의 眞相〉은 모두 《申江日報》 기사를 바탕으로 하고, 이현희 지음, 《李奉昌 의사의 항일투쟁》은 上海 일본총영사관이 《申江日報》 기사를 일본어로 번역하여 외무성에 보고한 번역문을 인용함으로써 우리글 원문과 다른 내용을 담고 있다.

20) 기밀 제1473호(1932. 11. 21) 별첨 제1호(우리 글 원문), 제2호(중국어 번역문), 제3호(金九의 보도의뢰 서한 봉투), 제4호(金九의 보도의뢰 서한) 이시이 총영사 → 외상.

분명하다고 판단한 것이다. 21)

　김구가 이봉창 의사의 속마음을 알게 되는 정황과 의거에 관해 두 사람이 논의하는 과정 등의 묘사는 이 글이 적어도 김구의 구체적인 설명이나 구술 없이는 씌어질 수 없는 내용들이라는 점에서 김구의 직필이라고 해도 이의가 없을 것이다.

---

21) 上海 일본 총영사관 보고 기밀 제 1473호(1932. 11. 27) 제 2항 이시이 총영사 →외상.

5. 민단의 추도식

이봉창 의사가 순국하자 상해의 민단(民團)은 1932년 10월 15일 오전 6시 영국 조계(租界) 애다아로(愛多亞路)의 모 사원에서 이봉창 의사의 추도식을 거행하였다. 극비리에 열린 이 추도식에는 남녀 유지 36명만이 참석해 비록 참석 인원은 많지 않았으나 그 분위기는 매우 엄숙하고 비장감마저 감돌았다.

이 추도식 광경은 10월 17일자 민단 기관지 《상해한문》(上海韓聞) 제26호에서 자세히 보도했는데 그 내용은 대략 다음과 같다. 22)

> 이봉창 의사의 추도식
> 식장은 극히 엄숙, 분위기는 매우 비장
>
> 이봉창 의사의 추도식은 10월 15일 오전 6시 정각 애다아로(愛多亞路) 모원(某院)에서 아주 극비리에 거행됐다.
>   미리 추도식 거행을 통지받은 36명의 남녀 유지들은 비장한 모습으로 깨끗한 옷매무새에 검은 천으로 된 상장(喪章)을 가슴에 달고 예정된 집회시간인 5시 반까지 한 사람도 늦지 않고 식장에 모였다. 식장 배치와 그 밖의 준비에 약 반시간을 보내고 6시가 되자 주석(主席)이 모두에게 착석을 명하고 개식을 선포

---

22) 이 기사는 上海 일본총영사관에서 일본어로 번역하여 《公信》 제1355 호(1932. 10. 26)로 본국 외무성에 보고했는데 우리글 원문은 아직 발견되지 않았음. 여기에 실린 기사는 이 보고서에 첨부된 일어 번역문을 다시 우리글로 중역한 것임.

했다.

추도식은 식순에 따라 모두 일어나 애국가를 합창하고 식장 앞 가운데에 봉안된 이봉창 의사의 사진을 향해 국궁의 예를 올렸다. 이어 주석의 간명한 식사가 있었고 모 동지의 추도문 낭독이 있었으며 주석의 지도에 따라 3분간 묵도를 했다. 최(崔) 양의 피아노 연주와 추도가의 독창으로 이어졌고 화환 봉헌과 추도사 낭독이 있었다. 독립군가(獨立軍歌)의 합창이 있은 다음 주석이 동지 일동을 대표하여 이봉창 의사 영정에 대해 서고문(誓告文)을 읽은 후 피아노 연주 속에 절을 올리는 것을 끝으로 오전 7시 15분 추도식은 끝났다.

식장에는 정면 위에 검은 천에 흰 글씨로 "李奉昌 義士 追悼"라고 쓴 것이 옆으로 걸려 있었고 그 밑 한가운데에 이봉창 의사의 사진이 놓여 있었으며 그 좌우에 태극기를 걸고 양쪽에 "打倒日本帝國主義, 完成 大韓獨立萬歲"라는 표어가 걸려 있었다.

《상해한문》은 추도사의 내용을 소개했는데 그 개요는 다음과 같다.

나는 대단히 부끄럽다. 남이 죽을 때 함께 죽지 아니하고 지금까지 살아있어 이처럼 선열(先烈)의 추도회나 다니는 것이 무엇보다 부끄러운 것이다. 우리들이 이봉창 의사와 만났을 때 스스로 생각하기를 군(君)은 문학, 언어, 혁명의식, 혁명역사, 사회적 지위 등 모두가 우리들 보다 떨어져 있고 이봉창 의사는 우리들에 대해 반드시 선생이라고 존칭하지도 않았다.

그럼에도 이봉창 의사는 무슨 일을 했고 우리들은 무슨 일을 했는가. 한 일을 비교할 때마다 부끄러워 견딜 수가 없다. 혁명이라는 것은 원래 작은 것으로 큰 것과 싸우고 약한 것으로 강한 것과 겨루는 것이기 때문에 문학이라든가 언어로써는 성공할 수가 없는 것이다. 아무리 의식이 풍부하고 역사가 길다 하더라도 모험심이 없고 폭동력(暴動力)이 없는 사람은 혁명희망자라 할지라도 혁명운동가라고는 할 수 없다.

여러분 오늘 이 식장에 온 것도 큰 모험이다. 지역이 영계(英界)이기 때문에 조금 잘못하면 구적(仇敵)에게 체포되어 3년, 5년의 징역에 처해질 것이지만 이것에 개의하지 않고 이와 같이 모였다는 것은 실로 모험적이다. 그러나 이봉창 의사가 작탄(炸彈)을 휴대하고 일본의 기선과 기차를 타고 세관검사와 경찰의 감시를 받으면서 적경(敵京)까지 잠입한 것은 그 대담함과 기장(氣壯)함이 과연 어느 정도일까요.

우리의 담력과 기백은 좀더 진보하지 않으면 안 된다. 우리들이 이봉창 의사의 죽음을 천백 번 추도하는 것보다는 그의 유한(遺恨)을 성취시켜 주는 것이 영령(英靈)을 위로하는 것이 되며 동지로서의 책임을 다하는 것이 된다고 생각하는 것이다.

여러분! 이 자리에서 새롭게 결심하기 바란다.

상해 일본 총영사관은 이상과 같은 추도식 기사내용을 보고하면서도 자신들이 조사한 바에 의하면 이와 같은 추도식이 거행된 사실이 없다고 보고서에 추가하고 있다. 이 기사는 교민단 정무위원장 겸 서무부장인 이유필(李裕弼) 등의 주창에 의해 일반 민족주의자 등을 자극하기 위해 이봉창 의사의 추도식을 성대하게 거행한 듯이 허구로 작성된 것임이 판명됐다는 것이다.

그러나 이와 같은 일본의 주장은 납득하기가 곤란하다. 이유필 등의 주창에 의해 신문보도로만 추도식이 있었다면 그 주창자 가운데 김구도 필시 포함됐을 것임에 틀림없을 터인데 김구라면 당연히 실제의 추도식을 거행하여 이봉창 의사의 명복을 빌었을 것이다. 실제 추도식을 거행하지도 않고 기사로 허구의 추도식을 보도한다는 것은 김구의 성정(性情)으로 미루어 보거나 이봉창 의사에 대한 애틋한 정감으로 짐작할 때 도저히 있을 수 없는 일인 것이다.

추도식 거행시간을 아침 6시로 한 점도 일본의 주장을 받아들일 수 없게 한다. 추도식이 쉽사리 남의 눈에 띄어 일본 경찰이나 그 밀정에게 발각되지 않도록 인적이 뜸한 새벽에 추도식을 거행했을 것이라는 추정이 가능하기 때문이다. 만약 허구의 기사라면 거행시간을 오전 9시 또는 10시경으로 쓰는 것이 훨씬 자연스러웠을 것이다.

추도식 참석인원을 36명으로 제한한 점도 실제 추도식이 거행됐음을 반증(反證)하고 있다고 할 수 있다. 많은 사람에게 참석 통지서를 보냈다면 그만큼 추도식 거행사실이 누설될 위험이 높으며 따라서 극히 신뢰할 수 있는 극소수의 인사에게만 통지하는 것은 비밀유지를 위해 당연하다. 만일 허구의 기사였다면 수백 명의 추도객이 참석했다고 써 추도식의 무게를 높이는 것이 오히려 자연스러운 것이다.

6. 임시정부의 기능회복

　임시정부는 1919년에 수립된 이래 처음 1~2년은 나름대로 정부로서의 기능과 역할을 해왔으나 곧 그 사명감을 잃고 민족의 기대와 국민의 여망을 상실해 상당기간 침체의 늪에 빠져 있었다. 이것은 임시정부 내외의 여건상 부득이한 것이었는지도 모른다.

　내적 여건은 임시정부가 처리했어야 할 몇 가지 사안들, 예컨대 국내에 조직돼 있던 연통부(聯通府)와 교통국(交通局)의 조직파괴를 비롯하여 1920년 4월의 연해주(沿海州) 참변, 같은 해 10월의 간도(間島) 참변, 그리고 1921년 노령(露領)의 자유시(自由市) 참변 등에 대해 임시정부가 아무런 적절한 대응책도 강구하지 못하므로써 민심의 이반과 국민의 외면을 초래해 이때부터 임시정부는 침체기에 들어서게 되는 것이다.[23]

　외적으로는 1929년부터 시작된 세계 경제공황이 중국에 진출하고 있던 미국 영국 프랑스 등 구미 열강에 심대한 타격을 준 사실이다. 이들 열강은 경제공황의 타개에 골몰하느라 중국에 대해 소홀할 수밖에 없었고 이 틈을 노려 일본은 중국에 대한 침략주의를 강화했으며[24] 이것들이 임시정부의 활동에 재정적 인적 제약을 가져왔다.

　이러한 내외여건에 의해 협공을 받은 임시정부는 이의 타개책으로 김구로 하여금 이봉창 의사의 의거를 계획 시행하도록 했고, 이

---

23)　한국독립운동사 연구소 간, 《한국독립운동사》제7집 1993, 趙東杰의 "中國內關地方에서 전개된 韓國獨立運動," p. 457.

24)　한국현대사연구회 엮음, 《한국독립운동사강의》 1998. 9. 10, p. 226.

의거가 커다란 반향을 일으키자 임시정부에 인재가 몰리고 재정 여건도 호전돼 김구는 이어 윤봉길 의사 의거를 결행할 수 있었다. [25]

이 이봉창·윤봉길 양 의사의 의거는 김구를 비롯한 임시정부 요인에 대한 일본 경찰의 추적을 더욱 강화시켰으며 마침내 임시정부는 상해를 떠나지 않을 수 없었다. 이로부터 임시정부는 1940년까지 8년 동안 가흥(嘉興), 항주(杭州), 소주(蘇州), 진강(鎭江), 남경(南京), 장사(長沙), 광주(廣州), 유주(柳州), 계림(桂林), 기강(綦江) 등 10개소를 전전하는 이른바 '이동시대'를 보내게 되는 것이다.

그러나 임시정부는 이 이동시대에 접어들면서 오히려 상해(上海)시대의 침체에서 벗어나 새로운 활력을 찾기 시작했다. 이것은 두 말할 것 없이 이봉창 의사의 의거와 이에 뒤이은 윤봉길 의사 의거를 계기로 임시정부가 중국 국민정부로부터 재정적 외교적 지원을 받게 됨으로써 항일투쟁의 기반을 조성할 수 있었기 때문이었다. 이봉창·윤봉길 양 의사의 의거는 또한 김구를 중국 내의 한국독립운동의 주도적 인물 가운데 한 사람으로 부상시키기도 했다. [26]

1933년 5월 남경(南京)에서 있은 김구와 중국 국민당 정부의 장개석(蔣介石)과의 회담은 바로 이러한 여건에 의해 이루어진 것이며 이 회담의 결과로 임시정부는 항일 군사요원의 양성을 재개해 후에 조직되는 광복군(光復軍)의 초석을 다질 수가 있었고, 중일(中日) 전쟁 이후 중국 국민정부와 함께 움직이면서 임시정부의 기틀을 더욱 공고히 할 수가 있었던 것이다.

김원봉(金元鳳)은 남경(南京) 교외의 중국 국민정부 군사위원회

---

25) 金九, 《白凡逸志》, 나남출판, 2002, pp. 332~333 참조.
26) 《한국민족운동사연구》 4, 韓相禱, "金九의 抗日特務組織과 活動 (1934~1935)," 지식산업사, 1989.

간부훈련반에 일명 '조선혁명간부학교'를 창설하여 한국과 만주에서 모집한 한국 청년들에게 군사훈련과 무장투쟁에 필요한 각종 기술훈련을 시켜 100여 명의 간부를 양성했다. 이청천(李青天)은 1933년 12월 중국 군관학교 낙양(洛陽) 분교에 2년 기간의 육군 군관훈련반을 설치하고 청년 90여 명을 입교시켰고 이와 별도로 남경(南京) 중앙군관학교에 3개월 기간의 특별반을 편성하여 군사훈련을 실시하는 등 무장항일투쟁(武裝抗日鬪爭)을 위한 군사력 조직에 힘썼다.

임시정부는 1932년 항주(杭州)에서 의정원 비상회의를 열어 정부 조직을 재정비했고, 1937년에는 중일전쟁이 일어남에 따라 항일운동을 본격화하기 위해 군사위원회를 구성하여 직할군대의 양성은 물론 앞으로 있을 광복군 창설을 위한 준비를 진행했다.

제 10 장
중국의 반응과 한·중 관계

1. 봇물 터진 반일(反日)보도

이봉창 의사 의거에 대한 중국 언론의 보도는 안타까움과 놀라움과 부끄러움으로 점철된 것이었다. 안타까움은 이봉창 의사가 던진 수류탄이 천황에게 명중되어 그의 목숨을 앗아야 했을 것을 그렇게 되지 않은 데 대한 애석함이고, 놀라움은 이 장대(壯大)한 의거를 인구 2천만의 작은 나라 한국인이 결행한 데 대한 감탄이며, 부끄러움은 4억 인구의 중국이 이렇다할 항일(抗日)투쟁을 벌이지 못한 데 대한 자괴(自愧)였다.

이봉창 의사의 의거 사실이 중국에 전해지자 그렇지 않아도 만주(滿洲)사변 이래 일본에 대한 감정이 극도로 악화하여 평소에도 대대적으로 반일(反日)기사를 실어온 중국 신문들은 이 의거를 집중적으로 보도했다. 이봉창 의사를 높이 평가하고 의거를 찬양하며 천황 살해의 실패를 애석해 하거나 일본 황실의 존엄을 모독하는 등 일본의 입장에서는 불경(不敬)스럽기 그지없는 기사들이 쏟아져 나왔다. 이러한 기사는 1월 9일의 상해《민국일보》를 시작으로 중국 전역의 주요 신문과 잡지 등에 "일파(一波)가 멈추면 또 다른 일파가 일어나듯" 끊임없이 보도되어 그 해 11월까지 31개의 언론에 게재됐다. 1)

이러한 중국 보도에 대해 일본은 중국 국민정부에 항의하고, 중국주재 각 영사관은 해당 지방정부에 압력을 가해 ① 해당 지방장관의 진사(陳謝), ② 신문사 사장의 사죄, ③ 책임자 처벌, ④ 신문사의 정간 또는 폐간, ⑤ 앞으로 재발방지의 보장 등을 요구해 양자 사이에 옥신각신은 있었으나 상당부분 그 요구를 관철했다.

중국 국민정부와 지방정부는 일본의 요구에 대해 처음에는 각 신문사에 주의를 주었고 앞으로 더욱 신중히 하도록 계고하겠으나 일본의 언론보도도 중국 국민을 자극하는 일이 적지 않다고 지적하고 일본 언론에 대한 단속을 요구하는 등 소극적으로 대처하며 일본의 요구를 비켜가려 했다. 그러나 일본의 요구가 워낙 강경하고 집요했고 중국 주둔 일군(日軍)의 위협 등으로 중국측은 할 수 없이 일본의 요구를 대부분 수용했다.

그러나 중국 언론은 이러한 강경조치에도 불구하고 언론 본연의 정신과 자세를 흔들림 없이 지켜, 계기가 있을 때마다 이봉창 의사 의거 관련기사를 게재했다. 이봉창 의사관련 기사를 실은 지역별 주요 언론은 다음과 같다.

北平: 北平晨報, 리더, 法文報

---

1) 일본 외무성 아세아국 제2과 작성 문서 〈昭和 七年 支那 各地 新聞 雜誌의 不敬記事事件〉.

天津: 益世報, 火線, 北寧黨務週報, 大公報
青島: 民國日報, 青島民報, 正報, 青島日報, 新青島報
上海: 民國日報, 上海報, 申報, China Press
南京: 中央日報, 民生報, 新京日報
漢口: 武漢日報, 莊報
長沙: 湘珂畫報
福州: 晨朝日報, 東方日報
廈門: 廈門商報, 廈門時報
汕頭: 汕報
廣東: 칸톤가제트, 共和報, 新聞報, 華强日報, 民國日報, 晨光

2. 주요 신문의 보도와 일본의 대응

중국 신문의 이봉창 의사 의거에 관한 보도는 광범위한 지역에서 이루어졌고 이에 대한 일본의 대응도 그 지역 주재 영사관별로 이루어졌다. 이 양자의 대결에는 그 지역의 지방정부가 개입했으나 상당 부분 일본의 의중대로 마무리됐다. 이 상황을 도시별로 살펴본다.

1) 북평(北平)

이곳 《북평신보》(北平晨報)는 1월 19일 남경(南京) 특전으로 한국 독립당 선언을 게재했다. 일본대사관 참사관 야노 마코토[矢野眞]는 이 선언이 일본의 황실을 모욕하고 일본 국체의 존엄을 훼손하는 불경(不敬)이 극에 달하고 있다고 판단하고 중국에 대해 ① 장학량(張學良)의 문서로써의 유감표명, ② 신문사 사장의 야노 방문 진사(陳謝)와 이의 문서로써의 확인, ③ 편집책임자의 즉각 해고, ④ 취소기사와 진사기사의 게재, ⑤ 정간 조치, ⑥ 재발방지 보장 등을 요구했다.

이 요구는 대체로 수용돼 쉽사리 일단락됐다. ①과 ⑥은 장학량이 19일자의 공문으로 처리했고, ②는 사장 진부현(陳溥賢)이 야노를 방문하여 진사하고 이를 확인하는 문서를 주었으며, ③은 19일 편집책임자인 편집주임 손석송(孫惜誦)을 해고했으며, ④는 20일 실행했고, ⑤는 23일 실행한다고 장학량이 문서로써 확인했다.

《리더》지는 22일 한국독립당 선언을 싣고 다음 날 23일자에 이 선언을 인용하여 한국의 독립을 지지하고 장려하는 논설을 실었다. 이에 대해 야노는 중국 측에게 《북평신보》에 대해 요구했던 것 보다 훨씬 강경한 요구조건을 제시했다. ① 장학량의 문서로써의 진사, ② 장학량의 야노 방문 진사, ③ 폐간 및 명칭변경 발행의 불허, ④ 총편집 이병서(李炳瑞)의 해직 및 언론계 재취업 불허, ⑤ 각 신문에 대한 엄중 포고, ⑥ 재발의 경우 장학량의 책임 약속 등을 요구했다. 이 요구는 시일이 조금 걸렸으나 모두 수용됐다.[2]

《법문보》(法文報)는 3월 10일자 불문난(佛文欄)의 논설에 천황을 라마교 교주에 비유하고 "제위(帝位)에 있는 황색의 형제"라고 하며 천황이 만주 일본괴뢰정부 황제 부의(溥儀)의 옹립자인 듯한 내용을 담고 있었다.

이에 야노는 이 신문이 프랑스와 관련이 있는 신문이어서 중국 신문에 대해서와 같이 강경한 대응은 하지 못하고 ① 프랑스 참사관의 유감표명, ② 주필의 진사와 앞으로의 재발방지 약속 등을 요구했다. 프랑스측은 이를 모두 받아들여 쉽사리 타결됐다.[3]

2) 천진(天津)

1월 9일 이곳 《익세보》(益世報)는 "일본 천황을 소개한다"라는 기사에서 이봉창 의사를 '지사'(志士)라고 부르며 이봉창 의사 의거를 '용감한 행위'라고 평가하고, 일본 천황은 허위(虛位)로 받들어 모셔지고 있는 정치적 우상이며 군벌이 천황과 결탁하고 있어 (이봉창 의사가) 총리나 대신을 노리지 않고 천황을 모살(謀殺)하려 했던 것이며 이것은 그들에게 원인이 있는 것이라고 지적했다.

이 곳 주재 일본 총영사 구와시마 가즈에[桑島主計]는 20일 주용광(周龍光) 시장에게 ① 시장의 일본총영사에 대한 진사, ②《익세

---

2) 앞의 외무성 아세아국 제 2과 작성문서.
3) 앞의 제 2과 작성문서.

보》사장의 총영사에 대한 사죄 및 장래 재발방지의 보장, ③ 집필자의 징계처분, ④ 상당기간의 정간, ⑤ 정간종료 후 기사취소 및 사죄문 게재 등의 요구조건을 제시했다.

그러나 《익세보》는 이탈리아 조계(租界)에서 발행되는 가톨릭계 신문으로 북평(北平)에 있는 바티칸 대표의 지시를 받고 있었고, 이 바티칸 대표는 이 요구 가운데 정간을 벌금으로 대체하겠다고 일본측에 제의했다. 구와시마는 이를 받아들였고 이에 따라 《익세보》는 이탈리아 관헌에 의해 1백 달러의 벌금을 부과받고 정간은 면했으나, 주(周)시장이 신문 총경리 유수영(劉守榮)을 대동하고 총영사를 방문하여 진사하고 신문지상에 진사문과 기사 취소문을 게재하고 집필자를 면직한다는 조건은 수용됐다.4)

3) 청도(青島)

1월 9일 이 곳 중국 국민당 기관지 《민국일보》(民國日報)는 이봉창 의사 의거기사를 보도하면서 "한국은 망하지 않았고, 의사 이봉창 …"이라는 표제를 달았다.5)

일본 총영사 가와고에 시게루(川越茂)는 11일, 12일 심(沈)시장을 만나 ① 시장의 공문으로써의 진사와 앞으로의 재발방지 보장, ② 민국일보 사장의 진사, ③ 기사 취소와 진사문 게재, ④ 기사 집필자의 파면과 10일 이상의 정간을 요구했다.

그러나 《민국일보》의 보도에 격양된 청도(青島) 거주 일본인들

---

4) 앞의 제2과 작성문서.

5) 金九는 《白凡逸志》에서 青島 《民國日報》가 "韓人 李奉昌이 狙擊日皇 不幸不中"이라 하여 일본 군경이 民國日報社를 '파쇄'했다(때려 부셨다)고 기술하고 있으나(나남출판, 2002, p.331), '不幸不中'(불행히도 빗나갔다)이라는 제목을 달았는지 여부는 확인되지 않으며 《民國日報》가 일본에 의해 '파쇄'됐다는 것은 착각이 아닌가 여겨진다.

이 12일을 전후하여 이 신문사와 국민당 시당부를 습격하는 사건이 발생하여 《민국일보》와 시당부 등이 반발, 양측의 교섭이 한때 교착상태에 빠졌으나 중국측은 13일 일본의 요구를 모두 받아들였다.[6] 이에 따라 기사집필 책임자는 면직됐고 신문은 10일간 정간처분을 받았다. 이곳에 거주하는 일본인 행정위원회는 가와고에에게 《민국일보》의 폐간과 국민당 시 당부의 해산을 교섭하라고 제의하기도 했었다.[7]

이봉창 의사가 순국한 직후인 10월 12일 《청도민보》(青島民報), 《정보》(正報), 《청도일보》(青島日報), 《신청도보》(新青島報) 등이 이봉창 의사 사형집행 기사를 실으면서 이봉창 의사를 '한인지사'(韓人志士)라고 표현했다. 일본은 이를 문제삼아 총영사대리 호리 고이치〔堀公一〕는 심(沈) 시장에게 각 신문의 진사와 책임자 처벌 및 시장의 재발방지 보장을 요구했다. 중국측은 이 요구를 모두 받아들여 시당국은 구두로 유감의 뜻을 표하고 《청도민보》는 13일, 나머지 3개 신문은 14일 진사문을 게재하는 선에서 타결됐다.[8]

4) 상해(上海)

이곳 《민국일보》(중국 국민당 기관지)는 1월 9일자에 동경발 로이터통신의 이봉창 의사 의거기사를 게재하면서 "韓人刺日皇未中"(한국인 일황 저격했으나 명중 않아)이라는 큰 제목에 "日皇閱兵畢返京突遭狙擊不幸僅炸副車兇手卽被逮"(일황 관병식 끝내고 돌아가다 돌연 저격당했으나 불행히도 겨우 부차를 작렬시켰을 뿐, 범인은 즉각 피체)라는 부제를 달았다.[9]

---

6) 앞의 제 2과 작성 문서.
7) 青島 일본 총영사관보고 제 4호(1932. 1. 11) 가와고에 총영사 → 외상.
8) 앞의 제 2과 작성 문서.

일본 총영사 무라이 구라마쓰〔村井倉松〕는 10일자로 오철성〔吳鐵成〕 상해시장에게 《민국일보》의 기사정정 및 진사, 책임자 처벌 등을 요구했다.

오〔吳〕시장은 11일자의 서면으로 "《민국일보》의 자구〔字句〕가 신중하지 못했음은 매우 경솔한 것이었지만 귀국 원수를 모욕할 뜻이 없었음으로 이미 《민국일보》에 (신중하지 못했던 것을 반성하라고: 필자) 시달했다"고 회답했고, 《민국일보》는 12일자 지면에 "일본 영사, 표제를 곡해"라는 제목으로 《민국일보》는 일본의 국가원수를 모욕할 뜻이 없음에도 영사관 사람들이 곡해한 것으로서 영사의 요구를 받아들일 여지가 없다는 내용의 기사를 게재했다.

무라이는 이 기사가 자신들을 야유하는 것으로 받아들이고 13일 공문으로 시정부에 대해 항의하고 16일에는 오〔吳〕시장을 만나 교섭을 벌여 ① 시장은 《민국일보》사장을 훈계하고 이와 같은 잘못을 되풀이하지 않을 것을 보장하여 그 내용을 총영사에게 통보할 것과 시장으로서 총영사에게 공문으로 유감의 뜻을 표할 것, ② 《민국일보》사장은 직접 책임자를 엄벌하고 그 내용을 시장을 통해 총영사에게 통보할 것, ③ 기사 제목의 취소와 진사의 기사를 게재할 것 등의 3개 조건으로 타결하기로 합의했다.

이에 따라 《민국일보》는 16일자에 진사성명을 싣고 책임자에 대해 3개월의 감봉처분했으며, 오〔吳〕시장은 21일 공문으로 유감의 뜻을 표해 일단락됐다. 10) 그러나 이곳 거주 일본인들은 이 같은 타결에 불만이었고 이것이 마침내 상해사변〔上海事變〕의 한 원인이 됐다고 일본 외무성은 분석하고 있다. 11)

---

9) 上海 일본 총영사관 보고 제 17호(1932. 1. 10) 무라이 총영사→ 외상.
10) 상해 일본 총영사관 보고 제 37호(1932. 1. 16) 무라이 총영사→ 외상.
11) 앞의 제 2과 작성 문서.

그 후 이와 같은 언론관계 문제는 없었으나 9월 7일 《상해보》(上海報)가 "日本 大正天皇의 秘密病과 肉感醜劇"이라는 제목 아래 일본 천황에 대해 좋지 않은 내용의 기사를 실었다. 총영사 무라이는 오(吳)시장에게 《민국일보》에 대해 요구했던 것과 같은 조건을 제시했다.

그러나 상해시장은 신문사가 8일 진사기사를 실었고 그 신문이

'한인이 일황을 저격했으나 명중하지 않아', '불행히도 겨우 부차에서 터졌다'는 제목으로 이봉창 의사의 의거를 보도한 중국 상해의 1932년 1월 9일자 《민국일보》.

조계(租界)에서 발행되고 있으므로 시장에게 직접 책임이 없다는 외교부의 회훈(回訓)이 있었다면서 일본측의 요구에 응하지 않았다. 그러다 오(吳) 시장은 14일 기사를 게재한 기자는 정직조치하고 신문은 2일간 정간조치 했다고 일본측에 통보했으며 일본측은 이에 크게 불만이었으나 사건의 확대가 여러모로 일본에 불리하게 작용할 듯하자 할 수 없이 이를 받아들였다. 12)

중국어 신문 《신보》(申報)와 영자지 *China Press*의 화보에는 이봉창 의사의 사진이 실렸다. 이 사진은 이봉창 의사가 폭탄을 들고 있지도 않았고 선언문도 가슴에 달고 있지 않았으나 배경에 태극기를 걸어 커다란 음영을 드리우고 있었다. 입은 옷 등으로 미루어

1931년 12월 31일에 찍은 이봉창 의사. 이 사진은 상해 중국어 신문 《신보》와 영자지 《차이나 프레스》에 실렸다.

---

12) 앞의 제2과 작성 문서.

이 사진은 1932년 12월 13일 밤에 수류탄을 손에 들고 선언문을 가슴에 달고 찍은 사진과 함께 찍었던 독사진인 것 같다. 13)

상해 일본 총영사관은 이 사진의 제공자가 누구인지를 조사하는 과정에서《동아일보》상해주재 특파원 신언준(申彦俊, 高麗大 명예교수 申一澈 박사의 부친)이 제공했다는 정보를 입수했다. 신언준은《신보》에 친하게 지내고 있는 친구가 있으며 이 친구를 통해《신보》에 이봉창 의사 사진을 제공했고 China Press에도 보낸 것으로 추정했다. 14)

5) 남경(南京)

이곳《중앙일보》는 1월 9일 "韓志士 일황 저격하다"라는 제목 아래 이봉창 의사 의거를 보도했고 1월 18일자《민생보》(民生報)는 한국독립당 선언을 게재했다.

이에 대해 이곳 일본영사 가미무라 싱이치〔上村伸一〕는 12일과 18일 두 번에 걸쳐 국민당 정부의 외교부 아주사장(亞州司長) 심관정(沈觀鼎)을 방문하여 엄중히 항의했고, 이에 대해 심(沈) 사장은 유감의 뜻을 표하며 적절한 조치를 취할 것을 고려하겠다고 답변했다. 15) 그러나 중국측이 어떤 조치를 취했는지에 관해서는 알려진 것이 없다.

---

13) 上海 일본 총영사관 보고 기밀 제 181호(1932. 2. 25) 제 2 (나)항 무라이 총영사 → 외상.

14) 上海 일본 총영사관 보고 기밀 제 262호(1932. 3. 17) 무라이 총영사 → 외상.

15) 南京 일본영사관보고 기밀 제 27호(1932. 1. 14) 우에무라 영사 → 외상, 앞서의 제 2과 작성 문서.

6) 한구(漢口)

1월 23일 《무한일보》(武漢日報)는 중앙통신 발 기사로 한국독립당 선언을 보도했다.

이에 대해 일본 총영사 사카네 준조[坂根準三]는 이 선언에는 일본 황실에 대한 불경내용이 많고 또 민족적 반감을 매우 노골적으로 표시하고 있는 등 극히 신중하지 못하다고 하성준(何成濬) 성정부 주석에게 항의하고 24일 문서로 5개항을 요구했다. 요구내용은 ① 기사의 전문 취소, ② 유감표명문 게재, ③ 장래 재발방지 보장 서약, ④ 성정부 주석의 문서로써의 유감표명, ⑤ 편집책임자의 처벌 등이었는데 약간의 곡절을 거친 끝에 모두 수용되어 일단락되었다.

이곳의 작은 신문 《장보》(莊報)는 10월 29일 일본 소화(昭和) 천황을 폄하하는 기사를 게재했다. 이에 대해 일본 총영사 시미즈 야호이치[淸水八百一]는 이를 날조기사라고 단정하고 우선 일본기자들에게 이를 보도하지 않도록 조치하는 한편 무한(武漢) 경비사령 엽봉(葉逢)에게 항의하고 ① 성 정부 주석의 진사, ② 《장보》 책임자의 엄중처벌, ③ 《장보》의 폐간, ④ 장래 재발방지 보장 등을 요구했다. 중국 측은 일본의 요구를 대부분 수용했으나 《장보》 주필 석류원(石榴園)이 행방을 감추어 《장보》 책임자의 처벌은 불발로 끝났다. 16)

7) 장사(長沙)

1월 10일 이곳 주간 만화지 《상가화보》(湘珂畵報)는 "일본 궁위비사(宮闈秘史)"라는 제목 아래 일본 천황 부부의 사진을 싣고 일본 황실을 폄하하는 기사를 실었다.

---

16) 앞의 제 2과 작성 문서.

이를 뒤늦게 발견한 일본 영사는 15일 이곳에 정박중인 일본 군함 함장 스미다〔隅田〕를 대동하고 성 정부로 하건(何健) 성장(省長)을 방문하여 ① 책임자의 엄벌과 화보의 발행금지, ② 하건의 영사 방문 진사, ③ 화보의 압수와 살포 방지, ④ 앞으로의 재발방지 보장 등을 요구했다.

이에 대해 하건은 17일 일본영사를 방문하고 ① 화보의 압수와 발행소 폐쇄, ② 압수물 일체의 고등법원 송부와 사법처리를 약속했다. 그러나 사법처리 문제는 각계의 반일(反日)기운이 극도로 높아졌고 신문연합회가 적극적으로 성 정부에 작용하여 쉽게 시행되지 않았다. 그러나 상해사변의 휴전협정이 성립되고 반일 분위기도 완화된 8월 27일에, 그것도 일본의 거듭된 독촉에 의해 겨우 매듭지어졌다. 17)

8) 복주(福州)

이곳 《신조일보》(晨朝日報)는 1월 9일 이봉창 의사 의거에 관한 동경발 로이터통신을 보도하면서 "장하다 한인(韓人), 폭탄 던져 일본천황을 공격, 안중근을 배워 드디어 장자방(張子房) 됐으니 축배 들자. 애석하게도 공격은 실패하다"는 표제를 달았고 《동방일보》는 논설에서 이곳에 정박중인 일본 경비함을 왜적(倭賊)이라고 썼다.

이에 대해 일본 총영사 다무라 사다지로〔田村貞治郎〕는 즉각 성 정부에 항의하고 ① 성 정부 책임자의 진사, ② 당정(黨政)의 해당 직접 책임자의 처벌, ③ 《신조일보》 및 《동방일보》 주필의 체포와 법정 최고형의 처벌, ④ 양 신문의 즉시 발행금지 및 재발행금지, ⑤ 다른 일반 신문의 엄정한 단속과 재발방지 보장 등을 요구했다.

17) 앞의 제 2과 작성 문서.

이 요구사항은 대부분 받아들여져 양 신문의 발행이 금지됐고 모든 신문기사는 계엄사령부의 검열을 받도록 했으며, 《신조일보》주필 오장명(吳長明)은 즉각 체포되어 고등법원에 송치됐고, 10일 아침 임화연(林知淵)이 성 정부를 대표하여 다무라를 방문하고 진사의 뜻을 밝힘으로써 일단락 됐다.

그러나 1월 20일 《동방일보》는 "한국 지사(志士) 이봉창을 소개한다"는 제목으로 반일(反日) 기사를 실었다.

이에 대해 총영사 다무라는 《동방일보》의 발행 절대금지 및 사장의 체포와 공판회부를 엄중히 요구하였고 성 정부 위원회는 일본의 요구를 승인하여 21일 정간조치됐다. 18)

9) 하문(廈門)

이곳 석간신문 《하문상보》(廈門商報)는 1월 26일과 27일 이틀에 걸쳐 "한국독립당 선언"이라는 제목 아래 "이봉창 의사의 의거는 2천만 한국인의 의사"라는 부제를 달고 한국독립당 선언을 보도했으며 국민당 기관지 《민국일보》도 같은 날 이 선언을 보도했다.

일본 영사 미우라 요시아키〔三浦義秋〕는 27일 임(林) 사령을 방문하여 ① 두 신문은 해당기사를 취소하고 진사문을 게재할 것, ② 다른 신문들이 이 문제를 논의하지 못하도록 할 것, ③ 두 신문사의 책임자를 처벌하고 그 내용을 일본 영사에게 통지할 것, ④ 장하(漳廈) 경비사령은 공문으로 일본 영사에게 유감을 표할 것, ⑤ 장하 사령은 재발방지를 보장할 것 등을 요구했다.

임(林) 사령은 일본의 요구를 대부분 받아들였으나 정간기간에 대해서만은 의견이 일치되지 않아 몇 차례의 교섭 끝에 정간의 주지(主旨)를 지면에 표명하는 조건으로 정간기간을 3일로 하고 매듭지

---

18) 앞의 제2과 작성 문서.

었다. 그러나《민국일보》는 성 당부의 기관지여서 사령부의 명에 따를 수 없다고 반발해 공안국에 의해 1월 29일 강제 정간됐는데 공안국장 임진성(林震成)이 미우라에게 양해를 구해《민국일보》사원 전원을 온건한 사람으로 교체하고 사과문을 게재하는 조건으로 4월 1일부터 복간하기로 했다.

이러한 가운데《하문시보》(厦門時報)가 2월 1일 한국독립당 선언 전문을 게재하고 그 끝에 "신문사는 쓰러지더라도 선언(宣言)은 지면에 있다"는 기사를 쓰고, 또 "당국의 언론 압박"이라는 제목의 논설에서 "이러한 글의 게재가 불경(不敬)에 해당된다는 것은 우스꽝스러운 일이다. 우리는 일본의 신민(臣民)이 아니며 사실의 존재를 알고자 할 뿐이다. 또한 우리는 약소민족의 혁명에 동정해야 한다"고 주장했다.

이에 대해 미우라는 임(林)사령을 대표하여 영사관을 방문한 임진성에게 이 조그마한 신문에 사죄문을 게재하도록 하는 것은 그만큼 이를 광고하는 것이 될 것이며 또 책임자의 처벌도 이러한 신문은 아마도 한 사람이 경영하고 있는 것이 틀림없기 때문에 오히려 단숨에 없애버리는 것이 좋겠다고 말해, 2일 임(林)이 다시 미우라를 찾아가 임(林)사령도 이러한 조치에 동감하고 조속히 그와 같이 처리하겠다고 밝혀 일단락됐다. 19)

10) 산두(汕頭)

이곳《산보》(汕報)는 1월 10일 이봉창 의사 의거에 관한 동경발 통신을 게재하면서 "朝鮮 革黨 彈擲 倭皇之 壯擧"라 제하고 "애석하다 이를 쏬으나 맞지 않아"라는 주(註)를 붙여 보도하고 이어 12일 "조선혁명당 이봉창 왜황에 탄척(彈擲)했다는 외신을 읽고"라는 제

19) 앞의 제2과 작성 문서.

목의 사론을 실었다.

이 사론은 "조선의 민족정신이 소멸해버려 영구히 부활하는 날이 없을 것이라고 한탄하고 있을 때 이봉창이 왜황에게 척탄(擲彈)했다는 쾌문(快聞)이 있어 이를 읽고 축배를 든다"라고 한국인을 찬양하고 다음과 같이 중국인의 각성을 촉구했다.[20]

> 이봉창 의사의 행동으로 국가와 민족이 얻는 것이 적지 않으며 이봉창 의사는 죽더라도 무수한 이봉창 의사가 출현할 것으로 이는 어느 날 조선 광복(光復)의 선성(先聲)이 될 것임에 의심할 바 없다. 망국의 유족들조차 당비(螳臂: 사마귀의 다리; 약한 자가 강자에게 맞선다는 뜻: 필자)를 휘둘러 원수에게 피를 쏟아붓고 앉아 있는데 용병(勇兵)과 광토(廣土)를 갖고 있으면서도 손을 묶고 도살되기만을 기다리며 저항도 감히 못하는 자는 부끄러움을 알고 죽어야 마땅하다.

이에 대해 일본영사관 사무대리 도네키 나가노스케[戶根木長之助]는 1월 14일 우선 관련 기자의 처벌을 요구하고 18일 시 정부 당국과 만나 ① 기자의 처벌, ②《산보》의 정간, ③《산보》의 진사와 진사문의 게재, ④ 시장의 공문에 의한 진사와 금후의 재발방지 보장 등을 요구하고 23일 황(黃) 시장을 만나 이 요구를 수용하라고 촉구했다.

그러나 황 시장은 《산보》를 두둔하고 변호하며 일본의 요구를 들어주지 않았고, 25일 도네키에게 보낸 회답문서에서도 《산보》를 감싸는 내용을 담고 있었다. 도네키는 29일 이곳에 정박중인 구축함 다케[竹]와 아시[葦]의 두 함장과 함께 황 시장을 만나 2월 1일 정오

---

20) 汕頭 일본영사관 보고 제4호의 1(1932. 1. 19) 도네키사무대리 →
    외상.

까지 일본의 요구에 대해 승낙여부를 회답하라고 통고했다.

이러한 가운데 이곳 학생항일연합회, 공회항일회(工會抗日會) 등이 시 정부와 《산보》를 원조하며 반일(反日) 감정을 더욱 고양시키는 한편 이 지역 중국군은 일본에 대한 작전에 대비하여 새롭게 재배치를 했다. 이에 대해 이곳에 정박중인 일본 군함은 29일 밤 야간훈련을 실시하여 서치라이트를 비추고 기관총 공포를 발사해 이곳 시민들은 일본군이 상륙한 것으로 잘못 알고 혼란에 빠졌고 중국군 독립 제2사단 사령부는 즉각 계엄령을 선포하여 이곳의 형세는 상해사건의 영향도 받아 매우 불온한 상태에 놓이게 됐다. 황시장은 부하직원을 일본 영사관에 보내 야간훈련을 중지하도록 요구했다.

또한 황 시장은 30일 일본 영사관을 방문하여 해결책으로 각 신문에 대한 단속과 시장 개인명의의 진사만으로 양해해 달라고 요청했으나 도네키는 이를 거부했다. 다음 날인 31일 오전 시장은 자신을 찾아온 도네키에게 이번에는 이곳 행정상의 최고 책임자로서의 진사로 타결하자고 제의했다. 이에 대해 도네키는 지난 번의 4개항을 받아들이라며 이를 거부했고 그러자 시장은 《산보》의 사죄문을 2월 2일자 신문에 게재하는 것으로 마무리짓자고 다시 제의했다.

이에 대해서도 도네키가 거부하려 하자 황 시장은 독립 제2사단 사단장 등 군부와 미묘한 문제가 있다고 설명하며 계속 앞서의 조건으로 타결하자고 요구했다. 일본 영사관은 시장의 입장을 고려하고 상해사건에 대한 중국측의 공기도 살펴 인심의 안정을 위해서도 이를 받아들이는 것이 불가피하다고 판단하고 3일 각 신문에 대한 단속령과 함께 공문을 발표하고 《산보》에게는 진사문을 게재하는 것으로 일단락 짓기로 했다.

이에 따라 《산보》는 3일자 지면에 발표문과 단속령을 게재했고

《산보》의 진사문은 5일자 지면에 실었다. [21]

한편 국민정부는 산두(汕頭)에서 《산보》가 보도한 이봉창 의사 의거기사와 관련하여 일본 군함이 밤마다 서치라이트를 비추고 공포를 발사하는 데 대해 엄중 항의했다. 이 항의는 국민정부 외교부장이 주중 일본공사 시게미쓰 마모루〔重光葵〕 앞으로 보낸 2월 4일자 공문에 들어 있었는데 그 내용은 다음과 같다.

광동성(廣東省) 정부의 전보에 따르면 산두시 정부는 《산보》의 불경기사와 관련한 일본 영사의 요구를 받아들여 각 신문에 대해 신중히 게재하도록 권고했음에도 불구하고 일본 관헌은 2월 1일까지 만족스러운 회답을 얻지 못할 경우 단호한 조치를 취하겠다고 하여 매일 밤 탐해등(探海燈)을 중국군 주둔지에 비추고 또 기관총 공포를 발사하는 등 시위했고 일본 거류민을 모두 비행기로 반출한다고 했다는데 이것은 고의로 도전하는 것이라고 할 만한 것임. 중국 정부는 사태의 확대를 방지하는 견지에서 《산보》에 대해 사정을 참작하여 법에 따라 처리하도록 광동정부에 타전했음.
따라서 귀 공사는 지급으로 귀국정부에 전달하여 해군의 자유행동 및 사태를 악화시키는 일체의 행동을 제지하는 적절한 조치를 취해 주기 바람. [22]

11) 광동(廣東)

이곳 영자지 《칸톤 가제트》는 1월 13일 이봉창 의사 의거에 대한 논평을 실어 "일본 군벌이 황실을 둘러싸고 폭위(暴威)를 휘둘렀기

---

21) 앞의 제2과 작성 문서.
22) 앞의 제2과 작성 문서.

때문에 이와 같은 결과를 초래하게 된 것"이라고 보도했다.

이에 대해 일본 총영사대리 수마 야기치로[須磨弥吉郎]는 즉각 광주(廣州) 시장 정천고(程天固)를 면회하고, ① 영문기사의 중국어 번역 엄금, ② 주필의 진사와 장래 이와 같은 기사의 철저 단속을 요구했다.

시장은 일본의 요구를 조속히 수용하겠다고 밝혔으며 수마가 20일 다시 시장을 방문하여 시 정부의 조치방안을 물어 시장이 일본의 요구조건을 모두 수용한다고 답변함에 따라 일단락됐다.

1월 23일 《공화보》(共和報)는 "용감하여라 이봉창"이라는 제목으로 일본을 '자극'하는 기사를 게재했다. 일본 총영사대리 수마는 정 시장을 만나, ① 시장은 《공화보》 사장을 훈계하고 앞으로 이런 일이 일어나지 않도록 할 것, ② 기사의 직접 책임자의 엄벌, ③ 기사의 취소와 진사문의 게재, ④ 시장의 공문으로써의 유감의 뜻 표명 등 4개항을 요구했다. 중국측은 이 요구를 대부분 수용해 마무리됐다.

4월 6일 《광동신문보》(廣東新聞報)는 "日倭皇室의 醜劇"이라는 제목으로 일본 황실에 대한 기사를 게재하여 일본을 자극했다. 총영사대리 수마는 즉시 유기문(劉紀文) 시장에게 항의하고, ① 시장의 공문에 의한 진사, ② 신문책임자의 처벌, ③ 사죄문의 게재, ④ 상당기간의 정간 등 4개항을 요구했다.

유 시장은 내정상의 어려움을 이유로 요구조건의 완화를 요구했으며 일본은 그동안 각지에서 빈발했던 '불경기사' 사건 가운데 그 내용이 가장 '불경'하다는 이유로 앞서 제시한 요구조건대로 조치하라고 강경하게 대응했다. 중국측은 20일 대체적으로 일본의 요구를 받아들이겠다는 회답을 보냈다. 일본측은 그러나 중국이 보낸 회답의 사구(辭句) 등에 성의를 의심하게 하는 것이 있어 이를 변경시키려 했으나 시장의 공문은 발표 전에 집행부에 회부하여 승인을 받아야 하기 때문에 변경이 사실상 어렵고 또 시일을 늦추는 것이 불안정한 중국 정세에 의해 어떤 변화를 몰고 올는지 예측할 수 없다는 현실을 받아들여 타결을 서둘렀다.

일본은 5월 25일 외무성의 훈령에 의거 광동(廣東) 시 정부가 관하 신문들에게 이와 같은 잘못을 되풀이하는 일이 절대 없도록 적절하고 유효한 단속을 펴며 또 이를 엄격히 실행하는 성의를 가질 것을 공문으로써 확인하는 것으로 일단락지었다. 23)

---

23) 앞의 제2과 작성 문서.

3. 일본의 중국정부에 대한 항의와 교섭

이봉창 의사 의거에 관한 중국 신문의 보도가 반일(反日)과 천황에 대한 '불경' 기사로 이루어지자 일본은 중국주재 각 영사들로 하여금 관할 중국 지방정부 장관에게 항의하고 대응 요구조건을 제시하게 하여 상당부분 실현하는 성과를 거두었으나 각지의 정세는 일본에 대해 점차 악화되어 가기만 했다. 이에 따라 일본 정부는 중국의 남경(南京) 정부에 대해 마치 상급기관이 하급기관에 주의 사항을 하달하는 것과 같이 1월 15일 주중공사 명의로 다음과 같은 공문을 중국 외교부에 보냈다.

(1) 상해(上海), 청도(青島), 복주(福州) 등의 신문에 불경의 기사가 있음
(2) 이것은 통상의 국제예의에 반하는 행위에 멈추지 않고 일본의 특수한 국체상(國體上) 그 황실과 전 국민에 대한 중대한 모욕이 되는 것으로 신문들이 이와 같이 중대한 비례(非禮)의 기사를 싣는 것은 필경 중국정부의 단속이 철저하지 못한 데서 기인하는 것으로 판단하지 않을 수 없을 뿐만 아니라, 이 신문 등 많은 신문이 국민당의 기관지임을 감안할 때 그 정상(情狀)은 일층 증대하며 일본국민이 받는 충동도 매우 커 국론의 격앙을 헤아릴 수가 없음.
(3) 이에 따라 국민정부에 대해 이와 같은 사실을 엄숙히 지적하며 깊은 반성을 촉구함과 아울러 이번 사건에 관해 상해, 청도, 복주 등에서 지방정부 관헌이 각 해당 일본 총영사가 제시한 해결조건을 성의를 갖고 수락하도록 엄중히 훈령하고,

또한 앞으로 이와 같은 사고가 발생하지 않도록 가장 확실한 보장수단을 강구함과 함께, 본건에 관련된 각급 국민당부와 배일단체 등의 모든 불온책동을 엄중 금지시킴은 물론, 본건을 이들 당부 및 단체들의 방사불법(放肆不法)의 반일운동의 한 표현으로 보지 않을 수 없으며 따라서 일반적 반일(反日)언동을 절실하게 단속하여 불상사의 방지에 적절하고도 유효한 수단을 세울 것을 요구함.

이에 대해 중국정부 진(陳) 외교부장은 1월 23일부로 주중 일본공사 앞으로 회답을 보내 "신문기사 게재에 관해서는 그때마다 각 신문사에 대해 주의를 주었으나 이번의 요청에 대해서도 주관(主管)기관을 거쳐 각 해당 신문사에 대해 앞으로 신중하게 취급하도록 거듭 계고하겠다"고 밝혔다. 그러나 외교부장은 이 회답에서 "일본의 각 신문 및 통신사도 때때로 우리나라 최고당국을 모욕하고 또 사회치안을 혼란케 하는 기사가 있으니 일본 각 신문사와 통신사에 대해서도 절실하게 단속해 주시기 바란다"고 일침을 가했다.[24]

---

24) 앞의 제2과 작성 문서.

4. 임시정부와 중국정부

대한민국 임시정부는 1919년 4월 상해에서 수립된 이래 중국의 각계에게서 따뜻한 우의와 지원을 받아왔다. 그러나 이러한 지원은 이봉창 의사 의거를 비롯한 윤봉길 의사의 의거가 있기 전까지는 대부분 개인과 민간차원의 것이었을 뿐 정부차원의 것은 없었다.[25]

물론 손문(孫文)의 호법(護法)정부 시절 임시정부 외무총장 신규식(申圭植)과 손문의 회담에서 양 정부의 상호승인과 중국 군사학교에서의 한국 독립군 간부양성 등에 합의하는 등 정부차원의 교섭이 없었던 것은 아니다.[26] 그러나 호법정부도 수립 초기여서 사정이 여의치 않았던 데다 얼마 지나지 않아 호법정부가 무너져 양 정부 사이에는 실질적 관계가 없었던 것이나 다름없다.

1931년 9월 18일 만주사변이 일어나면서 중국국민들의 반일감정은 더욱 거세졌다. 중국 대중들은 특히 학생들은 각지에서 남경(南京)으로 몰려들어 일본타도(日本打倒), 내전정지(內戰停止), 즉시항전(卽時抗戰) 등을 외치며 대일 선전포고를 촉구하는 시위를 연일 벌였다. 국민정부의 대일 무저항 정책을 비판하고 조속히 일본과의 전쟁을 선포하라고 시위를 벌였다.

그러나 국민정부는 '양외필선안내'(攘外必先安內), '외교무형지전쟁'(外交無形之戰爭) 등을 내세워 국내의 공산당 소탕에 우선순위를

---

25) 胡惠春, "이봉창 의거가 중국 사회에 미친 영향," p. 117, 이봉창 의사장학회 엮음, 《이봉창 의사와 한국독립운동》, 2002. 1. 8.

26) 姜英心, "申圭植의 생애와 독립운동," p. 247, 독립기념관 《한국독립운동사연구》(제 1집), 1987. 8. 15.

두고 공산당을 섬멸할 때까지는 일본과는 전쟁을 피하고 무저항 유화정책을 견지한다는 방침을 확고히 함으로써 국민의 여론을 완전히 외면했다. 국민정부는 이와 같은 방침에 따라 일본의 만주 침략에 대해 일본과의 전쟁 대신 국제연맹에 제소했다. 그러나 아무런 성과도 얻지 못하였다. 공산당에 대한 무력공격은 계속하여 중공군에게 적지 않은 타격을 안겨주고 있었다. 27)

따라서 항일운동을 최우선 과제로 하고 있는 한국 임시정부에 대한 국민정부의 인식은 당연히 냉담한 것일 수밖에 없었다.

이러한 상황에서 결행된 이봉창 의사의 의거는, 잇달아 있은 윤봉길 의사 의거와 함께 중국국민의 항일정신을 더욱 드높였고, 20일 뒤에 일어난 이른바 1·28 상해사변의 한 계기가 되기도 했던 것이다. 28)

이 사변은 1월 18일 상해에서 일연종(日蓮宗)의 일본인 승려 5명이 피습돼 1명이 죽고 3명이 중상을 입은 사건이 계기가 되어 1월 28일 중국의 19로 군과 일본의 육전대(해병대)의 전투로 발단됐다. 이 승려 피습사건은 당시 상해주재 일본 육군무관 보좌관인 다나카 류키치〔田中隆吉〕 소좌(후에 소장)가 관동군 고급참모 이다가키 세이시로〔板垣征四郎〕에게서 자금을 받고 꾸민 모략이었다. 29) 이 사변은 남경(南京) 국민정부의 대일정책에 변화를 주어 그 동안 펴왔던 유화정책이 한편으로는 저항, 다른 한편으로는 평화교섭이라는 양면성을 띠는 정책과 대체되었다. 30)

---

27) 張世胤, "中國戰爭期 大韓民國臨時政府의 對中國外交," p. 517~518, 독립기념관 간《한국독립운동사 연구》(제 2집), 1988. 11. 20.

28) 앞의 제 2과 작성문서.

29) 일본 朝日新聞社 간행,《朝日新聞社史》(大正 昭和戰前編), p. 388, 1995. 8. 30.

이러한 국민정부의 대일 정책변화로 국민정부의 한국 임시정부에 대한 자세도 바뀌어 1933년 8월 김구와 장개석(蔣介石)의 회담이 이루어졌다. 이 회담에서 하남성(河南省) 낙양(洛陽)의 중국 군관학교 분교에 한국독립군 양성을 위한 특별반을 설치하고 1기에 독립군 군관 1백 명씩을 교육하기로 합의했다.[31]

이후 중국 국민정부는 한국의 독립운동에 대한 지원을 자신의 항일투쟁의 일환으로 삼고 임시정부 활동경비를 비롯해 독립운동자의 의복, 식량, 숙소 및 교통비 등을 지급했다. 이러한 중국정부의 지원은 임시정부가 가장 큰 어려움을 겪어야 했던 이른바 이동시대에는 물론 중경(重慶)시대에 들어와서도 해방될 때까지 정기적으로 그리고 고정적으로 이루어졌다.[32]

이와 같이 임시정부와 국민정부의 긴밀한 유대관계는 그 인연의 시작이 이봉창 의사의 의거와 윤봉길 의사의 의거에서 비롯됐다고 하지 않을 수 없다.[33]

---

30) 앞의 胡春惠의 글.

31) 앞의 《白凡逸志》, p. 361.

32) 앞의 胡春惠의 글 및 임시정부 연호인 대한민국 22년 8월 5일자의 영수증(南坡 《朴贊翊 傳記》, p. 215) 참조. 이 영수증에는 "陳果夫선생이 6월분 보조비로 洋 五阡元을 교부했다"고 기록되어 있으며 영수인은 濮純으로 되어있다.

33) 앞의 胡春惠의 글.

5. 기타 외국의 반응

한국합방에 이어 만주침공을 감행한 일본의 대륙침략 야욕에 대한 국제여론이 일본에게 매우 불리한 방향으로 치닫고 있는 때에 결행된 이봉창 의사의 의거는 국제적 관심사로 떠올랐을 것임에 틀림없다. 그러나 구체적으로 어느 국가가 어떠한 반응을 나타내고 어떠한 대응을 했는지에 대한 기록은 거의 없다. 이봉창 의사의 의거를 국제적으로 보도한 것은 영국의 로이터통신이었다. 로이터통신은 거사 당일인 1월 8일 동경발로 이봉창 의사 의거에 관한 기사를 전 세계에 타전했으며 특히 첫 기사 가운데 범행동기에 대해 눈길을 끄는 내용을 담고 있었다. 그 대목은 다음과 같다.

> 범행동기는 아직 밝혀지지 않았으나 다시 폭발한 인도의 스와라지(독립)운동이 이봉창 의사에게 한국의 독립을 위해 폭탄을 던지도록 자극한 것으로 생각된다.
> 　최근의 관심은 인도 총독 하딘지 경을 습격했던 인물이 이끌고 있는 인도의 소수파 극단주의자 그룹이 지난 1월 6일 영국의 인도 통치를 격렬하게 비난한 사실에 쏠리고 있다. 이것이 이봉창 의사의 열정을 부추겼는지도 모른다. ― 로이터[34]

외신(外信)은 이봉창 의사의 의거를 이와 같이 외부의 영향을 받아 결행한 것으로 보고 있으나 이것은 취재의 미진에서 온 잘못된 풀이라 하지 않을 수 없다. 이봉창 의사의 일본 천황에 대한 작안

---

34) *Rangoon Times*, Jan. 9. 1932.

(炸案) 구상은 인도의 독립운동과는 무관한 이봉창 의사 자신의 발상에서 비롯된 것이었고, 이를 김구와 이봉창 의사가 논의를 통해 구체화했으며 임시정부가 제공한 폭탄과 자금으로 이룩한 민족적 의거였던 것이다.

기록으로 남아 있는 외국 신문과 방송은 버마(지금의 미얀마)의 랭군(지금의 양곤)에서 발행되는 영자지와 소련의 블라디보스토크 방송의 보도가 있다. 랭군의 영자지는 모두 1월 9일자에 이봉창 의사 의거에 관한 동경발 로이터통신을 게재했다. 이 기사와 관련, 《랭군 메일》(*Rangoon Mail*) 지는 "유해한 삽입"이라는 제목의 10일자 사설에서 "이러한 편집자의 유해한 삽입은 세계를 향해 인

이봉창 의사의 일왕저격의거를 보도한 *Rangoon Gazette*(1932년 1월 9일자).

도에서 벌이고 있는 국민운동을 비방하려는 선전"이라고 비난했다.

이어서 다음과 같이 논평하면서, 로이터통신의 이봉창 의사 의거 동기를 인도의 스와라지 운동에서 자극받았다는 풀이는 이봉창 의사의 의거에 빗대어 인도의 스와라지운동을 비방하려는 "유해한 삽입"이라고 비난했던 것이다.[35]

---

35) 랭군 일본영사관보고 제 13호(1932. 1. 11) 가노(加納四郎) 사무대리 → 외상.

Rangoon Mail.

SUNDAY, JANUARY 10, 1932.

A Mischievous Insinuation

As correctly anticipated in these columns, they have already started propaganda to slander and misrepresent the Indian national movement to the other nations of the world. A *Reuter's* message from Tokio dated the 8th January stated, "The Emperor Hirohito narrowly escaped injury when a bomb was hurled at the Imperial carriage as it swung into the famous cherry gate of the Royal Palace. The Emperor was returning from the New Year military review and the bomb exploded near the carriage behind the Emperor, slightly injuring the horse, when the Korean assailant named Rihosho was arrested. Another bomb was found in his pocket. The motive of the outrage is not known." If the message had stopped there and did not indulge in malicious irrelevancies of a profoundly mischievous type, none would have had any complaint to make. But the above bare statement of fact was immediately followed up by the following highly mischievous Editorial interpolations:—

"*It is thought possible*" the message continued, "that the fresh outbreak of the Swaraj movement in India may have provoked the Korean to undertake a blow on behalf of Korean Independence."

"It is thought possible"—pray, who is this brainy chap who thought such a ridiculous linking up of the two possible and thus shamelessly allowed his intelligence and common sense to be prostituted?

Then again, the same message continuing indulges in the following diabolical insinuation of the Indian community in Japan:—

"*Attention is drawn to the fact*," the same cable goes on, "that a small group of Indian extremists headed by the man who attacked the Viceroy, Lord Hardinge, issued a fiery denunciation of British Rule in India on January 6. *This may have* roused Rihosho's passions.'
(Italics ours)

"Attention is drawn to the fact"—now, who is this stubborn maligner of India and Indians who has "drawn attention" to a "fact" 20 years old and now, resuscitated it to suit his propaganda purpose? Whoever the fellah, his far-fetched inductions and deductions and most nonsensical speculations are surely quite in keeping with the Northcliffian traditions of mendacious and vilifying propaganda. We do not know who is responsible for the last half portion of the message which is highly defamatory and grossly offensive to the Indian nation. Ordinarily all Reuter's messages reach India *via* London, that is to say, the cables are first sent to Reuter's Head Office in London where the Editorial staff which has a very close connection with Whitehall and particularly its Imperial propaganda section *edits* these cables and transmit them to India. In this particular instance we have a strong suspicion that the original Tokio message might not have been so obnoxious, and that somebody in London was responsible for the insinuating portion. Our Japanese friends are intelligent enough to see through the game and we feel confident that they will strongly resent the diabolically malicious reflections cast on the little band of patriotic Indians in Japan. If by such vicious propaganda it is intended to embroil the friendly relations between Japan and India and alienate Japanese sympathy towards the Indian Independence movement, the authors of this heinous conspiracy are doomed to disappointment. As for the "fresh outbreak of Swaraj movement in India," well, the movement is based on the sure and strong foundations of right and justice and no amount of calumny or deliberate misrepresentation can weaken it or detract from its value. Japan knows well enough that a Free India—free from Whitehall's tariff control—will be a great commercial asset to Asia and a bulwark of peace and stability in the East if not to the whole world.

Rangoon Mail 의 1932년 1월 10일자 보도

원래 인도에 타전되는 로이터통신은 모두 런던의 본사를 경유하며 그때 다분히 가필 윤색되는바 이번의 동경에서의 이봉창 의사 의거에 관한 보도도 동경에서 타전한 원본 기사는 필시 이와 같이 불쾌한 것은 아니었을 것이다. 요컨대 편집자의 의도가 가능한 한 日印 양국간의 우호관계를 혼란스럽게 하려는 데에 있는 것이라면 일본이 '자유인도'(Free India)의 사정을 십분 이해하고 있다는 사실로 인하여 필경 실망하게 될 것이다.

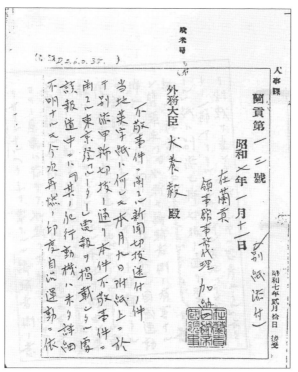

당시 미얀마 양곤주재 일본 총영사관측이 '범행동기는 인도의 자치운동에 자극 받은 것으로 생각된다'는 동경 발 로이터 통신보도를 현지 신문들이 인용 보도했다는 내용의 보고서 내용.

소련의 블라디보스토크 라디오 방송은 1월 10일 이봉창 의사 의거를 보도하면서 "이 의거는 일본 천황의 제위(帝位)와 그 신성(神聖)에 대해 이제는 아무도 믿지 않고 있음을 명료하게 증거하고 있다"고 방송했다.

기록으로 남아 있는 제3국의 이봉창 의사 의거 보도는 이상의 것이 지금까지 알려진 것의 전부다. 이 이외에도 많은 국가에서 이 의거에 대해 관심을 가졌을 것이며 그만큼 신문과 방송에서도 보도했을 것임에 틀림없을 것이다. 이에 대한 추적은 이봉창 의사 의거에 대한 연구에 불가결의 요소이며 앞으로 반드시 이루어져야 할 일이다.

제 11 장
일본에 끼친 영향

1. 일본 신문의 보도

이봉창 의사 의거에 의해 일본이 받은 충격은 매우 컸다. 한국의 일본에 대한 무력항쟁은 수없이 많았지만 천황을 직접 대상으로 한 것은 이봉창 의사의 의거가 처음이었다. 더구나 한국을 합방하고 만주를 침략하는 대륙진출의 야욕을 이룩하며 '황군(皇軍)의 무위(武威)'를 내외에 과시하고자 열었던 신년 관병식 끝에 당한 이 수모는 일본이 맛본 것 가운데 가장 큰 불명예였다.

이봉창 의사 의거가 결행되자 일본 신문들은 1월 8일 내무성 발표문을 토대로 일제히 호외(號外)를 발행했다. 동경 《아사히〔朝日〕신문》은 "관병식 환행(還幸)의 노부(鹵簿)에 조선인 흉한(兇漢) 폭탄(爆彈)을 던지다"라는 제목에 "어행렬(御行列)은 어무사환어(御無事還御), 범인 바로 체포", "어(御) 침착한 어(御) 태도, 근시자(近侍

者) 모두 공구(恐懼)하다"라는 부제로 보도했고, 《도쿄니치니치》(東京日日)신문의 호외도 《아사히신문》과 비슷했다.

정부 발표문 외의 보도가 통제된 탓인지 1월 9일자의 신문보도들도 호외 수준을 벗어나지 못하고 "성상폐하는 어안태(御安泰), 불경(不敬) 조선인 곧 체포"(《도쿄니치니치》신문), "어(御) 침착한 어(御) 태도, 근시자(近侍者) 모두 공구(恐懼)하다"(동경 《아사히신문》)라는 제목을 달아 천황의 무사와 침착함을 부각시키는 데에 중점을 두고 보도했다.

이 의사 의거 다음날인 1932년 1월 9일자 동경 《아사히신문》.

1월 9일자《도쿄니치니치》신문의 이봉창 의사 의거에 관한 기사는 다음과 같다.

(8일 내무성 발표) 천황폐하 육군시관병식 행행(行幸)에서 환어 (還御)하는 도중 노부(鹵簿)가 사쿠라타몽가이(櫻田門外)에 이르렀을 때 경위사고가 발생했는데 그 개요는 다음과 같다.

8일 오전 11시 44분 경 노부가 고지마치구〔麴町區〕 사쿠라타몽초〔櫻田門町〕 경시청 청사 앞 길모퉁이에 이르렀을 때 봉배자 (奉拜者: 참관인) 선내(線內)에서 돌연 노부의 두 번째 차량인 궁내대신이 탄 마차(천황 차 뒤 약 18칸)에 수류탄 같은 것을 던진 자가 있었는데, 이 대신의 승용 마차 왼쪽 뒷바퀴 근처에 떨어져 차체 밑바닥에 엄지손가락 크기의 손상을 2,3곳에 주었으나 천황 차와 그 외에도 이상 없이 11시 50분 무사히 궁성으로 환궁했다.

범인은 경시청 경시 이시모리 이사오〔石森勳夫〕, 순사 혼다 쓰네요시〔本田恒義〕, 순사 야마시타 슈헤이〔山下宗平〕 및 가와이 〔河合〕 헌병 상등병, 우치다〔內田〕 헌병 군조 등이 체포, 경시청에 연행하여 목하 취조중인데 그 성명과 나이는 다음과 같다.

조선 경성 출생, 淺山昌一 곧 토공(土工) 이봉창(32).

한국 신문들은 하루 늦은 1월 9일에야 호외로 보도했는데 이 기사는 동경발 연합통신으로 일본 내무성 발표문을 토대로 작성한 것이었다.《동아일보》의 호외는 "불상(不祥)사건에 대하야 내무성에서 공표"라는 제목 아래 "범인은 즉시체포"라는 부제만을 달아 제목만으로는 의거내용을 알 수 없게 되어 있었다. 이러한 제목을 단 것은 중국 신문과 같이 "不幸僅炸副車"(불행히도 겨우 부차에 작렬했을 뿐)와 같은 제목을 달지 못할 바에야 하는, 체념에서가 아니면 적어도 일본 신문의 '聖上陛下 還御', '御沈着', '恐懼' 등의 낱말을 쓰지 않으려는 데에 있었는지 모르겠다.

그러나 10일자 석간은 이봉창 의사 의거기사는 2면 머리기사로 싣고 1면 머리에는 이누카이〔犬養〕내각 총사직 기사를 게재했다. 《동아일보》는 1면 머리에 "犬養 내각 총사직"이라는 제목에 "8일 오후 긴급각의결과", "수상 입궐(入闕) 사표 봉정(奉呈)"이라는 부제 아래 이봉창 의사 의거에 대한 내각의 인책사직 기사를 실었고, 이봉창 의사 의거내용은 2면 머리기사로 "대(大)불경사건 돌발"이라는 작은 제목에 "어노부(御鹵簿)에 폭탄 투척"이라는 큰 제목을 달고

이봉창 의사의 의서를 보도한 《동아일보》 1932년 1월 9일자 호외.

이 의사 의거를 보도한 《조선일보》 1932년 1월 10일자.

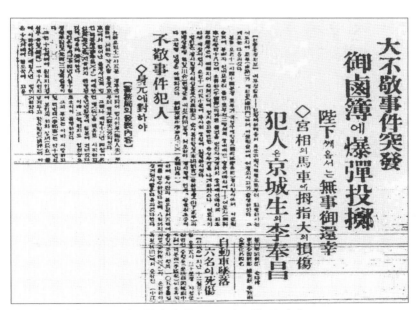

이 의사 의거를 보도한 《동아일보》 1932년 1월 10일자.

"폐하께옵서는 무사환행", "궁상(宮相)의 마차에 무지대(拇指大)의 손상", "범인은 경성생(京城生)의 이봉창"이라는 부제를 달아 전날 호외의 제목과는 대조적이고 구체적이었으며 친(親)천황적이었다.

이와 같은 기사의 지면배정과 제목변경은 이봉창 의사의 의거가 한국 국민에게 안겨 줄 감격과 환희를 가능한 한 최소화하려는 총독부의 압력에 의한 것이었음에 틀림없을 것이다.

9월 16일 열린 이봉창 의사에 대한 첫 공판도 일본 신문은 대서특필했다. 도쿄《니치니치신문》은 17일자 석간에서 "대역도의 죄를 판가름하다"라는 큰 제목아래 "법정내외 삼엄한 경계속" "특별공판 열리다"라는 부제로 첫 공판에 관한 기사를 실었다. 《아사히신

《매일신보》1932년 1월 10일자.

문》은 같은 날자 석간에서 "櫻田門의 대역범인"이라는 앞 제목에 이어 "이봉창 공판 열리다"의 큰 제목 아래 "경관헌병의 삼엄한 경계속"이라는 부제를 달아 보도했다.

9월 30일 이봉창 의사에 대해 사형이 선고된 두 번째이자 마지막 공판은 호외로도 보도됐다. 오사카《마이니치〔每日〕신문》은 이 날 "대역죄인 이봉창에게"라는 앞 제목에 "사형을 선고하다"라는 큰 제목을 달고 "특별재판의 판결"이라는 부제로 호외를 발행했다.

이봉창 의사에게 사형이 선고되었음을 보도한《大阪每日新聞》호외(1932년 9월 30일자).

그러나 10월 10일 이봉창 의사에 대한 사형집행 기사는 비교적 작은 단수에, 기사분량도 짧게 보도됐다. 《아사히신문》은 사형집행 다음날인 10월 11일 석간 2면에 3단으로 "대역범인 사형집행"이라는 큰 제목에 "오늘 아침 이치가야〔市ヶ谷〕형무소에서"라는 부제로 간략하게 보도했다.

2. 이누카이[犬養] 내각의 사임 표명과 사표 반려

이봉창 의사 의거를 보고 받은 일본 수상 이누카이 다카시〔犬養毅〕는 "황공하기 이를 데 없어" 곧장 궁중에 입궐하여 시종장 스즈키 간타로〔鈴木貫太郎〕를 통해 천황에게 문안을 여쭈었다.

이어 낮 12시 35분 수상관저에서 임시 긴급각의를 열어 경시청 보안과장 모리오카 지로〔森岡二郎〕와 경시총감 초엔렌〔長延連〕으로부터 이봉창 의사 의거의 진상보고를 받고 이어 내각이 취해야 할 조치에 대해 논의했다. 논의결과는 사태의 중대성에 비추어 내각의 책임이 매우 크므로 총사퇴하는 것이 타당하다고 결론, 이누카이 수상은 오후 5시 입궐하여 천황에게 사직서를 제출했다.

그러나 사직서의 수리를 보류하고 시종장 스즈키를 정치 원로인 사이온지 긴모치〔西園寺公望〕에게 보내 내각의 사직서 수리여부를 하문(下問)했다. 천황은 사이온지의 건의에 따라 이누카이 내각의 유임을 분부하고 사직서를 반려했다.

이누카이 내각이 유임된 것은 당시 일본 정국의 혼미를 우려한 사이온지의 건의 때문이었다. 이봉창 의사 의거가 있기 9개월 전인 1931년 4월 13일 하마구치 오사치〔浜口雄幸〕 내각이 총 사직하고 와카키 레이지로〔若槻禮次郎〕 내각이 구성됐으나 이 내각도 8개월 만인 1931년 12월 13일 총사직해 이에 이어 구성된 내각이 이누가이 내각이었다. 사이온지는 이처럼 9개월 사이에 세 번이나 바뀐 내각을 출범한 지 1개월도 안 되어 바꾸는 것은 정치적 혼란을 크게 가중시킬 것이라고 판단했던 것이다.

그러나 이누카이 내각의 유임에 대해 반대하는 주장도 없지 않앞다. 야당인 민정당(民政黨) 간사장 나가이[永井]는 "천황의 분부라는 명분을 빌려 유임하는 것은 무엇인가. 신절(臣節)을 다하지 않는 이누카이 내각"이라고 비판했다. 1) 조선 총독인 우가키 가즈시게[宇垣一成]도 이누카이 내각의 유임에 대해 비판했다. 그는 1월 9일 오전 10시 경성(京城)발 열차로 동경으로 가는 길에 "일단 총사직을 한 후에 총사직을 철회하라는 천황의 분부를 받아들이는 것은 글쎄 어떨까 싶다. 이러한 것은 요컨대 신념의 문제다. 처음의 신념이 옳은 것인지 나중의 신념이 잘못된 것인지 둘 중의 하나겠지만 이것을 한 마디로 말한다면 결국 이중(二重)신념이라고 할 수 있을 것이다"라고 유임을 비난했다. 2)

---

1) 《아사히[朝日]신문》, 1932. 1. 10.

2) "警備關係綴," 1932년 1월 10일 보고 東京파견원 기타무라 → 경무국장.

3. 징계와 문책인사

천황의 분부로 유임된 이누카이 내각은 그러나 이봉창 의사 의거에 대한 행정책임은 묻지 않을 수 없었다. 내무대신 나카하시 도쿠고로[中橋德五郞]에 대한 문책론도 한때 대두됐으나 천황의 내각 유임 말씀으로 면책된 것으로 인정, 불문에 부치기로 했다.

이누카이 수상은 1월 12일 내상 나카하시와 협의하여 우선 경시총감 초엔렌[長延連]을 휴직처분하고 후임에 동경부(東京府) 지사 하세가와 규이치[長谷川久一]를 임명했으며 동경부 지사에는 후지누마 쇼헤이[藤沼庄平]를 보임했다. 3)

이어 문관 고등징계위원회는 1월 15, 16 이틀 동안 회의를 열고 이미 휴직처분된 전 경시총감 초엔렌을 징계면직 처분하는 등 다음과 같은 징계처분을 의결했다.

　감봉처분
　警視廳 警務部長: 大竹十郞
　麴町警察署長: 田村英雄
　警保局長: 森岡二郞
　警視廳 官房主事: 村地信夫
　警視廳 警務課長: 綱島覺左衛門
　警視廳 特高課長: 山本義章
　警視廳 監察官: 高橋靜雄

그러나 경무부장 오다케 쥬로[大竹十郞]는 자책의 뜻으로 사직했다. 4)

---

3) 東京《아사히신문》, 1932. 1. 13.

육군도 20일 6명에 대해 다음과 같이 징계처분했다.

　　憲兵司令官 中將: 外山豊造
　　東京憲兵隊長 大佐: 難波光造
　　麴町憲兵分隊長 少佐: 加藤泊治郎
　　麴町憲兵分隊 曹長: 荒井久四郎
　　麴町憲兵分隊 軍曹: 內田一平
　　麴町憲兵分隊 上等兵: 河井 嘉5)

　이 징계에서 특이한 것은 군조 우치다 잇베이〔內田 一平〕와 상등병 가와이 요시〔河井嘉〕에 대한 징계처분이다. 이들은 1월 8일의 내무성 발표문에 이봉창 의사 체포자 명단에 들어있는 유공자로서 포상 대상까지 되었던 자들이다. 그런데 어찌하여 유공자에서 징계를 받는 문책대상으로 전락했을까. 그것은 이들이 이봉창 의사가 거사한 현장에 있으면서 사전에 이를 막지 못한 데에 대한 문책이었다.

　이봉창 의사는 폭탄을 던진 후 머리가 띵해져 두 번째 수류탄을 던져야 한다는 것을 잊고 5, 6보 물러서 있다가 뒤에서 "나는 아니야!"하면서 정복순사에게 체포돼 가는 남자를 보고 (그 사람은) "아니야! 나야!"라고 말하며 자진해서 그 순사에게 체포됐다. 나머지 4명은 뒤늦게 이봉창 의사에게 달려들어 오버단추와 칼라단추들이 떨어져 나갈 만큼 거칠게 법석을 떨며 자신들이 사전에 이봉창 의사의 의거를 막지 못한 문책을 얼버무리려했던 것이다.

　이봉창 의사 의거에 대한 문책은 지방의 관계공무원에 대해서도 단행돼 교토부(京都府) 지사(전 大阪府지사) 사이토 무네요시〔齊藤宗宜〕, 효고켄(兵庫縣) 지사 시로네 다케스케〔白根竹介〕, 아이치겐(愛

東京《히니치신문》, 1. 17.
5) 《주가이쇼교》〔中外商業〕신문, 1932. 1. 21.

知縣〕 지사(전 神奈川縣지사) 엔도 류사쿠〔遠藤柳作〕 등 3명의 지사를 비롯해 10명이 견책처분을 받았다. 이들 지사들은 이봉창 의사가 거사를 위해 상해를 출발해 처음 상륙한 고베〔神戶〕의 통괄부서인 효고켄 지사, 상륙한 후 4일간 머문 오사카의 최고책임자인 오사카부(府) 지사, 이봉창 의사가 거사 전날 숙박한 가와자키〔川崎〕의 통괄부서인 가나카와겐〔神奈川縣〕 지사로서 문책된 것이다.

상해의 총영사 무라이 구라마쓰〔村井倉松〕는 1월 9일 이봉창 의사 의거와 관련, 외무차관 나가이 마쓰조〔永井松三〕에게 자신의 진퇴문제를 적절하게 조치해달라고 상신했다. 그는 1931년 12월 17일 이봉창 의사가 고오리가와마루〔氷川丸〕에 승선하고 일본에 간 것을 사전에 알아내어 막지 못한 것은 자신의 능력부족 때문이라고 이 상신서에서 밝혔다. 6)

한편 상해 총영사관의 아카기〔赤木〕 사무관과 하나사토〔花里〕 경찰서장은 무라이 총영사에게 자신들의 진퇴를 묻는 문서를 냈고 무라이 총영사는 이 사실을 외무성에 보고했다. 7)

이에 대해 나가이 외무차관은 관계 각관의 시말서를 받아 무라이 총영사의 시말서와 함께 지급으로 제출하라고 지시하고 아카기 사무관의 시말서는 외무와 내무 양 대신 앞으로 모두 제출하라고 지시했다. 8)

그러나 무라이 총영사는 그 해 9월 19일까지 그 자리에 머물러 2년 가까운 기간 동안 근무해 문책인사조치는 받지 않은 것 같다. 9) 다른 관계자에 대한 징계여부에 관해서는 알려진 것이 없다.

---

6) 上海 일본 총영사관 보고 제17호(1932. 1. 9) 무라이 → 외상.
7) 上海 일본 총영사관 보고 제22호(1932. 1. 11) 무라이 → 외상.
8) 일본 외무성 지시 암제3호(1932. 1. 12) 외상 → 무라이 총영사.
9) 앞의《日本外交史 辭典》1992. 5. 20, 부록 p. 88.

4. 친일파의 사죄행각

이봉창 의사 의거가 알려지자 한국의 친일파들은 "불경한(不敬漢)이 한국인인 데 대해 대단히 송구하고 미안한 마음"으로 어찌할 바를 몰랐다. 그들은 국내외에서 매우 기민하게 사죄성명을 내고 천황 궁성 앞에서 사죄 망배(望拜)를 하는가 하면 일본 고위인사에게 사죄전보를 타전하는 등 온전한 한국인으로서는 도저히 할 수 없는 '타기(唾棄)하고 배척해야 할 광태치용(狂態痴容)'[10]의 낯 뜨겁고 부끄러운 추태를 보였다.

친일파의 모임인 동민회(同民會)를 중심으로 한 중추원 참의와 그 밖의 친일파 34명은 1월 9일 낮 서울의 요정 식도원(食道園)에 모여 이봉창 의사 의거와 관련하여 갖가지 사죄행각을 벌이기로 결정했다. 그 내용은 다음과 같다.

  (1) 7명의 조선인 대표 명의로 다음과 같은 내용의 전보를 일본 총리대신, 탁무(拓務)대신, 궁내(宮內)대신, 조선총독 등에게 보낼 것.
  "어제 갑자기 발생한 불경사건에 대해 매우 송구한 마음을 어찌할 바 모르겠으며 적성(赤誠)으로써 근신의 뜻을 올립니다."
  조선인 유지대표
  신석린(申錫麟), 박영철(朴榮喆), 한상용(韓相龍),
  민대식(閔大植), 조성근(趙性根), 김명준(金明濬),

---

10) 친일 어용단체 同民會의 이봉창 의사 의거에 대한 성명서.

박의직(朴義稷)

(2) 위 7명은 오늘 총독부 및 군사령부를 방문하여 같은 뜻을 말하고 근신의 뜻을 표할 것.

(3) 다음 3명은 각 신문사를 방문하여 근신의 뜻을 표하고 있다는 요지의 기사를 게재해 주도록 의뢰할 것.
석진형(石鎭衡), 김윤정(金潤晶), 장광식(張廣植)

(4) 오늘부터 12일간 유흥적 연회에 참석하지 않을 것.[11]

친일단체 동민회(同民會)는 1월 9일 이봉창 의사 의거를 광인(狂人)의 치태(痴態)라고 견강부회하고, '대불경사건'의 범인이 조선인의 한 사람이라는 것에 유감을 표하고, 참회하고 근신하며 내선일화(內鮮一和)의 구현을 위해 노력하자는 내용의 성명서를 발표했다. 이 회는 이 성명서를 궁내대신, 총리대신, 탁무대신 등에게 발송키로 했는데 성명서 발송처를 밝히면서 궁내대신을 총리대신 앞에 열거한 것은 궁내대신을 경유하여 천황에게 보낸다는 뜻인 것 같다.

성명서 주요내용은 다음과 같다.

제실(帝室)은 국민합체의 종가(宗家)이고 국민전체는 제실의 분가(分家)와 같다는 관념은 세계만방 어디에서도 볼 수 없는 대제국민(大帝國民)의 신념으로서 실제로 제실에서는 일이 있을 때마다 이와 같은 생각으로 우리 국민을 대하여 주셨다.

이에 따라 우리 동민회(同民會)도 창설 이래 이미 이 사상에 입각하여 내선일화를 함께 구현하기 위하여 제국의 충성스러운 신민으로서 우리의 마음과 몸을 다 바치자고 제창해 왔다.

---

11) 《警備關係綴》 1932년 1월 9일 오후 1시 30분 보고 京畿道 경찰부장
→ 경무국장.

그러나 이번 대불경사(大不敬事)를 감히 저지른 자가 새로이 신하가 된 우리 동포 조선인의 한 사람이라는 것은 우리가 아무리 생각해 봐도 유감스러울 뿐이다.

내선인(內鮮人)이 함께 동등한 제국신민으로서 모두 제실의 자녀임은 당연한 일이며 우리가 아는 범위에서 한 사람의 불령불의(不逞不義)의 역도(逆徒)가 있다는 것은 믿기 어렵다. 우리 인간들은 때때로 심신의 평형을 잃어 사려(思慮)의 전도(顚倒)를 일으키는 일이 있기 때문에 마음에도 없는 광태치용(狂態痴容)을 연출함으로써 세상을 놀라게 하고 사람을 그르치게 하는 것을 평소에도 통한(痛恨)하는 바이다. 그리하여 이와 같은 광태치자(狂態痴者)의 행동으로 인하여 때때로 세상을 이끌어가는 모든 정인의자(正人義者)의 행동을 광인치자의 그것으로 보는 경우가 있으며 이것은 실로 우리가 깊이 경계하고 두려워해야 할 일이라고 믿는다.

지난번의 불상사가 한 조선인이 저지른 것이라 하여 모든 조선인에 대해 불쾌한 느낌을 품게 하는 것이 된다면 이것은 실로 광인(狂人)이 저지른 것이 불광인(不狂人)이 저지른 것으로 되는 것과 같은 것으로 우리는 도려내지 않을 수 없으며, 우리는 지난번의 불상사를 단 한 사람의 광인이 저지른 광태(狂態)로서 이를 타기(唾棄)하고 배척하는 동시에 스스로 깊은 경계를 함으로써 다시는 이와 같은 광인이 나오지 않도록 노력함은 물론 더욱더 내선융화 일가입국(內鮮融和 一家立國)의 정신을 향해 백척간두의 일보를 전진할 필요가 있다고 확신한다.

특히 평생을 내선일가(內鮮一家)를 목표로 하여 이 사상의 확포(擴布)에 전념하고 있는 우리 동민회원(同民會員)은 이번 기회에 한층 더 노력과 주의를 기울여 우리 국민정신의 보급에 철저하게 힘써야 할 것이다.

昭和 7년 1월 9일

朝鮮 京城 和泉町 6番地 同民會 本部12)

친일파 거두의 하나인 한상용(韓相龍)은 이봉창 의사 의거에 대해 "불경사건은 공구(恐懼)의 염(念)을 금치 못하게 한다"고 말하고 "특히 범인이 조선사람이라 함을 들을 시에 더욱 황공무지(惶恐無地)"라고 허리를 굽혔다. 13)

일본에서는 또 하나의 친일파 거두 박춘금(朴春琴)이 8일 궁내성을 비롯하여 여러 일본 고위층을 방문하여 "불경범인이 조선인인데에 송구하다"고 사과했다. 그는 9일 친일단체 상애회(相愛會) 회원 120명을 소집하여 천황궁성 입구인 이중교(二重橋)에 도열하고 "우리 동포 가운데 이와 같은 불령자(不逞者)가 나온 것에 대해 폐하에게 충심으로 사과의 말씀을 드린다"고 '사죄'(謝罪) 하고 망배(望拜) 했다. 14)

---

12) 앞의 《警備關係綴》 1932년 1월 9일 오후 5시 보고 촉탁 나카무라 겐타로[中村健太郎] → 경무국장.
13) 《每日新聞》, 1932. 1. 10.
14) 앞의 《警備關係綴》 1932년 1월 9일 및 1월 11일 보고 東京 파견원 기타무라 → 경무국장.

제 12 장
이 의사의 유해환국

1. 추모 열기

　1932년 10월 10일 동경 이치가야〔市ヶ谷〕 형무소에서 사형이 집
행되어 사이타마현〔埼玉縣〕 우라와시〔浦和市〕의 우라와 형무소 묘
지에 매장된 이봉창 의사의 유해(遺骸)는 그 후 아무도 돌보는 이
없는 가운데 세월만 흘러갔다.

　그러나 1945년 8월 15일 일본의 패전으로 해방을 맞으면서 이봉
창 의사를 비롯한 순국 항일독립운동 의사 열사에 대한 추모의 열
기는 일기 시작했다. 특히 이봉창 의사 의거를 함께 계획하고 논의
하고 수류탄과 거사자금을 제공한 김구가 1945년 11월 23일 임시
정부 요인들과 함께 귀국하면서 이봉창 의사를 비롯한 여러 순국
의사들에 대한 관심은 더욱 높아졌다.

　김구는 귀국하자 곧 신문을 통해 이봉창 의사와 윤봉길 의사 등

의 유족과 만나고 싶다는 뜻을 밝혀 서울에서 살고 있던 이봉창 의
사의 조카딸 은임(銀任)을 만났고, 충남 예산의 덕산(德山)에서 올
라 온 윤봉길 의사 아들도 만나 고인의 유덕을 기리고 유족들을 위
로했다. 1)

1945년 12월 23일에는 순국선열(殉國先烈) 추념대회가 서울운동
장에서 열렸다. 식장 단상 위 흰 장막이 처진 제단에는 충정공(忠
正公) 민영환(閔泳煥), 이준(李儁), 박승환(朴勝煥), 안중근(安重
根), 손병희(孫秉熙), 강우규(姜宇奎), 이봉창(李奉昌), 윤봉길(尹奉
吉) 등 선열의 신위들이 모셔졌다.

제단 왼쪽에는 이 추념대회 총재인 김구(金九) 임시정부 주석,
추념대회 위원장인 신익희(申翼熙) 내무부장, 홍진(洪震), 조소앙
(趙素昻), 김약산(金若山), 조완구(趙琓九) 등 요인이 자리잡았다.

방응모(方應模), 정인보(鄭寅普), 홍명희(洪命熹) 위원 등의 준비
로 이날 오후 2시에 열린 이 추념대회는 함태영(咸台永)의 개회선
언으로 시작되어 애국가 제창, 묵념에 뒤이어 김구 총재의 비분강
개하고 폐부를 찌르는 듯한 추념문을 정인보가 대독, 장내는 숙연
하였다. 김구 주석의 추념문의 주요 내용은 다음과 같다.

대한민국 27년 12월 23일 임시정부 주석 김구는 순국선열 영령
의 앞에 고(告)하나이다. 광무(光武) 을사(乙巳)로 비롯하여 정
미(丁未)를 지나 융희(隆熙) 경술(庚戌)에 와서 드디어 언어 그
치니 그 참(慘)됨은 오히려 둘째라 기치(寄恥)와 대욕(大辱)이
이에 극(極)함을 무엇으로 견딘다 하리요. 이러한 가운데 일도
찬란(一道燦爛)한 국광(國光)을 일으켜 이 민중으로 하여금 치
욕의 일(日)이 찬부(燦負)와 비참의 기(期)에 분발을 끊임없이

---

1) 金九, 《白凡逸志》, 나남출판, 2002, p. 419.

가지게 함이 과연 누구의 주심이뇨. 우리는 이어서 을사(乙巳) 이후 순국하신 선열 제위를 오매 간에 잊지 못하나이다.

그동안 일구(日寇) 차토(此土)에서 도량(跳梁)함이 오래라, 감(監)이라 독(督)이라 하여 패퇴하던 날까지 강산민인(江山民人)을 피(被)는 피(被)의 점제(占制)하에 두었던 듯이 알았을 줄 아나, 우리 선열의 피로써 적과 싸워온 거룩한 진세(陣勢) 41년의 일월(日月)을 관철하여 몸은 쓰러져도 혼은 나라를 놓지 않고 숨은 끊어져도 뜻은 겨레와 얽매여 그 장하고 매움을 말할진대 어느 분의 최후 천읍지애(天泣地哀)할 거적(巨迹)이 아니시리요.

그러므로 우리 과거 41년을 통틀어 일구(日寇)의 역(役)이라 할지언정 하루라도 피(被)의 시대라 일컬을 수 없음은 오직 순국선열들의 끼치신 피 향내가 항상 이 곳의 주기(主氣) 되어온 연고이니 이 여러분 선열이 아니런들 우리가 무엇으로 서리요.[2)]

김구는 이어 일본에 있는 박열(朴烈)에게 이봉창 의사를 비롯한 윤봉길 의사와 백정기(白貞基) 의사의 유해를 한국으로 봉환해 달라고 부탁했다. 박열은 일본에서 천황암살 음모를 예비했다는 죄목으로 아키다〔秋田〕형무소에서 23년간 옥살이하다 8·15에 석방됐는데, 그는 출옥하자 역시 8·15에 풀려난 애국지사들과 조직한 신조선건설동맹(新朝鮮建設同盟)을 통해 이들 의사들의 유해를 찾기 시작했다.

---

2) 《自由新聞》, 1945. 12. 24.

2. 유해의 수습

 신조선건설동맹(新朝鮮建設同盟)의 3의사(義士) 유해찾기에는 특
히 부위원장 이강훈(李康勳)과 백정기 의사의 전우 동지인 서상한
(徐相漢)3) 등이 적극적으로 나섰다. 이들은 우라와〔浦和〕형무소에
서 교회사(教誨師)로 일했던 일본인을 찾아 이봉창 의사의 유해가
우라와 형무소 부속묘지에 묻혀있다는 것을 확인했다.4) 이들은 일
본의 사법대신을 만나 이봉창 의사의 유해수습에 관해 협의했고
이어 우라와 형무소에 가 형무소 소장에게 이봉창 의사 유해를 수
습하러왔다고 이야기했다.
 그러나 형무소 소장은 처음에는 이봉창 의사의 유해가 어디에
묻혔는지 모른다고 시치미를 떼다가 서상한 등이 정 안 가르쳐 준
다면 최후의 수단을 쓰겠다고 강경하게 대응하자, 그때서야 교무
관을 불러 가르쳐 주도록 해 유해를 찾을 수 있었다.5) 서상한 등
은 윤봉길, 백정기 양 의사의 유해도 발굴해 수습했는데 그들이 밝
힌 3의사 유해 수습과정을 보자.

 1932년 상해 신공원(上海 新公園)에서 왜장 백천대장(白川大將)
 을 폭살시키고 웃으며 총살의 수형을 받은 고 윤봉길(尹奉吉) 의
 사와 1932년 1월 8일 동경 앵전문(東京櫻田門) 앞에서 일본 천황

---

 3) 白貞基 의사의 전우로서 英親王 李垠이 일본 왕족 方子와 결혼하는
  날 매국 적들이 참석할 것으로 예상하고 폭탄을 던지려고 준비하다
  사전에 발각되어 옥고를 치르기도 했다.
 4) 李康勳 자서전, 《民族解放運動과 나》, 1994. 6. 30, p. 200.
 5) 《동아일보》, 1946년 4월 27일자.

을 폭살 시키려고 폭탄 두 개를 던져 한 개는 불발, 한 개는 터졌으나 말 다리에 터져 목적을 달하지 못하고 원한의 사형을 받은 고 이봉창(李奉昌) 의사와 1933년 3월 17일 상해 공동조계(上海共同租界)에서 왜적 유길공사(有吉公使)를 암살하려다 뜻을 이루지 못하고 체포를 당해 옥중 혼이 된 고 백정기(白貞基) 의사의 유골과 유품을 찾을 때의 극적 활동을 감개무량하게 다음과 같이 말한다.

재일동포는 2천 2백만(220만의 오기인 듯함: 필자)이었는데 해방 후 귀국한 게 약 백만이요 현재 돌아오지 못하고 멀리 조국의 정세를 염려하고 있는 게 120만 명 가량 된다. 이 사람들의 생활은 매일 2홉 1작의 배급을 가지고 근근이 살아가나 일본 전체에 배급미가 쌀 부족으로 5월 말경에는 배급이 없을 것으로 대단히 걱정이다. 더구나 우리 동포의 실직자가 반수 이상이나 되어서 하루 빨리 조국이 완전 독립하야 귀국 후 건국대업에 참가할 날을 목이 마르게 기다리고 있다.

그래 이 사람들을 참된 노선으로 지도하려고 조직된 것이 신조선건설동맹(新朝鮮建設同盟)인데 이 동맹은 23년 만에 추전형무소(秋田刑務所)를 출옥한 박열(朴烈) 씨를 중심으로 민족단결 생활안정 등 여러 가지 운동을 활발히 전개하고 있다.

우선 전기 3의사의 유골과 유품을 눈물로 찾은 이야기를 하자. 우리는 제일 착수로 윤봉길 의사의 유골을 찾아 금택(金澤)으로 갔다. 그러나 공동묘지라 알 수가 없어 며칠을 묵고 부근 왜놈들이 입을 합하여 모르겠다고 가르쳐 주지 않기에 하는 수 없이 "그러면 이 부락의 묘를 전부 파보겠다"고 말하였더니 놀랐는지, 우리가 자고 있는 밤중에 패를 꽂아 가르쳐주기에 기쁨에 넘친 우리는 한숨에 파본즉 목제 십자가(木製十字架)와 자색 양복, 검정 구두, 중절모와 유골을 발견하였다.

1992년 세종문화회관에서 열린 '이봉창 의사 의거 및 순국 60주년 기념사업 추진대회'에서 격려사를 하고 있는 김상만 동아일보사 명예회장.

고 이봉창 의사는 포화형무소(浦和刑務所) 묘지에 계신 것을 알고 사법대신을 만나 이야기하고 포화형무소에 가서 물은 즉, 소장은 모른다고 회피한다. 그러면 최후수단을 쓰겠다고 강경하게 나섰더니 교무관을 불러 가르쳐 주도록 하여 겨우 모시게 되었고, 다시 장기(長崎)로 백정기(白貞基) 의사를 찾은 우리는 그곳 형무소 소장의 독장(獨葬)이 아니고 딴 시체와 합장(合葬)한 것 같다는 말에 놀랐다. 분개한 우리는 "한 나라의 의사(義士)를 이름 모를 추한 딴 시체와 합장하는 모욕이 어느 나라에 있느냐"고 끓어오르는 분노에 피를 억지로 참고 반문한즉 우리의 기세에 놀랐는지 잠깐 기다리라고 하고 매장장부를 조사하더니 "독장입니다. 장소도 알겠소"하고 사과하며 가르쳐 주었다.

이리하여 우리는 옥사하신 백 의사의 유골을 이(李), 윤(尹) 양 의사와 같이 東京 육대(陸大) 우리 본부사무소에 모시고, 지

난 2월 19일 간다 공립강당(神田 共立講堂)에서 유골 봉환회를 엄숙하고 성대히 거행하고 ···.6)

서상한의 노력과 가나자와[金澤]에 거류하는 동포들의 협력으로 세 의사 가운데 제일 늦게 발굴된 윤봉길 의사 유해가 동경역에 도착할 시간에 오기쿠보[荻窪]에 있는 전 육군대학 건물인 신조선건설동맹 본부사무소에 이미 안치돼 있던 이(李), 백(白) 양 의사의 유해도 함께 모시고 나가 마중하게 했다. 청년동맹원 3천여 명이 장사진을 이루어 3의사의 유해를 앞세우고, 이봉창 의사가 폭탄을 던졌던 사쿠라다몽[櫻田門] 안으로 들어가 이봉창 의사를 기리는 연설을 하고 애국가 제창을 하며 일본 천황이 있는 대궐 안이 떠들썩하도록 만세삼창까지 부르고 다시 본부사무소에 모두 안치했다.7)

3의사의 유해는 1946년 4월 20일 세 의사 동경 유골봉안회 회장 서상한과 위원 한현상(韓現相) 등 3명에 의해 동경을 출발, 귀국길에 올랐다. 김청광(金淸光), 김석영(金錫永), 홍성주(洪性周), 박상조(朴相祚) 등 4 의사 유해와 함께 일본을 떠난 세 의사의 유해는 5월 15일 오전 9시 부산항에 무언(無言)으로 환국, 목숨 바쳐 이룩하려던 해방된 조국 땅에 감격의 첫발을 디뎠다. 유해는 곧장 부산 시내 대창정(大倉町)의 부립 유치원에 안치됐다.8)

6) 《동아일보》, 1946년 4월 27일자.
7) 앞의 李康勳 자서전, p.208.
8) 이현희 지음 《李奉昌의사의 항일투쟁》 1997. 3. 1, pp. 214~215. 《동아일보》 1946년 6월 17일자 참조.

3. 유해의 환국

3의사(義士)의 유해가 부산(釜山)으로 귀국한 지 한 달 후인 1946
년 6월 15일 정오 부산 공설운동장에서 부산의 관민 유지들의 발기
로 3의사 추도회가 열렸다. 이 추도회에는 서울에서 내려온 민주
의원(民主議院) 총리 김구를 비롯하여 안경근(安敬根), 엄항섭(嚴恒
燮), 신현상(申鉉商), 이강훈(李康勳) 등 30여 명이 참석, 고인들의
유업을 기리고 명복을 기원했다. 이날의 추도회 광경을 《동아일
보》는 다음과 같이 보도했다.

> 3열사(三烈士) 유골 해방호(解放號) 타시고
> 3천만의 가슴속에 돌아오다
>
> 〔부산지국 전화〕 조국광복에 커다란 봉화를 높이 들고 왜적의 간
> 담을 서늘케 하는 한편 3천만 민족의 잠자는 혈관에 불을 질러놓
> 은 고 윤봉길(尹奉吉), 이봉창(李奉昌), 백정기(白貞基) 등 3
> 의사(義士)의 추도회가 부산 관민 유지 발기에 의해 서울서 내
> 부한 민주의원 김구(金九) 총리 일행 임석하에 관민 학생 기타
> 사회단체 등 수만 군중이 모인 가운데 15일 정오 최비봉(崔碑
> 鳳) 씨 사회로 부산 공설 운동장에서 성대히 거행되었다.
> 　이에 앞서 김구(金九) 총리를 선두로 부산 남녀 중등학교 대
> 표 4백여 명에게 인도된 유골이 시내 대창정(大倉町) 부립 유치
> 원 유골 안치장에서 추도식장으로 입장하자 장내는 물을 부은
> 듯 엄숙한 가운데 유골은 소형 계단에 높이 안치되었다.
> 　식은 국기 배례, 애국가 합창, 독립기원의 묵상, 추도 주악식

(奏樂式), 식사에 이어 백정기 의사의 전우(戰友)로 남아 십수 년간 형무소에서 신음하다 해방과 함께 석방되어 유골을 봉안하고 환국한 서상한(徐相漢) 씨가 3의사(義士) 약력의 낭독이 있은 다음, 이어서 각 단체 대표의 분향을 마치고, 김구 총리의 훈화에 이어 김상순(金相淳) 씨의 답사가 있은 다음 대한독립 만세를 고창(高唱)하고 폐회하였다.

회가 끝난 다음 유골은 다시 봉안소에 안치하고, 김구 총리 일행은 당일 동래에서 일박 후 부산발 해방호 열차로 유골을 봉안하고 출발하였다. 9)

6월 16일 유해는 곧 부산역으로 옮겨져 부슬비가 내리는 가운데 영결식이 거행됐다. 김구 총리는 이 비는 3의사(義士)의 눈물이라고 하며 고귀한 의사들의 정신을 기리는 말씀을 하였고, 이강훈이 경과보고를 하였다. 식이 끝나자 3의사의 유해와 김구 총리 일행은 해방호에 올라 서울로 향했다. 10)

유해를 봉환하는 열차가 역에 도착할 때마다 각 역에는 많은 시민들이 나와 애도의 뜻을 표했고, 특히 열차가 대구에 도착했을 때는 김창숙(金昌淑)을 비롯한 수많은 인파가 몰려와 엄숙하게 애도의 뜻을 표해 보는 이로 하여금 눈물을 자아내게 하였다. 11)

3의사(義士)의 유해를 태운 해방호는 이날 오후 5시 40분 서울역에 도착, 이봉창 의사의 유해는 경교장(京橋莊, 金九의 거처) 직원이, 윤봉길 의사의 유해는 의사의 친동생이, 백정기 의사의 유해는 이강훈이 각각 가슴에 안고 서울역 광장에 모인 수많은 서울 시

---

9) 《동아일보》, 1946년 6월 17일자.
10) 앞의 《李康勳 자서전》, p. 211.
11) 앞의 《李康勳 자서전》, p. 211.

민의 애도 속에서 소년단의 구슬픈 주악에 발맞추어 수송정(壽松町)의 태고사(太古寺)에 안치됐다.[12]

다음은 서울역에 도착하여 태고사에 안치될 때까지의 《동아일보》의 보도내용이다.

조기(弔旗) 따라 무언개선(無言凱旋)
3의사(三義士) 유골 태고사(太古寺)에 안치

백포에 고이 싸여 잠드신 세 의사(義士)의 유해가 원한 많은 고국산천에 말없이 돌아온 감개도 새로운 16일…

이날은 하늘조차 무심치 않아 3열사의 장렬한 죽음을 조상(弔喪)하는 궂은비가 아침부터 내렸다. 이날 아침 부산을 떠난 특급 조선 해방자 호에 세 의사들의 선배 김구(金九) 총리와 유족의 가슴에 안긴 윤봉길(尹奉吉), 이봉창(李奉昌), 백정기(白貞基) 3의사(義士)의 유해는 동일 오후 5시 40분 서울역에 무언의 개선을 하였다.

역 플랫폼에 인산(人山)을 이룬 봉영(奉迎)의 시민 김규식(金奎植) 박사를 비롯하여 원세훈(元世勳), 함상훈(咸尙勳), 조완구(趙琓九) 씨 외 정당 요인, 각 단체, 신문사 대표 등이 도열한 가운데 3의사를 봉영하는 조기(弔旗)를 선두로 백포에 고이 싸인 유해는 생전의 의사들의 용모를 말하는 사진과 함께 전망차를 내려서 제1폼을 거쳐 역전 광장으로 향하였다.

이때 마침 쏟아지던 소낙비도 개이고 요란하던 전차 자동차 소리도 그치고 역전에 운집한 청년단, 소년군, 전평(全評) 등 각 단체는 조기(弔旗)를 높이 들고 일반 봉영자와 함께 머리를 숙인 채 감격과 비통의 눈물을 흘릴 뿐이었다. 소년군이 취주하

12) 《동아일보》 1946년 6월 17일자 및 앞의 《李康勳 자서전》, p. 211.

는 주악 소리만 들리는 고요한 조위의 일순 "아 … 우리의 의사
(義士)여 … " 어느덧 봉영자 가운데는 흑흑 느끼는 울음소리조
차 들려왔다.

이리하여 봉영이 끝난 다음 3의사의 유해는 민주의원 봉영차
13호와 14호 두 대에 나뉘어 유족과 봉장위원과 함께 시내 수송
정 태고사(太古寺)로 향하였다. 13) 오후 7시 태고사에 도착한 유
해는 마침 이곳에 도착한 이승만(李承晩) 등이 묵례하는 가운데
불교식으로 간단한 안위식을 갖고 임시 봉안소에 안치됐다. 14)

3의사(義士)의 유해가 안치되자 태고사에는 연일 영령에 대한
참배자가 줄을 이었고, 부의와 향전(香奠) 봉납금도 상당액에
이르렀다. 15)

---

13) 《동아일보》, 1946년 6월 18일자.

14) 《조선일보》, 1946년 6월 18일자.

15) 《동아일보》 1946년 6월 23일자는 21일 현재 부의 향전 봉납금이
   12,475원에 달했다고 보도했다.

4. 국민장

이봉창 의사를 비롯한 3의사(義士)의 장지를 물색하기 위해 이강훈 (李康勳), 신현상(申鉉商) 등은 한 달 동안이나 서울 근방을 돌아다녔으나 끝내 적당한 곳을 찾지 못했다. 결국 김구에게 이러한 사정을 보고해 김구의 의견에 따라 효창원(孝昌園)을 장지로 확정했다. 16)

3의사(義士)에 대한 장격을 국민장(國民葬)으로 하기 위해서는 정부의 양해가 필요했다. 그러나 당시에는 우리 정부가 수립되기 전이여서 이를 대행하고 있는 미 군정청과 교섭을 벌여야 했다. 미 군정청과의 교섭은 주로 김구의 며느리인 안미생(安美生)이 담당했다. 군정청으로서도 비록 임시정부 요인들이 개인자격으로 입국하였다고는 하나 온 국민들이 김구를 비롯한 임정요인들을 정신적인 정부요인으로 존경하고 있어 이들의 요구를 소홀히 하지 못해 국민장을 양해했다. 17)

3의사(義士) 봉장(奉葬)위원회는 6월 19일 3의사(義士)의 국민장을 6월 30일에 거행하기로 결정하고, 국민에게 당부하는 주의사항 6개항을 발표했다. 그 6개항은 다음과 같다.

1. 3열사 국민장일인 30일은 가가호호에 조기(弔旗)를 달 것.
2. 애도의 뜻을 표하며 자숙하는 성의에서 보통 음식점을 제하고 그 외 일체 향락장은 휴업할 것.

---

16) 앞의 《李康勳 자서전》, p. 210.
17) 앞과 같음.

효창공원의 이봉창 의사 묘역. 고인에
대한 추모객이 묵념하고 있다.

3. 30일 장의 일을 기하여 각 지방에서는 지방마다(부, 읍, 면)
   추도식을 거행하되 서울은 29일에 거행할 것.
4. 국민장이니만치 국민 각자의 성의에 의하여 능력껏 부의금을
   갹출하도록 권장할 것.
5. 추도식 절차는 지방 형편에 의하여 적당히 할 것.
6. 3열사 약력은 인쇄중이므로 인쇄되는 대로 직송하기로 함. 18)

한편 조선불교총무원은 29일 오후 1시 태고사에서 3의사(義士)에
대한 봉도법요의식(奉悼法要儀式)을 갖기로 했다. 이 의식에는 서울
부근의 각 사찰 승려들이 참석하여 성대히 거행하기로 했다. 19)

18) 《동아일보》, 1946년 6월 20일자.
19) 《동아일보》, 1946년 6월 23일자.

6월 30일 거행할 예정이던 3의사(義士)에 대한 국민장은 연일 쏟아지는 장맛비로 부득이 7월 6일로 연기됐다. 계속하여 내리는 폭우로 교통이 두절되어 유족과 지방대표의 참석이 어렵게 됐을 뿐만 아니라 산역(山役)도 제대로 할 수 없었기 때문이었다.[20]

국민장을 이틀 앞둔 7월 4일 김구는 중국에서 귀국한 후 처음으로 "동포에게 고함"이라는 성명서를 발표하면서 이봉창 의사와 윤봉길 의사의 의거에 대해 다음과 같이 언급했다.

> 금월 6일 우리 민족 전체가 경의를 다하여 봉장(奉葬)케 된 3열사(三烈士)에 이(李) 윤(尹) 양 의거(義擧)에 있어서는 김구가 사주(使嗾)하였다는 것은 이미 세계적으로 공표된 것이다. 나는 조국의 광복을 위하여서는 이 이상의 방법이라도 취하였을 것이다. 만일 이것이 우리나라의 독립에 일분(一分)이라도 불리한 조건이 된다면 나는 오늘이라도 단(壇)에 내리어 동포 앞에 솔직히 사의(謝意)를 표하려고 한다.[21]

3의사(義士)의 국민장을 앞두고 발표된 김구 성명은 이봉창 의사의 의거와 윤봉길 의사 의거가 조국의 광복과 독립을 위해 취해진 최선의 방법이었다고 강조, 이들의 의거가 나라의 독립에 일분의 불리함도 없었음을 역설하고 있다. 김구가 이 성명을 발표한 이유는 자신에게 날아오는 "분열분자", "테러의 수괴(首魁)"라는 등의 비난에 대해 정면으로 대응하기 위한 것으로 풀이되는데, 3의사의 국민장을 앞둔 시점에서의 성명 발표는 이 시점이 시의가 적절하다고 판단했기 때문인 것 같다.

---

20) 이현희 지음, 《李奉昌의사의 항일투쟁》, p. 220.
21) 《동아일보》, 1946년 7월 7일자.

3의사(義士)에 대한 국민장은 7월 6일 예정대로 거행됐다. 3의사의 유해는 이날 오전 10시 그 동안 안치돼 있던 태고사를 출발, 장지인 효창원으로 향했다. 수많은 시민들의 애도 속에 이봉창 의사의 영구차를 선두로 윤봉길 백정기 양의사의 영구차가 뒤를 이은 행렬은 안국동 네거리, 종로, 남대문 앞을 지나 서울역을 거쳐 연병정(練兵町, 지금의 남영동 = 필자)으로 갔으며, 이봉창 의사가 살았던 금정(錦町)에 이르니 비록 잠든 영령이지만 이봉창 의사의 감회는 남달랐을 것임에 틀림없다.

이윽고 낮 12시 40분 3의사(義士)의 유해가 효창원에 도착했다.

영결식은 오후 1시 이승만, 김구를 비롯하여 오세창, 이시영, 여운형, 김창숙, 정인보 등과 한국민주당, 한국독립당, 조선공산당 등 각 정당, 단체의 대표와 각급 학교 대표 등 5만여 시민이 참석한 가운데 엄수됐다.

이강훈의 사회로 시작된 영결식은 조완구의 식사, 김구를 대신한 정인보의 애뢰문(哀誄文) 낭독, 김창숙의 애도사 낭독, 김구와 유족의 분향, 각 단체의 제문(祭文) 낭독 등으로 진행됐다. 이어 조총 발사의식이 있었고, 오후 3시경 하관과 입토 봉분, 영결 배례로 국민장은 모두 마쳤다.[22]

《동아일보》는 이날의 국민장 모습을 다음과 같이 보도했다.

조국광복에 바친 세 혈제(血祭)!
조기(弔旗) 아래 전시민이 애도(哀悼)
3열사(三烈士) 유골 효창원(孝昌園) 정역(淨域)에 안장(安葬)

천고에 빛날 세 열사의 유혼이 고국에 돌아오시었다. 장할 손 이봉창(李奉昌), 윤봉길(尹奉吉), 백정기(白貞基) 세 분의 의기

---

22) 앞의 《李康勳 자서전》 p. 212 및 《동아일보》 1946년 7월 7일자 참조.

야말로 조국광복에 피로서 마친 혈사(血史)의 바탕인 것이다.
이제 세 분의 육신과 의로운 넓은 혁명의 원지(元志)와 더불어
순혈 어린 3천만 겨레의 가슴속에 안기여 6일 국민장으로서 시
내 효창원(孝昌園) 성지에 고이고이 잠들었다.

　3열사의 국민장은 서울의 성지 효창원(孝昌園)에서 이승만(李
承晩) 박사, 김구(金九) 주석, 오세창(吳世昌), 이시영(李始

효창공원 이봉창 의사 사당에 걸려 있는 이봉창 의사 초상화.

266

榮), 여운형(呂運亨) 제씨와 한국민주당, 조선공산당, 한국독립
당, 민전, 대한독립촉성국민회, 전평, 부총, 애국부인회, 여자
국민당 등 각 정당, 단체대표자와 각 정회(町會) 각 학교 대표
자 등 5만여 명이 참석하여 하오 1시부터 엄숙히 거행되었다.

먼저 애국가를 합창하고 이강훈(李康勳) 씨의 개회사가 있은
후 주악이 끝나자 조완구(趙琬九) 씨가 식사를 낭독하고 분향한
다음 신현상(申鉉商) 씨가 목 메이는 소리로 제문을 낭독하고,
이어서 김구 총리와 3열사의 유가족의 분향, 각 단체의 제문 낭
독이 있은 후 하오 3시를 지나 하관, 입토하여 30여 년 품었던
원한을 풀고 이 땅에 고이 잠드신 감격의 국민장은 의의 깊게 끝
을 마쳤다.

엄숙한 국민장 의식(儀式)
김구(金九) 총리의 애끓는 제문(祭文) 낭독

이날의 장례를 조상(弔喪)하고자 맑게 개인 아침부터 수만 시민
이 시내 태고사(太古寺)에 운집하였고 국민장의 행렬은 상오 10
시 열사 봉장위원회(奉藏委員會)의 지도를 받아 엄숙한 주악리
에 효창원으로 향하였다.

태극기를 선두로 소년군의 악대, 각 정당단체 화환과 조기,
그 뒤에 무장 경찰대가 경호하고 이봉창 의사의 명정, 유영(遺
影)을 든 남학생이 앞을 인도하고 여학생들이 뒤를 따르는 태극
기로 싼 흰 영구차는 소리 없이 굴러갔다. 뒤를 이어 윤(尹) 의
사와 백(白) 의사의 명정과 유영 영구도 모시었는데 연도에 늘어
서 삼가 영구를 맞이하는 시민들의 가슴을 한층 더 짜나게 하는
것은 윤(尹) 의사의 십자가 사형가(死刑架)였다.

이리하여 행렬은 수만 시민의 봉배와 눈물 어린 감회 속에 안
국정 사거리를 돌아 종로 남대문 앞을 지나 경성역을 거처 연병

정으로 행하였다.

　더욱이 동지의 유골을 받들어든 김구(金九) 총리의 얼굴에는 새로운 감회가 깊이깊이 우러나오는 듯 용산서 앞을 지나 금정(錦町)에 이르니 이곳이 곧 이봉창(李奉昌) 의사의 출생지다. 연고 깊은 이곳 장지인 효창원에 도착한 것은 하오 12시 40분이었다. [23)]

23) 《동아일보》, 1946년 7월 7일자.

맺음말

이봉창 의사의 의거는 우리의 독립운동사(獨立運動史)에서 1930
년대에 다시 재개된 의열(義烈)투쟁의 첫 거사였다. 만보산(萬寶
山) 사건과 만주사변으로 인한 임시정부의 입지조건의 약화를 비롯
해 인물난과 재정난, 그리고 사상적 혼란 등으로 임시정부의 독립
운동은 커다란 난관에 봉착했다. 임시정부는 이의 타개책으로 김
구에게 대일(對日) 암살파괴와 공작투쟁의 전권을 위임했다. 김구
는 이를 위해 한인애국단(韓人愛國團)을 조직했으며 그 제1호 단원
이 이봉창 의사였고 제1호 의거가 이봉창 의사의 '동경작안'(東京炸
案)이었던 것이다. 1)

이봉창 의사의 의거는 일본천황의 목숨을 빼앗는다는 당초의 목
적은 이루지 못했으나 직접 천황을 겨냥한 최초의 폭탄의거라는
점에서, 그것도 일본의 수도 동경에서, 동경의 치안을 책임지고
있는 경시청 현관 앞에서 결행됐다는 점에서 일본 국내에서는 물론
중국에서도 커다란 정치적 반향을 불러일으켰다.

---

1) 金九, 《白凡逸志》, 나남출판, 2002, p. 330.

일본 국내에서는 내각이 총사직하는 움직임을 보였고(결국 사직서가 반려됐음) 대대적인 문책인사가 단행됐다. 국제적으로는 이봉창 의사의 의거가 중국 언론에서 대대적으로 보도되어, 이것이 빌미가 되어 이른바 '1·8 상해사변'이 일어났으며, 한인애국단의 제2호 의거인 윤봉길 의사의 거사가 성공할 수 있었다. 만보산 사건으로 말미암아 일어났던 중국인들의 반한(反韓) 감정도 이봉창 의사 의거와 뒤이어 결행된 윤봉길 의사 의거로 모두 불식되어 우호관계가 회복됐다. 뿐만 아니라 임시정부의 독립운동에 대한 중국 정부의 지속적이고 고정적인 지원이 이루어진 것도 이들 두 의사의 의거가 계기를 이룬 것이었다.[2]

이봉창 의사의 의거는 '천황 살해'라는 발상을 이봉창 의사 자신이 했다는 데에도 큰 의의가 있다고 할 수 있다. 김구는 "총이나 폭탄이 있으면 천황을 살해하는 것은 쉽다"는 이봉창 의사의 말을 듣고 비로소 천황 살해라는 구체적 구상을 할 수 있었고 이봉창 의사와 그 구상의 실현을 위한 논의를 다각도로 거듭한 끝에 '동경작안'(東京炸案)을 결행할 수 있었던 것이다.

이러한 점에서 이봉창 의사의 의거는 전적으로 김구의 구상과 계획에 따라 일방적으로 결행된 윤봉길 의사의 의거와는 차별화될 수 있다. 이봉창 의사 의거를 "김구·이봉창 공동제작, 김구 감독, 이봉창 주연 작품"이라고 한다면, 윤봉길 의사 의거는 "김구 제작 및 감독, 윤봉길 주연 작품"이라고 할 수 있을 것이다.

이봉창 의사의 의거를 단순히 물리적 힘과 폭력으로써 사태를 타결하려 하는 테러리즘으로 규정하는 시각은 온당하지 않다. 다

---

2) 국사편찬위원회 간행, 《한국사》48, "임시정부의 수립과 독립전쟁," 2001. 12. 24, p. 346 및 앞의 胡春惠 논문, "이봉창 의거가 중국 사회에 미친 영향".

른 국가를 멸망시키고 민족을 말살하는 식민통치에 맞서 감행하는 피식민통치 국민의 폭력은 불의에 대한 징치(懲治)라는 가치기준에서 당연히 정의(正義)로 평가되어야 하기 때문이다.

이봉창 의사의 의거는 이봉창 개인이 멋대로 천황에게 폭탄을 던진 사적인 폭력행위가 아니었다. 이봉창 의사는 "내가 천황을 죽이려 폭탄을 던진 것은 한국 민족이 전반적으로 일본의 식민통치에서 벗어나 독립되기를 희망하고 있기 때문에 그 민족을 대표하여 제일선의 희생자로서 결행한 것"이라고 밝히고 있듯이 자신의 의거에 대해 명쾌하고도 확고한 사상과 철학을 지니고 있었다.[3]

이러한 이봉창 의사에 대한 역사적 사회적 평가는 그 실체와 실상에 비해 그리 높은 편이 아닌 것 같다. 해마다 이봉창 의사 의거일을 맞아 열리는 추모행사만 하더라도 다른 의사의 그것과 견줄 때 상대적으로 초라한 느낌을 어쩔 수 없다. 이봉창 의사에 대한 추모사업도 보잘 것 없는 형편이다.

다른 의사에게는 오래 전에 세워진 동상과 기념비 등이 즐비하지만 이봉창 의사에게는 1995년 11월 6일 효창공원에 세워진 동상이 고작이다. 다른 의사의 생가는 모두 복원되고 '성역화'됐으나 이봉창 의사의 그것은 2004년에 복원한다는 계획만 세워져 있을 뿐 그 실현여부는 불투명한 상태다. 이봉창 의사에 대한 학술회의도 모 대학이 2000년과 2001년에 개최한 것이 제대로 된 것의 전부가 아닌가 여겨질 정도다.

이봉창 의사가 남긴 숭고한 독립정신과 살신성인(殺身成仁) 정신의 발현을 위해 해야 할 일은 대략 두 가지를 꼽을 수 있을 것 같다. 첫째는 이봉창 의사 의거에 대한 올바른 역사적 사회적 평가

---

3) 예심 제7회 신문 26문답.

다. 이봉창 의사 의거의 표피적이고 산술적인 성과뿐만이 아니라 그것이 파급한 각 분야의 영향을 각론적으로, 그리고 또 총론적으로 평가하고 그에 상응한 대접도 이루어져야 할 것이다.

둘째는 이봉창 의사에 관한 자료의 추가수집과 체계적인 정리다. 이봉창 의사 의거에 대한 자료는 거의 대부분이 일본 대심원(현재의 최고재판소)에 보관돼 있는 이봉창 의사 공판관련 문서들인데 이봉창 의사 의거가 일본에서는 이른바 '대역죄'로 취급되어 문서공개가 금지되어 있다.

다행이 예심조서와 제1회 공판조서 등이 '연구용'으로 공개돼 이봉창 의사 의거연구에 크게 도움이 됐으나 이 문서만으로는 이봉창 의사 의거를 소상하고 정확하게 규명하기는 어렵다. 증인 신문조서 등 관련문서의 추가수집이 이루어져야 할 것이다. 이봉창 의사 의거 관련자료는 일본 외무성 외교사료관에도 상당량이 보관되어 있다. 특히 이봉창 의사 의거 후 상해 일본 총영사관이 외무성에 보고한 이봉창 의사 관련문서와 김구에 대한 수사문서 등의 체계적 정리 등도 시급한 실정이다.

보 론

〈東京炸案의 眞狀〉에 대한 검토

1. 머리말

이봉창 의사의 의거를 거론할 때 김구 선생이 쓴 〈동경작안(東京炸案)의 진상(眞狀)〉을 빼놓을 수 없다. 이 문건은 이봉창 의사 의거의 의의와 경위 등을 가장 명료하고 정확하게 상술하고 있기 때문이다. 이 의사의 의거는 이 의사와 김구 선생 두 분의 완벽한 합작품이라 해도 지나침이 없다. 그만큼 이 의거에 깊숙이 관여한 김구 선생 집필의 이 문건은 당사자가 쓴 문건이라는 점에서도 그 중요성은 극히 큰 것이다.

그런데 지금까지 알려진 〈동경작안의 진상〉은 모두 외국어로 씌어진 것일 뿐, 우리글로 씌어진 원문은 '존재한다'는 사실만 밝혀진 채 아직 발견되지 않고 있었다.

지금까지 알려진 〈동경작안의 진상〉은 대략 다음과 같이 4종류로 분류될 수 있을 것 같다.

(1) 우리글 원문을 한국인이 중국어로 번역한 것을 중국인이 이를 토대로 중국어로 재작성한 것.

이것은 1932년 10월 15일자의 중국어 신문인 상해의 《신강일보》(申江日報)와 남경의 《중앙일보》(中央日報)에 게재된 〈東京炸案之眞相〉이다.

이 두 신문에 실린 기사내용과 게재일이 같은 이유는 중국의 통신사인 중국전신사가 송출한 기사를 같은 날 이 두 신문이 보도했기 때문이다. 중국전신사는 김구 선생이 보낸 우리글의 〈동경작안의 진상〉과 이것을 한국인이 번역한 〈東京炸案之眞相〉 등 2통의 원고를 받아 이 가운데 〈東京炸案之眞相〉을 토대로 기사를 재작성하여 간단한 편집자 주(註)를 달아 각 신문사에 배포, 위 두 신문이 이를 같은 날에 보도했기 때문이다. 4)

(2) 《신강일보》 기사를 바탕으로 재구성한 중국어 문건과 이를 우리글로 번역한 문건.

이는 한인애국단이 1932년 12월 1일에 중국어로 발간한 《도왜실기》(屠倭實記)에 실린 〈東京炸案之眞相〉과 이를 상해 임시정부 선전부장 엄항섭(嚴恒燮)이 해방 후 1946년 3월 1일 우리글로 번역 발행한 한국어판 《도왜실기》에 실린 〈동경폭탄사건의 진상〉이 이에 해당된다. 5)

(3) 중국어로 된 〈東京炸案之眞相〉을 일본어로 번역한 일본어

---

4) 상해주재 일본 총영사관 비밀 보고 문서 제 1473호(1932년 11월 21일) 및 남경주재 일본총영사관 보통 보고 문서 제 567호(1932년 10월 19일).

5) 엄항섭, 《도왜실기》, 국제문화협회, 1946, p. 14.

문건. 이것은 《신강일보》에 실린 기사를 상해 주재 일본 총영사관이 번역하여 외무대신에게 보고한 번역문을 말한다.[6]

(4) 일본어 번역문을 한국어로 다시 중역한 것.

모 역사학자가 저술한 이봉창 의사의 전기에 인용된 〈동경작안의 진상〉이 이에 해당된다.

이러한 상황에서 국제한국연구원의 최서면(崔書勉) 원장이 얼마 전 일본 외무성 외교사료관에서 발굴한 이봉창 의사 의거관련 자료 속에 한글과 한문을 함께 쓴 우리글의 〈동경작안의 진상〉이 들어있었던 것은 이봉창 의사 의거 연구에 더 할 수 없는 다행이 아닐 수 없다.

이 원문은 중국전신사의 〈東京炸案之眞相〉이나 《도왜실기》의 〈동경폭탄사건의 진상〉과 역사학자의 〈동경작안의 진상〉 등과 적지 않은 상이점을 보이고 있다. 우선 '진상'(眞狀)을 집필한 날짜가 같지 않은 것을 비롯해 몇 가지 팩트(Fact)가 틀리고, 문장의 어조가 달라 그것이 안겨주는 감동에 차이가 있으며 일부 문건에서는 약간의 오역이 눈에 띤다.

2. 〈東京炸案의 眞狀〉 내용

우리글 원문은 〈東京炸案의 眞狀〉이라는 큰 제목을 세워서 종으로 쓰고 그 바로 밑에 '韓人愛國 團長 金九'라고 적어 이 글의 필자가 김구임을 명백히 하고 있다. 이 제목은 '眞狀'에서의 '상'자를 '서

---

6) 상해주재 일본총영사관 공신 제1369호(1932년 10월 29일).

로 상'(相) 자가 아닌 '모양 상'(狀) 자로 쓰고 있음이 특이하다. 그러나 본문에서는 "東京炸案의 眞相을 밝히는 이유…" 운운, '서로 상'자를 쓰고 있다.

원문은 대제목이 8자, 소제목이 12개로 91자, 본문이 7,000여 자, 기타필자의 직명과 이름 11자 등 모두 7,100여 자로 구성됐다. 소제목과 자수는 다음과 같다.

① 發表의 理由: 460여
② 愛國團의 最先鋒: 600여
③ 出生地는 龍山: 340여
④ 靑春은 血淚로: 420여
⑤ 大志는 이로부터: 740여
⑥ 그립든 上海로: 670여
⑦ 醉中에 眞談: 510여
⑧ 그 綽號는 '日本 영감': 600여
⑨ 그 素質은 英雄: 450여
⑩ 最後의 一別: 1,070여
⑪ 商品은 一月 八日에: 450여
⑫ 莊嚴한 그 義氣: 680여

12개의 소제목 단원 가운데 "最後의 一別"이 1,070여 자로 가장 길다. 그 내용은 작탄(炸彈)과 자금이 마련됨에 따라 거사를 준비하는 과정을 적고, 이봉창 의사(義士)의 애국단 입단과 '적황 도륙'(敵皇 屠戮) 선서, 기념사진 촬영 등과 관련된 애틋한 사연을 소개하고 있어 길어질 수밖에 없었던 것 같다.

가장 짧은 것은 340여 자의 "出生地는 龍山"인데 이것은 李 의사의 가족 내력과 어린 시절을 간략히 적고 있다.

원문에 비해 중국전신과 《도왜실기》, 역사학자의 이봉창 의사 전기 등의 소제목은 다르거나 보다 설명적이다.

중국전신의 경우 "出生地는 龍山"을 "天生英傑於龍山"이라고 바꿔 이 의사를 영걸(英傑)로 표현했으며, "그립든 上海로"는 "時不利兮流離海上"이라고 보다 사실적인 소제목을 달고 있다. "商品은 一月 八日에"는 전혀 다른 "擧世震驚"이라고 바뀌었다.

중국어판 《도왜실기》의 소제목은 중국전신의 그것과 거의 같다. 다른 것은 "半夜酒後眞言"이 "半夜酒後露眞情"으로, "綽號日本老爺"는 "綽號"가 빠져 있으며, "最後一別"은 "最後之別"로, "擧世震驚"이 "擧世震驚之一擲"으로 바뀐 정도다.

우리글 《도왜실기》의 소제목을 보면 원문의 "發表의 理由"는 "이 事件을 發表하는 理由"로, "靑春은 血淚로"는 "血淚를 참으며 靑春을 보내다"로 보다 구체적이다. "莊嚴한 그 義氣"는 "凜然히 大義에 죽다"라고 쓰고 있다.

역사학자가 인용한 문건은 우리글 원문과는 소제목에서 많이 다르다. 그 이유는 이 전기에 인용된 〈동경작안의 진상〉이 우리글 원문을 한국인이 1차 중국어로 번역했으며, 이 번역된 문건을 토대로 중국전신사가 2차 중국어로 재작성한 것을 《신강일보》등이 게재했고, 이 게재된 기사를 3차로 상해일본총영사관이 일본어로 중역했으며, 이것을 4차로 우리글로 번역한 것으로서, 이러한 4중역 과정에서 발생한 부득이한 한계가 아닌가 여겨진다.

이 전기는 "일외무성(日外務省) 아세아국(亞細亞局) 제 2과 공신 (公信) 제 1369호로 1932년 1월(10월의 오식인 듯함: 필자) 29일 상해 일본 총영사〔石射猪太郎〕가 일본 외무대신〔內田康哉伯爵〕에게 보낸 이봉창 사건에 관한 김구 성명서 송부건(送付件)에 나타난 내용을" 인용하고 있다(157쪽). 그러나 이 공신 제 1369호는 일본 외무성 아세아국 제2과 공신이 아니라 1932년 10월 15일자 《신강일보》에 실린 〈東京炸案之眞相〉을 일본어로 번역하여 외무대신에게 보고한 상해주재 일본 총영사관의 문서인 것이다.

소제목들을 살펴보면 일본어 번역문을 비교적 충실하게 번역하고 있다.

"出生地는 龍山"이 "天은 英雄을 龍山에서 태어나게 하셨다", "靑春은 血淚로"는 "血淚의 憤을 삼키어 靑春을 보냈다"로 등 길게 설명적으로 쓰고 있다. "그 綽號는 '日本 영감'"은 "別名은 日本老爺이라고 함"이라고 '老爺'라는 생경한 어휘를 쓰고 있으며, "最後의 一別"을 "最後의 一瞥"이라고 한 것은 잘못 번역한 것이 아닌가 여겨진다.

우리글 원문의 첫 문장은 소제목 "發表의 理由"에서 '本年 一月 八日 東京 櫻田門前에서 三島의 天地를 震動한 大霹靂聲이 있은 지도 어느덧 九介足月이다'로 시작한다. '李 義士가 未久에 此世를 떠나게 된 것은 則 本案의 眞相을 永遠히 朦朧한 霧中에 감출 必要가 없을 뿐 아니라… 中國 四万万 民衆이 그 眞相을 알고자 하는 要望이 더 큰 까닭'이라고 발표 이유를 밝히고 있다.

중국전신의 〈東京炸案之眞相〉의 첫 문장은 '흐린 하늘에 흙모래가 사방에 몰아치고〔陰霾四布〕, 사람을 홀리는 도깨비가 횡행할 때〔魑魅橫行〕, 벽력일성〔霹靂一聲〕, 하늘을 흔들고 땅을 움직이게 하였으니〔撼天動地〕, 이것이 곧 일본 동경 사쿠라다몽 앞 一·八 작안폭발 사건이다〔此日本東京櫻田門前一八炸案爆發時也〕. 벌써 9개월이 지났다〔迄於九閱月矣〕'고 써, 우리 글 원문의 첫 문장보다 감상적인 느낌을 주고 있다.

《도왜실기》도 중국어판은 이 문장을 그대로 썼고 국어판도 이를 번역, "모래와 흙을 몰아치는 비바람이 世上을 덮고 사람을 迷惑케

하는 怪物과 妖精들이 橫行할 때, 霹靂一聲, 이 天地를 진동케 하였으니 이것이 바로 日本 東京 櫻田門앞에서 폭발된 '一‧八 爆彈事件'이다. 이 事件은 벌써 9개월을 經過하였다'라고 쓰고 있다.

上海주재 일본 총영사관이 《신강일보》의 것을 번역한 일본어 '眞相'의 첫 문장은 "日本 東京 櫻田門 앞의 '一‧八' 爆發事件으로부터 이미 9개월이 지났다. 그동안의 本國 狀態에 대해 記述하면 …"이라고만 돼 있을 뿐 "陰霾四布 … 霹靂一聲"의 대목은 생략되어 있다.

역사학자가 쓴 전기에 인용된 첫 문장도 "日本國 東京 櫻田門前에서 '一‧八' 爆彈事件에서부터 乃至 九個月이 경과하여 其間에 있어서의 本國의 狀態에 關하여 記述하여 보면 …"이라고 일본어 번역문을 그대로 인용하고 있다.

우리글 원문은 그것이 다루는 사안이 극히 경성(硬性)임에도 불구하고 그 문장이 유려하며 어떤 대목은 화사한 연문으로 흘러, 읽는 사람으로 하여금 감상적 기분에 젖게 하기도 한다. 최후를 기약하는 듯한 비장함이 있는가 하면 눈시울을 뜨겁게 하는 감동을 자아내게도 하며 통쾌한 야유를 보내는 즐거움도 맛보게 하고 있다.

"꽃봉오리가 눈서리 맞은 것과 같이 人生의 苦味를 맛보지 못한 어린 李 義士는 …", "龍山벌 어둔 밤 凄凉한 汽笛聲에 홀로 짓는 피눈물이 어찌 한두 번 이었으랴"는 대표적인 감상적 문장이라 하겠다.

"내가 祖國의 自由와 民族의 解放을 爲하여 革命事業에 獻身한 지 凡四十年에 一日이라도 暴烈行動을 잊은 적이 없다. 勿論 이러한 行動으로만 우리의 革命事業이 全部 成功되리라고 생각하는 바는 아니지만 慘憺한 死線에서 處한 우리로서 最小의 力으로 最大의 效를 收할 것은 此途 以外에 第二途가 없다. 그러므로 나는 오직 이 方面에 全力을 傾注하였다.”오직 테러밖에는 조국의 독립을 위해 선택할 길이 없었다는 절규는 임정의 당시 상황이 얼마나 처절했는가를 말해주는 것으로서 비감만을 자아내게 할 뿐이다.

“다시 顔面을 대하지 못할지라도 寫眞으로 나 此世에 함께 있자하는 意味로 우리는 최후의 寫眞을 박았다. 寫眞을 박으려 할 때 나의 顔色이 不知中 悽慘함을 보고 그는 나에게 懇懇히 말하기를 ‘우리가 大事를 成就할 터인데 기쁜 낯으로 박읍시다’ 하였다”는 대목에서 이 의사의 생사를 초월한 달관에 감동하지 않을 수 없고 눈시울이 붉어지지 않을 수 없다.

“酒는 無量이고 色은 無制였다. 더구나 日本歌曲은 無不能通이었다. 그러므로 虹口에 居住한 지 未滿一年에 그의 親朋이 된 倭女倭男이 不可勝數였다. 甚至於 倭警察까지 그의 股掌間에서 眩惑하였고 … 그가 上海를 떠날 때에 그의 옷깃을 쥐고 눈물지은 兒女子도 적지 아니하였지만 埠頭까지 나와 一路平安을 祝하는 親友中에는 倭警察도 있었다. 그러나 그때에 假倭人 木下昌藏이가 倭皇을 죽이려고 二個의 炸彈을 품고 가는 것은 그와 내가 알았을 뿐이었다.”

이 의사의 일본인 행세는 이와 같이 완벽했고 그의 이러한 행세는 그만큼 일본에게 보내는 통쾌한 야유였던 것이다.

3. 원문과 번역문과의 비교

중국전신이나 《도왜실기》의 문장은 앞에서 살펴본 우리글 원문과 비교할 때 원문이 밝히고자 하는 내용은 잘 전하고 있으나 원문이 풍기는 미묘한 뉘앙스까지 재현하는 데는 역부족이다.

중국전신은 "奇花가 처음 배태할 때〔奇花初胎〕혹독한 눈서리 맞는데〔霜雪已酷〕, (奇花) 뿐만 아니라 처음 세파에 나온 李 의사도〔不啻爲初涉人寰之李義士〕…"라고 쓰고 있다. 중국어판 《도왜실기》는 《신강일보》와 똑같으며 국어판은 "奇異한 꽃이 봉오리를 맺을 때 흔히 酷毒한 霜雪을 맞기 쉬운 법이니 이것은 처음으로 世波에 나온 李 義士에게 있어서도…"라고 썼다.

"홀로 깊은 밤 空山에 올라〔獨於深夜空山〕피눈물 뿌리며〔灑其血淚〕장탄식할 때〔春然長嘯〕처량한 기적소리만이 이에 화답하듯〔與凄涼之汽笛聲相應和而已〕"(《신강일보》), "때로는 깊은 밤에 空山에 올라가 피눈물을 뿌리면서 크게 歎息하면 오직 처량한 汽笛 소리만이 그의 한숨 소리에 應하는 듯이…"(《도왜실기》) 등은 어느 정도 원문에 가깝게 다가오고 있으나 애틋함의 표현은 원문보다 처진다 하겠다.

이상과 같은 예문을 살펴보면 중국전신은 우리글 원문의 중국어 번역문의 대의(大義)는 정확히 살리되 구체적인 문장상의 표현은 달리하고 있고 《도왜실기》는 중국전신을 충실히 따른 것임을 알 수 있다.

역사학자가 인용한 '진상'에서는 원문과 다른 대목이 적지 않게 눈에 띈다. 소제목 "出生地는 龍山"에서 원문은 "그의 嚴親 鎭奎 先生은 廣大한 祖宗의 遺土를 鐵道附屬地라는 名目下에 倭敵에게

强佔을 당하고…"라고 돼있으나, 인용문은 "其의 父 鎭奎 先生은 先祖의 業을 繼承하여 其의 家運은 小康을 維持하였으나 生計가 困難하여져서 할 수 없이 京城(서울) 龍山으로 移轉하였다"고 기술, '倭에게 빼앗겼다'는 대목이 빠져 있다. 일본어 번역문에는 "所有地가 鐵道附屬地로 정해져 日本人에게 獲得당했다"고 소극적으로나마 빼앗긴 사실을 기술하고 있음에도 전기에는 "日本人에게 獲得당했다"는 대목마저도 안 보인다.

소제목 "靑春은 血淚"에서는 "처량한 汽笛聲"이나 "피눈물" 등의 표현을 전혀 볼 수 없으며 "大志는 이로부터"에서 원문은 친구가 데릴사위가 되라고 권유했는데 인용문은 '養子'를 권한 것으로 바뀌었다. 일본어 번역문이 '養子'로 쓰고 있어 그대로 쓴 것으로 보인다.

"最後의 一別"에서 원문은 거사자금이 미국과 하와이 멕시코에서 보내온 것으로 씌어져 있는데, 인용문은 하와이가 브라질로 돼있다. 일본 번역문이 하와이를 브라질로 잘못 썼기 때문인 것 같다.

이 밖에 '생소하다'는 뜻의 일본어인 '下案內'라는 단어가 그대로 쓰였고, '도망치기 위해 갈팡질팡한다'는 뜻의 '逃ゲ惑フ'라는 일본어가 '悲惑하고'로 쓰인 것 등도 눈에 띄는 대목이었다.

팩트(Fact)에서 틀리는 것은 이 의사의 상해 도착시기를 중국전신의 중국어 번역문이나 일본어 번역문은 모두 1931년 6월로 기술하고 있으나, 원문은 이보다 5개월 앞선 1월로 쓰고 있다. 김구 선생과 이 의사가 '日皇 炸殺의 大計를 暗定'한 시기를 원문은 이 의사의 상해 도착 후 약 1개월로 적고 있음에 반해 일본어 번역문은 수개월로 적고 있다.

4. 중국신문의 보도 경위

1932년 10월 15일 상해의 중국어 일간지 《신강일보》에 〈東京炸案之眞相〉이 보도되자 상해주재 일본 총영사관은 낭패감과 당혹감에 어찌할 줄 몰랐다. 일본 총영사 이시이 이타로[石射猪太郎]는 《신강일보》의 보도경위를 알아보는 한편 우선 급한 대로 10월 18일 전문 번호 제1132호로 외무대신 우치다 야스야[內田康哉]에게 다음과 같이 보고했다.

> 金九는 韓人愛國團 團長의 이름으로 10월 15일 이곳 商業紙 《申江日報》 (孫科7)의 기관지) 지상에 '韓烈士李奉昌就義始末'이라는 장문의 성명서 같은 것(日附는 1932년 10월 11일 夜半으로 돼 있음)을 발표했는바 자세한 내용은 우편으로 보고하겠음.

다음날인 10월 19일 남경(南京)주재 일본 총영사대리 가미무라 신이치[上村伸—]는 외무대신 우치다에게 전문번호 보통 제567호로 다음과 같이 보고하면서 남경의 중국어 신문 《중앙일보》에 실린 〈東京炸案之眞相〉 기사 전문을 오려서 보냈다.

> 이달 15일의 漢字紙는 中國社(中國電信社 : 필자) 뉴스로 지난 1월 8일 東京 櫻田門外에서 대역죄를 범행하고 사형에 처해진 한국인 李奉昌의 성장과정과 대역범행에 이르기까지의 경위 등에 관해 愛國團단장 金九로부터의 성명서 같은 기고문을 게재하여 이 사건의 전말을 상보한 데 대해 이 기사를 오려 송부하오니 자세히 조사해 주시기 바람.

---

7) 孫科는 孫文의 아들로 反日정신이 강했음.

한편 상해주재 일본 총영사관은 《신강일보》의 보도경위를 상해 공동조계 공무국 경찰의 협력을 얻어 상세히 조사했다. 일본 총영사 이시이는 이 조사결과를 1932년 11월 21일 기밀 제1473호로 외무대신 우치다에게 보고했는데 그 요지는 다음과 같다.

(1) 먼저 共同租界 漢口路 248호 소재 《申江日報》에 대해 조사한바 10월 14일 南京路 山東路角 大陸商場 제435호실 中國通信社(中國電信社:필자) 上海지부로부터 중국어 원고를 송부받은 것으로 판명됐음. 이에 따라 이 통신사를 조사한 결과 다음과 같은 사실을 밝혀냈음.

① 펜으로 씌어진 한국어 및 중국어 원고 2통(사진 별첨 제1호, 제2호)을 우편으로 10월 9일 수령했음.

② 이 원고가 들어있던 봉투는 이미 파기됐으나 中國通信社 사원의 기억에 따르면 上海에서 발송된 것 같음.

③ 10월 12일 중국 봉투에 중국식 편지지에 중국어로 다음과 같은 내용의 붓으로 씌인 서한을 수령했음.
拜啓 어제 李奉昌 선생의 東京 爆彈사건 전말을 적은 원고 1부를 송부하였는데 이미 받으셨으리라 여겨집니다. 아무쪼록 귀사에서 교정을 보아 발표해 주시기 바랍니다. 敬具.
中國電信社 귀중
10월 11일 金九 呈 金九 之印

④ 이 서한은 10월 12일 上海 支那街 西門路 第14分局 관내에서 投函된 것으로 이 서한 봉투에 찍힌 日附 스탬프에 의해 밝혀졌음.

⑤ 中國通信社는 이 서한을 받은 다음날인 13일 중국어로 씌어진 원고에 의거 여러 통의 등사 판사를 제작하여 이곳의 申報, 新聞報 기타 漢字신문사에 송부했으나 외국어 신문사에

서는 1통도 보내지 않았음.

(2) 이 기사 원고와 이 기사의 보도를 요청하는 서한의 필적에
대해 조사한바 서한은 金九의 자필임이 거의 확실한 것으로
인정되나, 한국어 원고는 과연 金九의 직필인지 여부에 의심
의 여지가 있음.

또한 중국어 원고에 이르러서는 金九의 필적이 아님이 일
목요연해 아마도 다른 한국인이 한국어 원고를 번역한 것으
로 사료됨. 그러나 이 서한이 金九의 자필임이 분명한 이상
설혹 한국어의 원고가 金九의 자필이 아니라 하더라도 적어
도 그 원고가 金九의 의사에 따라 작성됐을 것이라는 것은
쉽사리 상상할 수 있음.

이 글을 발표함으로써 직접 유형무형의 이익을 얻을 사람은
李奉昌을 제외하면 金九 한 사람뿐이라는 것을 고려할 때 이
원고는 金九의 발의에 의해 나온 것으로 판단할 수 있을 것으
로 사료됨.

이상의 보고서에 따르면 ① 〈東京炸案의 眞狀〉이 중국전신사에
송부된 날은 李 의사가 사형집행으로 순국하기 바로 전날인 10월 9
일이었고, ② 중국전신사가 김구 선생으로부터 원고발표를 요청하
는 서한을 받은 날은 李 의사가 순국한 이틀 후인 10월 12일이었으
며, ③ 중국전신사가 중국어로 된 원고에 의거 수통의 등사 판사를
제작하여 신문사에 배포한 날은 10월 13일이며, ④《신강일보》는
이 원고를 다음날인 10월 14일 송부받아 그 다음날인 10월 15일 보
도했다.

이 보고서는 또한 한국어 원문의 필자가 설령 김구 선생이 아니
라 하더라도 적어도 김구선생의 발의에 의해 씌어진 것임에는 틀

림없기 때문에 김구 선생을 사실상의 필자로 판단하고 있다.

　이러한 판단은 올바른 것 같다. 우리글 원문에서 김구 선생이 이봉창 의사의 속마음을 알게 되는 순간의 묘사나 동경작안에 관해 두 사람이 논의하는 과정 등의 기술은 적어도 김구 선생의 구체적 설명이나 구술 없이는 불가능하다는 점에서 김구 선생이 이 원고의 직필자라 해도 지나침이 없을 것이다.

5. 2개의 중국어 번역문

　중국전신사가 송고, 《신강일보》와 《중앙일보》에 실린 〈東京炸案之眞相〉은 김구 선생이 이 통신사에 우송한 중국어 번역문과 많이 다르다. 김구 선생이 이 통신사에 보낸 우리글로 된 원문과 이 원문을 번역한 중국어 번역문은 상해 일본 총영사가 사진 복사, 기밀 제1473호(1932년 11월 21일)로 외무대신에게 보낸 보고서에 사진 별첨 제1호(우리 글 원문)와 제2호(중국어 번역문)로 첨부돼 있다.

　별첨 제2호와 중국전신사가 송고, 《신강일보》 등에 보도된 기사를 비교해 보면 많은 상이점이 나타나는데 우선 소제목에서의 상이점만을 보더라도 다음과 같다(왼쪽은 별첨 제2호, 오른쪽은 《신강일보》 등이 보도한 기사).

發表的 理由　　　　　發表本案之理由
出生地是龍山　　　　天生英傑於龍山
血淚的 靑春　　　　　忍揮血淚度靑春
其大志此發動　　　　滿懷壯志去三島
憧憬的 上海　　　　　時不利兮流離海上
醉中眞語　　　　　　午夜酒後眞言

286

| 有英雄素質 | 英雄本色 |
| 壯義的 氣慨 | 凜然大義 |

본문에서도 양자 사이에 다른 점이 여러 곳에서 눈에 띄는데 가령 李 의사의 집안내력에 대해 별첨 제2호는 "義士之先祖原籍是京城南之水原郡也 … "로 돼 있으나 《신강일보》 등의 기사는 "李義士先世居京城南之水原郡 … "으로 약간 상이하다.

중국전신사가 김구 선생이 우송한 중국어 번역문을 그대로 기사화 하지 않고 자신이 다시 작성한 이유는 무엇일까. 이에 대해 국제한국연구원의 최서면 원장은 "김구 선생이 보낸 중국어 번역문은 한국 사람이 한국식 중국어로 번역한 것이기 때문에 중국 사람들이 이해하기 어려워 중국전신사가 한국식 중국어 번역문을 토대로 하여 '중국식 중국어'로 재작성한 것"이라고 풀이했다. 이 의사 의거에 대한 '한국독립당 선언'도 한독당의 중국어 번역문이 제대로의 중국어문이 아니어서 중국인들이 다시 작성한 선례가 있다고 최 원장은 부언했다.

김구 선생은 〈東京炸案之眞相〉의 발표를 중국전신사에 요청하는 서한에서 "귀사에서 교정을 보아 발표해"달라며 '교정'을 당부했으며, 중국전신사도 각 신문사에 보낸 기사의 편집자주 "中國社云"에서 "애국단 단장 김구가 이 사건의 전말과 이 의사의 역사를 상술한 원고를 보내오면서 이를 번역하여 발표해 달라고 위촉해 와"라고 밝혀 '번역'했음을 시사하고 있다.

이리하여 〈東京炸案之眞相〉은 2종이 있게 된 것이다.

6. 집필 날짜에 대한 검증

김구 선생이 〈동경작안의 진상〉을 집필한 날짜는 언제일까. 이봉창 의사가 순국한 1932년 10월 10일 이전일까 아니면 이후일까.

지금까지 알려진 문건들은 모두가 이봉창 의사 순국일 다음날인 '10월 11일'을 집필일로 하고 있다. 《신강일보》는 기사 마지막에 '1932년 10월 11일 夜半 한인애국단 단장 김구'라고 쓰고 있고, 《도왜실기》도 끝머리에 '(대한민국 14년〔1932년〕 10월 11일)'로 적고 있으며, 역사학자 저술의 전기도 '1932년 10월 11일 後半(夜半의 오식인 듯함: 필자) 한인애국단 단장 김구'로 기술하고 있다. 이 문건들은 본문에서도 집필일이 10월 11일임을 명백히 하고 있다.

《신강일보》의 기사는 "이봉창 의사는 필경 어제 탁세를 하직했다〔李義士奉昌·竟於日昨長辭濁世〕"고 썼고, 《도왜실기》는 "드디어 昨日 (대한민국 14년 10월 10일) 오전 9시 2분에 이 세상을 길이 떠나가고 말았다"고 과거시제로 기술하고 있다.

역사학자 저술의 전기는 "김구는 1932년 1월 8일 이 의사의 의거에 이어 윤봉길 의사의 의거로 일경(日警)에 쫓기는 가운데서도 10월 11일 이 의사에 대한 절절한 애도를 담은 성명서를 쓴 것이다"(151~152쪽)라고 기술, '10월 11일 집필'을 확신하고 있다.

그러나 우리글 원문 〈동경작안의 진상〉의 맨 끝은 '1932. 9. 28· 夜半'이라고 명시, 이 글월이 李 의사가 순국하기 전은 물론 사형이 선고된 9월 30일보다도 2일 전에 썼음을 분명히 하고 있다. 본문에서도 "李 義士가 未久에 此世를 떠나게 된 것은 … "이라고 미래시제를 쓰고 있다. 이를 조금 더 구체적으로 살펴보기 위해 각 문건의 끝머리를 인용해 보자.

① 우리글로 된 원문:

듣건대 敵은 本月末에 李 義士에게 死刑을 宣告하리라 한다. 이 榮光의 죽음! 億萬人이 欽仰치 아니할 리 없을 것이다. 그가 비록 斷頭臺上의 한 點 이슬이 될지라도 그의 偉大한 精神은 日月로 더불어 千秋에 뚜렷이 살아 있을 것이니 우리는 도로여 愚蠢한 敵을 一笑할 것뿐이다. 그러나 우리 韓人은 그의 肉身이 이 世上을 떠남을 紀念하기 爲하여 敵이 그에게 刑을 執行하는 날에 全體가 一頓의 飯을 絶하기로 決定하였다. 滿天下 革命同志여! 그날에 우리와 喜悲를 함께 하자!

一九三二. 九. 二九·夜半.

② 申江日報의 기사:

이리하여 지난 달 30일 義士에게 死刑이 선고됐다. 아아 의사의 죽음은 無上의 영광이며 億萬人이 景仰하는 바이다. 義士의 육신은 斷頭臺上의 한 방울 피가 됐으나 義士의 위대한 정신은 日月과 나란히 不朽하고 千秋에 빛날 것이다. 오호라 장하도다. 우리 韓人은 義士가 의롭게 가신 날 모두 한 끼를 絶食하여 悲壯한 紀念을 했다. 원컨대 滿天下의 同情革命之人들이여 이 榮哀스러운 擧事를 다함께 慶祝하기를(完)

1932년 10월 11일 夜半 한인애국단 단장 金九.

③ 屠倭實記:

드디어 昨日(대한민국 14년 10월 10일) 死刑을 집행하였다. 아! 義士의 죽음이야말로 無上의 榮光이요 億萬人에 敬仰받을 것이며 義士의 肉體는 비록 斷頭臺에 피를 뿌리고 사라졌으나 義士의 위대한 정신은 日月과 함께 永久不朽의 것이며 千秋를 두고 찬연히 빛날 것이다. 김구 선생께서는 義士가 大義를 위하여 몸을 바치던 그날 全體 團員에게 斷食을 命하시여 이를 기념하시

고 革命에 同情하고 祖國의 光復에 불타는 여러 사람들과 같이
이 悲壯하고 榮光된 擧事를 慶祝하고자 하셨다.

(대한민국 14년 10월 11일).

④ 역사학자의 인용문:

噫! 李義士의 주검은 無常의 榮光이며 萬人의 景仰이 되는 것이
다. 李義士의 肉體는 斷頭臺에서 고귀한 피를 흘렸다. 그러나
李義士의 위대한 정신은 日月과 더불어 千古에 찬연할 것이다.
嗚呼! 장하도다. 우리 韓人은 李義士의 義擧日에 全體가 一餐
을 絶食하여서 悲壯을 記念하였던 것이다. 願하나니 革命에 同
情하는 天下의 士는 다같이 이 영예의 擧事를 慶祝할 것을 간망
하나이다.

1932년 10월 11일 後半 한인애국단 단장 金九.

그러면 김구 선생의 집필 날짜는 '9월 28일'과 '10월 11일' 가운데
어느 날이 맞을까. 이것을 밝히기 위해서는 앞서 인용한 상해 주재
일본 총영사가 외무대신에게 보고한 기밀 제1473호(1932년 11월 21
일) 문서를 다시 살펴볼 필요가 있다.

이 문서에 따르면 중국전신사가 우리글로 된 원문과 중국어로
된 번역문을 우편으로 수령한 날은 '10월 9일'로 조사됐다. 이것은
김구 선생의 집필 날짜가 적어도 10월 9일 이전임을 명백히 하고
있다. 따라서 '10월 11일'은 물리적으로 불가능함이 밝혀졌으며, '9
월 28일'이 정확한 집필 날짜임이 확실하다 하겠다.

그럼에도 중국전신사가 집필일을 10월 11일로 쓴 이유는 무엇일
까. 이것은 이 기사를 각 신문사에 송출한 날이(10월 13일) 이미 이
봉창 의사의 사형 집행일(10월 10일) 이후이기 때문에 이 기사의 신
선도를 높이고 이 의사 의거의 극적 효과를 극대화하기 위해 순국

다음날을 기사 작성일로 삼았으며 이에 따라 집필일을 10월 11일로 부득이 고쳐 쓴 것으로 추정된다.

《도왜실기》가 '10월 11일'로 한 것은 그 내용의 거의 전부를 《신강일보》의 기사를 전용한데다 첫 발행일을 이봉창 의사 순국 2개월 후인 1932년 12월 1일로 하고 있음을 미루어 볼 때, 작성일을 이봉창 의사 순국 다음날로 하는 것이 보다 자연스럽고 독자에게 감동을 줄 수 있을 것이라고 판단했기 때문일 것이다.

다만 여기에서 잠깐 짚어볼 것은 중국어판 《도왜실기》의 〈東京炸案之眞相〉은 집필자가 김구 선생 자신임을 지칭하여 '나'라는 뜻의 '余'를 쓰고 있으나, 중국어판의 우리글 번역판인 〈東京爆彈事件의 眞相〉은 김구 선생이 아닌 제삼자의 집필형식을 취하고 있다는 점이다.

"임시정부 선전부장 엄항섭은 우리글 《도왜실기》 서문에서 대부분이 (屠倭實記의) 김구 선생 친히 붓을 들으신 것으로…"라고 밝히고 있으면서도 우리 글 원문의 〈東京炸案의 眞狀〉에서 "내가…", "나는…" 등으로 씌어진 대목이 "김구 선생은…" 또는 "김구 선생께서는…"으로 바뀌어 있는 것이다.

또 하나 짚어야 할 것은 역사학자가 쓴 이봉창 의사 전기(傳記)가 갖고 있는 문제점이다. 이 전기는 김구 선생의 '성명서'가 1932년 10월 11일 집필됐다고 두 번(151~152쪽, 154쪽)이나 강조하고 있다. 그러면서도 "《한국민족운동 사료》 중국편 753쪽 참조"라는 주를 달면서 중국 통신사 상해지부가 "10월 9일 펜으로 쓴 한글과 한문의 원고 2통을 우편으로 수령"했다고 기술하고 있다(155쪽). 10월 11일에 씌어진 글이 2일 전인 10월 9일에 보내졌다는 시제상의 자가당착에 빠져 있는 것이다.

7. 맺음말

이봉창 의사에 관해서는 안중근 의사나 윤봉길 의사 등에 비해 알려진 것이 아주 적다. 이봉창 의사에 관한 것은 현재 이 의사가 옥중에서 일본어로 쓴 간략한 자전(自傳) 성격의 "상신서(上申書)"와 김구 선생의 〈동경작안의 진상〉, 그리고 《백범일지》에 실린 이 의사 관련 대목이 거의 전부라고 해도 과언이 아니다. 이 의사는 다른 의사들과 달리 후사(後嗣)가 없는 혈혈단신(子子單身)인데다 가깝게 지낸 친족도 없기 때문에 이 의사 순국 후 이 의사의 내력을 챙기고 기리는 모임이나 행사나 연구가 아주 미미했다.

이봉창 의사 의거경위에 관해서도 "상신서"나 〈동경작안의 진상〉을 뛰어넘는 자료가 빈약해 그 전모를 파악하는 데 크게 제약받고 있다. 그 이유는 이 의사의 의거가 '천황'을 시해하려 한 대역사건이라는 이유로 일본의 사법당국이 이 의사에 대한 심문조서와 공판기록의 공개를 거부하고 있기 때문이다. 따라서 앞으로의 보다 충실한 이 의사 연구를 위해서는 일본의 공개거부 자료를 획득하는 데 전력을 기울여야 할 것이다.

우리글 원문 〈동경작안의 진상〉의 발굴은 이 의사 생애와 의거 연구에 보다 정확하고 신선한 자료를 제공하게 됐다. 사실 학계는 이 원문이 '존재'한다는 사실은 여러 자료를 통해 확인하고 있었으나 다만 이를 찾지 못하고 있었을 뿐이었다. 이 원문의 발견으로 지금까지 학계 등에서 인용하고 있던 《신강일보》에 게재된 중국전신사의 중국어 번역문이나 이것을 상해주재 일본 총영사관이 중역한 일본어 번역문에서 잘못된 내용을 적지 않게 바로잡을 수 있게 됐다.

특히 원문의 '最後의 一別' 소제목에서 김구 선생이 1931년 12월

11일 이 의사를 불러 "은전(銀錢) 다량(多量)을 내어주고 곧 동경(東京)으로 출발할 행장(行裝)을 급급(急急)히 정돈(整頓)하게" 했는데 2일 후인 13일 다시 두 분이 만났을 때 이 의사가 "'나는 재작일(再昨日)에 그 돈을 받아가지고 왼밤을 자지 못하였습니다. 대관절 나를 어떻게 믿고 거액을 주셨습니까. 그 날에 부르심을 받아 먼저 정부기관 집으로 간즉 직원들이 밥 못먹는 것을 보고 내가 돈을 내놓았는데 그 밤에 선생님이 남루한 의상중(衣裳中)에서 거액을 나에게 주심을 보고 놀랐습니다. 만일 내가 그 돈을 낭비하고 다시 아니오면 어찌하시려 하였습니까. 과연 관대한 도량(度量)과 엄정한 공심(公心)을 뵙고 탄복하며 감격하여 긴 밤을 그대로 새웠습니다' 하였다"는 대목은 중국어, 일본어 번역문은 물론 《도왜실기》에도 없는 대목이다.

　앞으로 중국어와 일본어 번역문을 인용하거나 준거하여 쓴 여러 논문과 저서 등은 우리글 원문을 인용하여 새로 쓰거나 보완해야 하는 번거로움을 겪어야 할 것이다. 그러나 원문의 활용으로 이봉창 의사와 관련된 사실들이 부분적으로나마 올바르게 밝혀진다면 더 없는 다행이 아닐 수 없을 것이다.

참고문헌

日本 大審院 特別保存 文書, "李奉昌의 刑法 제73조의 罪에 관한 被告事件
　　豫審調書," 제1회~제9회.
_____, "李奉昌 被告 公判調書," 1932. 9. 16.
_____, "檢證調書," 1932. 1. 8.
_____, "聽取書," 1932. 1. 11.
_____, "上申書," 1932. 2. 13.
金九, 《白凡逸志》, 나남출판, 2002.
日本 外務省 外交史料館, 《日本外交史辭典》, 日本編, 1992.
嚴恒燮, 《屠倭實記》, 國際文化協會, 1946.
_____, 《コンサイス人名辭典》, 日本編, 三省堂, 1978.
국가보훈처, 《대한민국 임시정부 수립 80주년기념 논문집》, 1999.
朝鮮總督府, 《警備關係綴》(昭和7年), 1932.
국사편찬위원회, "임시정부수립과 독립전쟁," 《한국사》 48, 2001.
독립기념관, 《한국독립운동사 연구》 제1집; 제2집; 제7집.
許世階, 《日本政治裁判史錄》, 昭和前 第一法規出版, 1970.
日本 外務省 外交史料館, 《昭和7年 觀兵式에서 還幸할 때 있은 朝鮮人 不敬
　　事件》.
崔書勉, 《日本外務省 外交史料館 所藏 韓國關係史料目錄》, 2002.
東京朝日新聞, 1932. 1. 8. ~10. 11.
_____, 1932. 1. 8. ~10. 11.
中外商業新聞, 1932. 1. 17.
自由新聞, 1945. 12. 24.
東亞日報, 1932. 1. 9. ~10. 11; 1946. 4. 27~7. 7.
東亞日報社, 《브리태니커 세계대백과사전》 13권.
國學資料院, "自 大正8년 至 昭和7년," 《朝鮮民族運動 年鑑》.
한국현대사연구회, 《한국독립운동사 강의》, 한울아카데미, 1998.
한국민족운동사연구회, 《한국민족운동사 연구》 4, 지식산업사, 1989.

日本 外務省 亞細亞局 第2課 작성, "昭和7年 支那 各地 新聞雜誌의 不敬記事
　　　事件," 1932. 11. 30.

이봉창 장학회, 《이봉창 의사와 한국독립운동》, 단국대 출판부, 2002.

日本 朝日新聞, "大正 昭和 戰前編,"《朝日新聞社史》, 1995.

《南坡 朴贊翊 傳記》, 乙酉文化社, 1989.

李康勳 자서전, 《民族解放과 나》, 第三企劃, 1994.

이현희, 《李奉昌 의사의 항일투쟁》, 1997.

부록

李奉昌 評傳

上申書

龍山驛 連結係 勤務때의 일

내가 龍山驛의 連結手가 됐던 때는 朝鮮人이 7分, 日本人이 3分밖에 근무하고 있지 않았다. 그로부터 1년 정도 후의 일이다.

操車作業이 대단히 바빠지고 連結手가 부족해졌던 때에 操車係 主任이 바뀌었을 무렵이라고 생각된다. 이번의 主任은 반대로 日本人을 점점 많이 쓰고 朝鮮人은 쓰지 않았다. 그리하여 그전과 달리 일본인이 7分, 조선인은 3分으로 줄었다. 나도 그때는 이미 남에게 일을 가르칠 정도로 업무에 숙달돼 있었다. 連結手는 보기에 쉬운 일 같았으나 실은 제법 어려운 일이었고 위험하기도 했다. 이번 主任은 連結手의 작업을 아주 가볍게 본 듯했다. 조금 일에 익숙해지면 바로 다음다음 일을 하도록 바꾸었기 때문에 자주 連結手가 부상당했고 어떤 때는 8명의 부상자가 나왔으며 死亡者까지 나오기도 했다. 부상자는 거의 모두가 일본인이었다.

그때 조선인들은 모두 "天罰을 받은 거야"라고 험담하는 것이었다. 그러나 변함 없이 계속하여 투입하는 것이었다.

그 당시 일본인은 정말로 행운아였다. 1년 내지 1년 반 안에 傭人에서 雇員으로 쉽게 승급하는 것이었다. 그에 비해 조선인은 아무리 일을 잘하고 착실하게 근무해도 1년이나 1년 반 안에 도저히 轉轍手까지도 올라갈 수가 없었다. 당시의 조선인 등은 모이기만 하면 모두 유행어처럼 "하야간 일본놈의 X에서 쩌러져야 한다"라는 말을 하곤 했다. 일본말로 번역하면 "가령 저능아로 태어나도 일본 인이기만 하면 …"이라는 의미다. 이러한 말을 하게 된 원인이 무엇인가에 대해 말한다면 당시 일본인의 連結手 가운데 약간 저능에 가까운 남자가 2~3명 있었기 때문이었다. 이들도 남에게 뒤떨 어지지 않고 순서에 따라 승급했던 것입니다.

당시 조선인 連結手 가운데 이들보다 못한 사람은 없었습니다. 예를 들면, 일이 아니고 매일 點呼 때에 일본어로 된 運輸五訓, 또는 각 驛의 역명 외우기에서도 결코 지지 않았다. 1년에 두 번의 상여금 또는 승급에서도 차별대우를 받으면서 조선인 連結手는 自 暴的 근무를 계속하는 것이었다.

세월은 화살과 같이 지나가 내가 連結手의 사령장을 받은 지도 벌써 옛날이 되었다. 그러나 몇 년이 지난 후에도 나는 여전히 옛 날 그대로의 나이며 連結手였다. 변한 것은 세월과 주위뿐이었다.

몇 년 전 나와 함께 일했던 ○○군은 지금 雇員이 되어 操車係 를 맡고 있다. 또 나보다 1년 또는 1년 반 뒤에 채용돼 내가 일을 가르쳤고 내 밑에서 일했던 일본인들도 지금은 轉轍手가 되고 操 車係 견습이 되어 거꾸로 내가 그들 밑에서 일하는 처지가 됐다.

그때 나의 가치 없는 생활을 깨달았으며 이 세상이 얄궂다는 것을 알았다. 그러나 상대는 일본인이다. 나는 내가 조선인임을 명 심하지 않으면 안 된다. 설혹 억울하게 내던져지고 채인다 하더라도 말없이 견뎌내지 않으면 안 되는 인간이다. 체념할 수밖에 없다.

나도 日本人으로 태어났으면 차별이나 학대를 받지 않고 살아갔 을 것이다. 불행하게 조선인으로 태어났기 때문에 어쩔 수 없다.

이러한 것들을 생각하게 되면서 자연히 自暴的인 생활이 시작되고 자포적 근무하는 일에 실증을 내게 됐다. 따라서 대우는 더욱 나빠져 갔습니다. 또 자신도 근무하는 일에 실증을 내게 됐습니다. 점점 여러 가지 世上事를 생각하게 됐고 자신의 인격도 생각하게 됐습니다. 똑같은 감정으로 살아가는 인간이면서도 이러한 차별대우를 받아가며 일하는 자신이 어리석은 인간이라고 여겨져 비록 거지가 되더라도 이런 일은 싫다고 생각되어 마침내 아무런 취직 가망이 없는데도 사직했다. 친구들은 당분간 참고 견뎌보라고 권했으나 내 기질상 그럴 수는 없었다. 한번 마음먹은 일은 반드시 해내는 성격이고 남의 의견을 결코 받아들이지 않는 성격이었다. 나도 자신의 성격이 나쁘다는 것을 알아 어떻게든 고쳐보려 했으나 안 됐다. 그렇기 때문에 사직 후 아무런 의식 없이 괴롭고 번민스러운 생활을 계속했던 것이다.

大阪에 在留할 때의 일

大正14년(1925년) 11월 하순 직장을 구하기 위해 첫 나들이 한 곳이 大阪이었다. 동창생 ○○○을 의지하여 大阪에 온 것이었다. 그러나 취직자리는 내가 스스로 찾지 않으면 안 될 처지였다.

도착한 지 사흘 되던 날부터 지리도 모르는 大阪을 뛰어 돌아다녔다. 처음 직업소개소에 들어가 보았다. 이것도 최초의 경험이었다. 수수료를 지불하고 취직처 앞으로 된 소개장을 써 받아 알지 못하는 地理를 여기 저기 물어물어 겨우 찾아가면 2, 3일 전에 고용했다거나 나이가 많다거나, 이곳 일에 적성이 맞지 않는다고 모두 거절당했다. 결국 직업소개소에 속은 것을 알았다. 그 뒤로는

市직업소개소를 드나들었는데 취직자리가 쉽게 나타나지 않았다. 어느 날 梅田역 앞 시립직업소개소를 방문했을 때 神戶철도 우편국 열차계의 모집 포스터가 붙어 있었다. 바로 문의했더니 호적등본과 신원증명서만 있으면 채용된다고 해서 나는 신원증명서를 갖고 있지 않았기 때문에 특별 전보료를 들여 조속히 보내도록 고향에 전보를 쳐 신원증명서를 구하고 소개장을 써 받아 神戶철도 우편국 大阪출장소를 찾아갔다. 係주임을 면회하여 소개장을 내밀었는데 그 속에는 호적등본과 신원증명서가 들어 있었다.

주임 되는 자가 봉투를 뜯어본 후 廣島서쪽의 사람은 下關철도 우편국에서 취급하게 돼 있기 때문에 이곳에서 채용할 수 없다고 거절하는 것이었다. 그렇다면 처음부터 소개소에 그렇게 일러 둘 것이지라고 한마디 해주고 싶을 만큼 기분이 상했으나 냉정하게 생각해 보니 결코 그렇지가 않았다.

내가 조선인이기 때문에 그쪽에서 그렇게 말하는 것이었다. 결코 그쪽이 나쁜 것이 아니다. 부탁하는 쪽이 나쁜 것이다. 유치한 것이다. 내가 조선인임을 생각하지 않고 보통 사람처럼 세상에 얼굴을 내미는 것이 잘못이다. 이 얼마나 비참한 인간인가. 같은 인간인데도 똑같이 대접해주지 않는다. 나도 일본인임에 틀림없을 터이다. 新日本人이다. 그런데도 일본인과 평등하게 대해주지 않는 것을 생각하면서 또 소개소에 가 지난번에 있었던 일을 이야기했다. 그러자 그때 처음으로 따로 어디어디에 조선인만의 전문 직업소개소가 있다는 것을 이야기해 주는 것이었다. 이런 소개소가 있다는 것을 진작 알려주었으면 따로 전보를 쳐 신원증명서를 받거나 하지 않았어도 될 일이었다. 신원증명서만 있으면 소개된다고 하니까 기쁜 마음으로 발급받아 가지고 갔던 것인데 결국 이와 같은 꼴이 돼버려 자신을 비관하는 것이었다.

그로부터 며칠 후의 일이다. 신문 광고기사를 봤다. 外交員 수십 명 모집기사를 훑어보면서 어차피 부탁해 봤자 안 될 것이라 생각하면서 모집처를 찾아갔다. 광고에 난대로 이력서와 신원증명서를 들고 간 곳은 大江빌딩에 있는 岡田상회였다. 바로 人事係에 면회를 청했다. 이미 온 사람이 많아 한참 기다린 뒤 만나 이력서와 증명서를 제출했다. 이미 만원이 됐다고 거절당했다. 별로 만원이 된 것 같지는 않았지만 내가 조선인이기 때문에 거절될 것이라는 것을 알고 갔었기 때문에 그대로 돌아서서 나왔는데 뒤에서 불러 세워 다시 들어가보니 총무라는 분이 불러 세웠던 것이다. 총무의 말인즉 실은 조선인의 채용은 허용되지 않고 있으나 자네가 京城(서울)사람이라는 것을 듣고 나도 옛날 京城에서 산 적이 있어 京城 사람들의 성질을 알고 있기 때문에 특별히 자네를 내가 추천하여 채용하니 성실하게 일해달라고 하여 처음으로 취직이 됐다.

이때 첫 취직의 기쁨은 지금까지 없었던 일이었으나 그것도 잠시였다. 왜냐하면 월말까지 무사히 근무한 것은 다른 달도 아닌 12월이었다. 1년의 마지막 날이며 1년 동안의 모든 것을 계산하는 날이기 때문에 길거리는 떠들썩하고 분주했다. 나도 다른 사람들처럼 근무한 임금을 받으러 상회에 갔다. 두 번째의 비관이 도래했다. 회계원이 몽땅 갖고 도망쳤다면서 모든 외교원에게 급료를 지불하지 못하게 됐다고 하는 것이다.

아! 이 세상은 얄궂은 것이다. 생색을 내며 채용해 준 것은 좋았으나 뒤 끝마무리가 이렇게 되어 오히려 손실이 됐다. 이것이 나의 객지에서의 최초의 취직이었고 최초의 경험이었으며 최초의 인상을 남기고 14년의 해도 저물어 갔다.

부두 노동 할 때의 일

昭和 2년(1927년)도 저물어가던 무렵이었다. 市岡의 ○○집에 하숙하고 있던 때의 일이다. 이 하숙에는 모두 조선인뿐으로 대부분 부두노동을 하고 있어 나 한 사람만 직업이 달랐다. 그러나 나도 어떤 사정으로 가스회사를 그만두고 부두노동자로 들어가 한패가 됐다.

나로서는 최고의 근육노동이었다. 첫 사흘동안 신체의 피로도 아랑곳 안하고 무리하게 일한 탓으로 4~5일 동안 누워 있었다. 그러나 임금은 태어나서 처음으로 최고로 받았다. 첫날은 3円 20錢, 둘쨋날은 3円 50錢, 셋쨋날도 3円 50錢을 받았는데 그 후 일이 점점 익숙해지는 데도 임금은 오히려 내려가는 것이었다. 이 세상에서 어떤 일을 하든 그 일에 숙달하면 그에 따라 보수도 점점 올라가는 것이 보통인데 오히려 내려가는 것은 이상하다고 선배 여러분에게 물어봤더니 그것은 소두목이 너를 처음에 일본인으로 알고 일본인과 꼭 같은 보수를 주었다는 것이다. 조선인이라는 것을 알았기 때문에 보수가 바뀐 것이다. 조선인은 한몫하는 짐꾼이 아니면 하루 3円 50錢을 받을 수 없는 것이다. 비통한 일이다. 이러한 하급 노동사회에서조차 일본인이다, 조선인이다 구별하여 차별 대우를 받지 않으면 안되는 것인가 하는 생각을 했다.

…… (4행 지워졌음)

住夜伸銅町 尼ケ崎 出張所의 상용인부로 일할 때의 일

昭和 3년(1928년)이었다. 한 하숙집에서 매일 20~30명 정도가
공작계의 상용인부로 일하러 가곤 했다. 이 가운데 조선인은 나 혼
자였으며 차별대우도 안 받고 일하는 가운데 조장 山野의 귀여움을
사 조선인이면서도 매일 5~10명의 상용인부를 데리고 작업하라는
지시를 받았었다. 그러던 어느 날 공장 안에 직공 2~3명을 모집
한다는 벽보가 붙었다. 그때 나는 자신이 조선인이라는 것을 잊고
곧장 서무계에 가 문의했다. 그때 나는 처음부터 서무계에게 내가
조선인이라고 말했다. 조선인이라도 상관없지만 조장이나 조장 이
상 되는 사람의 보증만 있으면 된다는 말을 듣고 곧 조장에게 가
사정을 말하고 보증을 청했으나 역시 안됐다. 그 후 변함없이 근무
하고 있는 가운데 御大典慶事(日皇의 즉위식)일이 왔다.

그 당시 하숙집 건너의 세탁소에 조선인으로 山住라고 하는 직
원이 있었다. 서로 조선인이라는 것을 알고부터 아주 친하게 지냈
다. 또 같은 상용인부로 같은 하숙집에 살던 일본인인 前田과 함
께 3명은 모두 천황폐하의 玉顔을 배안한 적이 없기 때문에 京都
로 御拜觀에 가기로 의논이 됐다. 실제로 나는 불행한 인간이다.
왜냐하면 조선인으로 태어나 李太王 전하의 옥안을 뵈온 적이 없
으며 日韓 합병후 新日本人이 되어 천황폐하의 옥안을 뵌 적도 없
다. 또 조선 역사도 안 배웠고 일본 역사를 가르쳐 받은 적도 없
다. 실로 부끄러운 인간이며 가치 없는 인간이다. 한 국민으로서
그 나라의 역사도 모르고 그 나라 국왕의 옥안도 뵌 적이 없는 것
은 참으로 스스로 부끄러운 일이다.

이번에는 반드시 돈을 빌려서라도 옥안을 뵈야겠다고 다짐하고 3
명이 御大典式날 전날 밤에 大阪를 떠나 京都에 갔다. 이날 밤은

京都 번화가에서 지새고 드디어 식이 있는 날 아침이 됐다. 아마 오전 7시경이었다. 拜觀者 모두를 배관석에 앉힌 뒤 신체검사가 시작됐다. 3명 가운데 내가 맨 나중에 조사를 받게 됐다. 앞서 2명은 무사히 끝났다. 나도 흉기를 갖고 있는 것도 아니어서 안심하고 있었는데 주머니 속에 고향에서 온 한문과 한글이 섞인 편지가 있는 것을 본 경관은 임시경비본부까지 잠깐 가자고 해 나도 별로 이상한 편지가 아니므로 곧 끝날 것으로 알고 말없이 따라갔다. 벌써 10명 정도가 끌려와 서 있었다. 나도 1시간 반쯤 서 있다가 불려가 이번에 五條경찰서로 데리고가 아무 말도 해주지 않은 채 유치장으로 넣는 것이었다. 이때 나는 경관에게 御拜顏할 수 있도록 빨리 조사해 달라고 부탁하고 들어갔다. 지금 생각하니 정말 나는 우둔한 인간이었다. 유치장 안에 들어가 보니 나와 같이 무실하게 검속된 자가 서너 명 있었다. 이들의 이야기인즉 이달 29일까지는 천황 폐하가 환궁하지 않으므로 우리도 하루 이틀 사이에는 나갈 수 없을 테니 안심하고 침착하게 있으라는 것이었다. 그 후 줄을 이어 들어오는 사람으로 유치장은 만원이 됐다. 그날 저녁 반수 정도는 방면되어 나갔고 다음날 대부분 풀려났으나 나는 풀어주지 않았다.

아! 나는 어찌하여 이렇게 불행하게 태어난 것일까? 폐하의 옥안을 뵙기 위해 大阪에서 일부러 땀흘려 번 돈을 아까워하지 않고, 하루 벌어 하루 사는 人夫의 신분임에도 하루를 쉬고 京都에까지 온 것이 아닌가. 일부러 돈까지 써가며 京都의 유치장을 구경하러 온 것이 아니다. 나는 폐하를 뵈러 온 것이 아닌가. 그런데 아무런 죄도 없는 나를 유치장에 집어넣는 것은 참으로 얄궂은 세상이다. 정말 알 수 없는 세상이다. 한글이 섞인 편지를 갖고 있다고 해서 무엇이 나쁜가. 아! 나는 어째서 일본인으로 태어나지 못했는가. 조선인 따위로 태어났기 때문에 이러한 압박과 차별을 받는 것이 아니냐. 역시 나는 조선인이다. 조선인인 주제에 일본 천황 같은 것을 뵐 필요는 없는 것 아니냐. 그렇기 때문에 벌을 받아 유치장을 뵙게 된 것이다. 왜 일본인은 조선인들을 악화시키는 것일까. 오히려 감화시키는 것이 일본인의 본심이 아니었을까. 더구나 경찰이란 자는 인민 보호상 만들어진 것이므로 무고한 자를 검속하여 감정을 악화시켜서는 결코 안될 것이다.

그 날 무고하게 검속된 자는 五條경찰서에서만도 수십 명이었다. 그 안에는 나처럼 없는 돈을 마련하여 100리 200리를 멀다 않고 일부러 시골에서 拜觀하러 왔다가 검속된 자가 헤아릴 수 없을 정도로 많았다. 이들이 각자 자기 집에 돌아가 부인이나 친형제들이 拜觀에 관한 감상을 이야기해 달라고 했을 때 어떤 대답을 할 것이며 어떤 느낌을 가지게 될까. 그리고 누구를 원망하게 될까. 경찰 권리를 멋대로 써 인민을 괴롭히는 것이 경찰의 본분이며 권리일까. 인민들은 그 권리에 의해 속박 받아도 말없이 감수하지 않으면 안된다. 이것이 세상의 정리이고 세상의 법인가에 생각이 미치고 보니 참으로 가치 없는 인간이며 가치 없는 생활을 계속하는 것이 싫어졌다.

검속된 지 바로 11일 되던 날 내가 재촉하자 고등계 형사가 불러내 실은 자네의 한글 편지를 해독할 수가 없어 지금까지 그냥 두었는데 지금도 해독할 수 없으니 자네가 일본말로 읽어주게 라고 하므로 곧바로 읽어 주었으며 또 내가 神戶의 三宮경찰서의 小西幾次郎라고 하는 형사를 잘 알고 있으니 그에게 나의 신원을 물어보면 알 것이라고 말하자 겨우 풀어주는 것이었다.

大阪에 돌아오자 많은 사람들이 묻기에 나는 이러이러한 죄였다고 변명했으나 믿지 않았다. 무슨 사상이라도 지니고 있기 때문이겠지라고 수군대는 것이었다. 이때부터 나도 직장 일이나 생활이 점점 타락으로 치달아 남을 원망하고 세상을 원망하게 되었고 따라서 사상도 저절로 변해 어떤 사상 운동에 몸과 마음을 던지기로 마음먹고 기회를 엿봤으나 좋은 기회를 찾지 못했다. 그때의 사상은 특별히 정한 사상은 없었다. 무엇이든 좋다. 누군가 끌어주는 사람이 있으면 들어갈 기분이었다. 그 후 다시금 생각하게 돼 자신은 조선인이기 때문에 아무래도 조선독립 운동에 몸을 던져 우리 2천만 동포를 위해 일하지 않으면 안 된다고 마음먹었으나 기회를 얻지 못했다. 이와 같은 생활을 하고 있는 가운데 스스로 생각을 고쳐먹어 일본인으로 변신하여 생활을 바꿔보기로 했다. 그리하여 내 사상은 변화했고 일생 돌이킬 수 없는 몸의 상처를 받으며 昭和 3년(1928년)의 해는 커다란 인상을 남기고 저물었던 것이다.

일본인으로 변신해 살던 때의 일

昭和 4년(1929년)에 大阪市 東成區 鶴橋町 山野 비누도매상에서 일본인으로 변신하여 점원생활을 하던 때의 일이다. 鶴橋부근은 大阪市 가운데 가장 많은 조선인이 살고 있는 곳이다.

그러나 나는 조선인들과는 완전히 교제를 끊고 사랑스러운 조카 집조차 왕래하지 않고 지내고 있었다. 단골집에 주문받기 위해 갔을 때나 물건을 배달하러 갔을 때에 조선인들이 자주 물건을 사러 와 정확하지 않은 일본말로 이 물건은 얼마냐, 저 물건은 얼마냐, 또는 값을 깎아달라고 하는 경우가 있는데 이때 일본인은 귀찮아하거나 욕을 하며 팔지 않을 때도 있었다. 일본말을 한마디도 모르는 조선여자가 물건을 사러 와 말이 통하지 않아 가게 앞에서 머뭇머뭇하면 일본인은 물건을 훔치러 온 것으로 오해하여 큰소리로 호통쳐 조선여인은 화가나 돌아가는 것이었다.

이런 경우 나는 조선인이면서 양쪽 말을 알고 있으므로 한마디 해주면 양쪽 모두에 도움이 돼 깨끗이 해결된다는 것을 알지만 말 참견을 못하는 내 입장은 괴로웠다. 자신이 일본인으로 변신해 있지 않았더라면 한마디 통역해 주어 서로가 감정을 상하지 않고도 일을 마무리할 수 있다. 그런데도 말없이 지켜보고 있지 않으면 안 되니 정말 나는 인정머리 없는 놈이다. 왜 나는 일본인으로 변신해 있는 것일까. 일본인으로 변신해 있으면 얼마간 고통을 피해 생활할 수 있다고 생각했으나 이것 역시 고통이었다. 조선인은 조선인으로 행세하지 않으면 거짓이다. 일본인 따위로 변신할 내가 아닌데라고 후회한 적도 있다.

上海로 渡航하기 전과 渡航후의 변화

昭和 5년(1930년) 11월 東京에서 大阪으로 돌아가 보니 불경기 때문에 취직이 어려웠다. 이때 上海의 영국전차회사에서 조선인을 아주 우대하여 채용한다는 말을 친구인 朴으로부터 들었다. 나는 2년 정도 일본인으로 변신하여 살아보면서 고통을 겪었기 때문에 이제부터는 나의 본명인 李奉昌으로 살기로 하고 차별이나 압박을 받아도 관계가 없는 조선인으로서 생활하기로 마음먹고 있던 때이기도 해 곧 결심하고 上海로 갔다.

上海로 간 뒤 조선 假(임시)정부를 찾아가 자신의 사정을 밝히고 또 취직 자리도 알아봤는데 전차회사에 취직의 길은 있으나 영어와 중국어를 알지 못하면 안 된다는 말을 듣고 몹시 실망했다.

부득이 또 일본인이 되어 일자리를 구하지 않으면 안 됐다. 조선인으로 살아갈 여지는 전혀 없었다. 전과 같이 일본인이 되어 일을 하면서도 가정부에 때때로 출입했으며 이때 단장인 白貞善과도 만나게 됐다. 그리하여 나의 사정도 얘기하고 일본의 사정도 들려주고 또 사상상의 문제에 대해 의견을 나누는 가운데 白이 권하는 사상에 대해 논의하게 됐고 나의 京都에서의 검속에 대한 원한도 회상하는 등 하여 점점 사상에 감염돼 갔는데 마침 白이 준비해 주었기 때문에 곧 상경하여 이번 일에 이르게 된 것이다.

昭和 7년(1932년) 2월 13일

豊多摩 형무소내 피고인 李奉昌
右 本人 自署 捺印했음을 証明함
豊多摩 형무소 간수 星 昌輔

朝鮮總督府 警備關係綴 (昭和 7年) 李奉昌 관련

1. 의거 전 행적과 의거 순간

電報受 昭和 7년 1월 8일 오후 2시 6분 發 4시 30분 受
東京 北村 屬 발
警務局長 앞

　前報 불경사건 범인 이봉창은 12월 23일 入京해 시내 淺草 松淸
町3 尾張屋여관에 투숙, 1월 6일 上野 下車坂町14 朝日호텔로 轉
宿하고 오늘(8일) 代代木연병장에서 있은 觀兵式을 마치고 환궁하
는 日皇을 맞아 櫻田門外 警視廳 신청사 앞의 일반 奉迎者 속에
잠입하여 오전 11시 44분 공식 日皇행렬이 上記所를 통과할 즈음
갑자기 군중 속에서 뛰쳐나와 폭탄을 던졌으며 폭탄은 一木(喜德
郎) 궁내상이 타고 있던 두 번째 마차의 뒤쪽 바퀴 부근에 떨어져
폭발, 전차정류장의 안전지대와 전차궤도를 파손시키고 굉음과 파
편이 사방으로 튀었으나 다행히 폐하가 탄 마차에는 아무런 이상
없이 행렬은 그대로 궁성으로 돌아갔음.
　범인은 바로 현장에서 체포됐는데 폭탄은 파편으로 미루어 볼

때 龜甲형 수류탄으로 판단됨.

또한 범인은 上海에서 잠입한 것이 확실시되며 구랍 入京전 大阪에도 들러 港區부근의 여관에 약 1주간 체재했다고 밝혔음.

본 건은 일절 신문기사 게재를 금지하고 있으며 특히 범행장소, 폭탄 작렬사실 등은 절대 외부에 누설되지 않도록 閣議에서 의결했다하니 유념하시기 바람.

2. 친일파 박춘금 등의 반응과 친일행각

電報 昭和 7년 1월 9일 오전 9시 접수
東京 北村 屬 발
警務局長 앞

불경범인이 조선인이라는 것을 들은 朴春琴은 크게 송구해 하며 오늘 궁내성과 그 밖의 곳을 방문하여 사과했는데 相愛會館의 丸山 이사장의 종용도 있고 하여 明9일 오전에 회원 100명을 인솔 丸山 씨가 선두에 서서 궁성 二重橋에 가 정렬하고 皇居에 遙拜, 우리 동포 가운데 이와 같은 不逞者가 나온 것에 대해 폐하에게 충심으로 사과의 말씀을 드리기로 결정했다.

3. 1925년 渡日 노동, 30년 上海 도항.
白 만나 모의, 東京오다

收受電報 昭和 7년 1월 9일 오전 2시 6분 發 4시 30분 受
東京 北村 屬
池田警務局長 앞

범인 취조는 오후 6시경 일단 중지하고 휴식을 주고 오후 8시경
다시 심문을 개시했는데 폭탄 입수경위 등에 관해 매우 애매하게
답변하여 아침부터의 공술이 과연 진실한 것인지 아닌지 의심되나
그 후 판명된 것을 다음과 같이 追報함.

본명은 향리 보통학교를 졸업, 大正14년(1925년) 11월 大阪으로 도항하여
가스회사 인부 또는 부두 인부 등의 근육노동에 종사중 이미 보고한 대로
大典(日皇즉위식) 때에 검속된 것에 대해 분개해 기회가 오면 복수하겠
다는 뜻을 갖고 있다가 昭和5년(1930년) 11월 上海로 도항 후 다시금 복
수의 뜻을 굳히고 그 시기를 엿보고 있던 중 우연히 上海 佛租界 거주 중
국인 白貞善으로부터 폭탄 2개를 입수함에 따라 12월 17일 오후 3시 上
海발 氷川丸에 승선, 동월 19일 神戶에 상륙, 大阪市 市岡町 이하 불상
의 싸구려 여인숙에 투숙, 동월 22일 大阪을 출발 다음 날인 23일 入京하
여 이후 행동은 이미 보고한 바와 같음.

4. 친일파의 움직임

收受電報 昭和 7년 1월 9일 오전 10시 50분 受
촉탁 中村健太郎
警務局長 앞

이번의 불경사건에 관해 조선인측 유지들은 대단히 송구스럽게 생각하며 조선인에서 중대범인이 나온 데 대해 충심으로 미안한 일로 여겨 오늘 오전 11시부터 食道園에 모여 조선인으로서 어떠한 방법으로 성의를 피력할 것인가에 대해 협의하기로 하여 목하 유지들이 속속 모이고 있음. 모이는 사람들의 면면은 韓相龍, 朴榮喆, 申錫麟, 趙性根, 張憲植, 石鎭衡 기타 각 분야의 대표자들임.

5. 이봉창의 신원

收受電報 昭和 7년 1월 8일 오후 11시 10분 發 1월 9일 오전 1시 30분 受

咸北 警察部長 發

警務局長 앞

오늘 電照(전보조회)한 불경사건 범인 李奉昌의 신원은 다음과 같음.

(1) 본적: 京城府 錦(町) 118번지

출생지: 京城府 元町 二丁目 3統3戶

현주소: 大阪府 豊能郡 麻田村 1번지의 內畓기숙

직업불명

淸津府 新岩洞 103번지

薪炭業 李範台의 동생

亡 李鎭球의 2남

木下衛之助 즉 李奉昌

明治34년(1901년) 8월 10일생

(2) 8살부터 약 3년간 본적지 서당에서 한문을 배운 뒤 京城錦町에 있는 사립 文彰학교에 입학, 14살 때 이 학교를 졸업, 16살 되던 봄 京城府 元町에 있는 일본인 회사에 고용됐음. 18살 때 해고, 20살 때 京

314

城龍山역 연결수에 채용됐으나 주색에 빠져 27살 때 퇴직, 昭和 2년
(1927년) 9월경 일본으로 도항했으나 그 후의 행동은 불명함.
(3) 통신관계
　가. 일본으로 건너간 지 2~3개월 뒤 大阪 이하불상에서 木下英之助
　　　명의로 형 李範泰앞으로 20円을 송금했다는 내용의 편지를 보낸
　　　적 있으나 송금은 안함.
　나. 昭和 6년(1931년) 7월 24일부로 大阪府豊能郡麻田村 1번지의 內
　　　北기숙사내 木下英之助라 표기하고, 안에는 大阪市東淀川區 長
　　　良東道1丁目41번지 豊木주택 28호 李碩宗(範泰의 사위)이라 기
　　　재한 안부를 묻는 서신이 있은 외에는 아무런 音信도 없음.
(4) 본인의 사상관계
　　불명하나 형 範泰는 성격이 온순하고 사상관계 없음.
(5) 이곳에는 형 부부와 2남 1녀가 살고 있음.

6. 이봉창의 용산역 근무

收受電報 昭和 7년 1월 8일 오후 6시 30분 受
谷屬
警務局長 앞

　불경범인 李奉昌의 일본 도항날짜를 조사중이나 아직 확실하게
밝혀지지 않고 있는바 인근 거주 주민들의 말을 종합하면 大正 13
년(1924년) 말경인 것으로 추정됨. 또한 이 범인은 일찍이 龍山역
역부로 근무한 적이 있으며 그 경력은 다음과 같음.
　大正 9년(1920년) 1월 16일 역부가 됐으며(일급 94錢), 9년 2월 4
일 轉轍手가 됐고, 10월 1일 連結手로 바뀌었으며, 동13년(1924년)
4월 14일 퇴직함. 재직중의 근무성적은 불량했음.

7. 내각책임에 대한 관측

收受電報 昭和 7년 1월 8일 오후 6시 31분 發 9시 15분 受
東京 北村 파견원 發
警務局長앞

오늘 돌발한 불경사건에 대한 현내각의 책임과 그 밖의 정치적
움직임은 내일 경에야 점차 표면화할 것으로 보이지만 우선 정부
는 사건직후 목하 關西지방을 여행중인 三土, 鈴木, 前田 등 3대
신에 대해 지급귀경하라고 電命한 듯함.

일부의 소감에 따르면 본건과 비슷한 사건으로 소위 難波大助사
건이 있으며 이 사건은 마침내 내각 전체의 책임문제로 되어 당시
의 山本 내각이 총사직한 전례에 비추어 당연히 사직원을 내야 할
것이라는 견해도 있고, 다른 한편으로는 虎ノ門사건은 폐하가 탄
차의 유리창을 파괴한 것으로 바로 옥체에 이상을 일으킬 수도 있
었던 사건이지만 이번 사건은 日皇이 탄 차에는 아무런 이상이 없
었고, 함께 가던 다른 차의 바퀴부근에 낙하, 이것 역시 별다른 이
상이 없었기 때문에 虎ノ門사건에 비해 조금은 경미하다 할 수 있
으므로 우선 실무책임자인 경시총감, 경무부장 이하 경위 관계자
일부의 징계처분 정도로 그치는 것이 아닌가 판단하는 사람도 있
으나 내각으로서는 일단 책임을 지고 총사직을 제출할 것이라는
관측이 지배적임.

8. 이봉창 신원보고

寫 昭和 7년 1월 8일 오후 11시 發
警務局長 發
拓務省朝鮮部長
內務省警報局長
警視總監 앞
北村 屬
大阪府知事

불경사건 범인 李奉昌의 신원에 관해 지금까지 밝혀진 상황은
다음과 같음.

본 적: 京城府錦町118번지
출생지 京城府元町二丁目
李奉昌(글자 뜻에 맞춤)
當 32년

17세 때 본적지에서 사립학교를 졸업하고 大正 8년(1919년) 8월 철
도국에 임시인부로 피고용, 다음 해 역부로 승격했으며 그 후 계속 근
무중 大正 13년(1924년) 4월 14일 표면상 신병을 이유로 사직했으나 당
시 범인은 주색에 빠져 부채에 쪼들려 퇴직한 듯함.

철도국 근무 성적은 불량했으나 사상적으로 특이한 점은 없었고
大正 13년(1924년) 9월 동료들과 함께 錦町 청년회(당시 온건단체)를
조직하고 간사가 됐음.

당시 범인의 조카딸인 李銀任(형 李範泰의 장녀)이 용산철도국 助
産共勵舍에 근무하고 있었는데 大正 13년(1924년) 말경 共勵舍 사주
가 일본으로 돌아가면서 李銀任도 함께 大阪으로 갔는데 이때 범

인도 이들과 함께 일본으로 갔으며 그 후 본적지 부근에는 音信 불통했음.

　昭和 3년(1928년) 3월 용산경찰서 순사부장 鄭형사가 大阪 內鮮共和會에서 李銀任과 면회했을 때 범인은 奈良부근에 있다는 이야기를 들었다함.

　범인의 부모는 이미 사망했으며 형 李範泰는 약 10년 전 범인 및 銀 任을 京城에 남겨두고 咸北 淸津으로 이사한 이래 소식 불명이므로 이에 대해 조사중임.

9. 내각 총사직서 제출

　電報受 昭和 7년 1월 8일 오후 9시 26분 發 10시 50분 受
　東京 北村 屬
　警務局長 앞

　오늘 저녁 5시 犬養수상 이하 在京 각 대신이 사표를 낸 데 대해 내일 9일 오전중 鈴木 시종장은 그 뜻을 받들고 興津에 있는 西園寺공을 방문하기로 결정했는바 (후계 내각문제는) 西園寺공의 奉答에 따라 결정될 것이나 공은 시국이 다단한 때이기도 하므로 犬養씨를 재지명하도록 봉답 상신할 것이라는 설도 유력시되고 있음.

　한편 경시총감, 경무부장은 바로 내상에게 사표를 냈음.

10. 이봉창 가족관계

收受電報 昭和 7년 1월 8일 오후 5시 30분 受
谷屬
警務局長 앞

불경사건에 관해 그 후 京畿道에서 범인의 신원 등에 관해 조사한 바 그 상황은 다음과 같음.

범인 李奉昌의 형 李範泰(台는 잘못)는 이복동생 李奉俊과 함께 5~6년 전 淸津으로 이사해 그 곳 浦項洞 또는 新岩 3洞에서 살고 있을 것임.
범인의 가족관계는 다음과 같음.
부: 李鎭球(死) / 모: 孫씨(死)
호주: 李範泰 42년 / 처: 朱씨 55년 / 장녀: 銀任 24년 / 서자녀: 聖順 2년
제(본인): 奉昌 32년 / 제(서자): 奉俊 29년 / 제(서자): 鍾台 20년 / 첩: 朱干蘭 55년(錦町 150번지)
이상

11. 이봉창의 신원

1월 8일 오후 5시 京畿道 경찰부장으로부터 경시총감 앞으로 다음과 같은 전보 발송했음.

李奉昌의 본적은 京城府錦町 118, 출생지는 元町二丁目, 경력 17세 때 사립 文昌학교 졸업, 조선에 있을 때 錦町청년회 간사한 적 있음.
당시 사상적으로 각별히 주의를 요하는 인물은 아니었으나 친척인

李光吉의 말에 따르면 李奉昌은 진재(關東대지진 1923년) 전에 일본으로 건너가 진재 직후 잠시 돌아왔다가 다시 일본으로 건너가 그 후 音信이 불통됐음.

죽은 아버지의 첩 朱干蘭을 취조한 바에 따르면 李奉昌은 지금부터 7~8년 전 일본으로 건너간 채 音信이 없으며 이로 미루어 오랫동안 일본에 거주하고 있었음이 상상됨.

본인의 형인 李範泰와 동생 李奉俊은 함께 5~6년 전 咸北 淸津府 新宿洞으로 이사한 관계로 상세한 사항은 현재 연락 조사중에 있으므로 밝혀지는 대로 추후 보고하겠음.

12. 이봉창 취조내용

收受電報 昭和 7년 1월 9일 오후 0시 10분 受(新橋 오후)
北村 派遣員
警務局長 앞

독촉하명에 따라 사건발발 직후 전보로 보낸 보고가 모두 도착하지 않은 것 같아 다시 타전함.

제1보 오후 9시 5분 發
방금 경시청 앞에서 日皇 행렬에 폭탄 운운(이미 도착한 전보내용이므로 생략)
제2보 오후 1시 發
전보 불경사건 범인 운운(위와 동일하므로 생략)
제3보 오후 1시 40분 發
전보 불경사건 범인 李奉昌운운(위와 동일하므로 생략)
제4보 오후 3시 50분 發(미착된 보고)

범인은 계속하여 경시청 형사부장실에서 일절 외부와의 연락을 차단하고 검사가 직접 취조하고 있음.

본관이 특별 교섭하여 취조상황을 언뜻 살펴본 바에 따르면 범인은 언어가 명석하여 거의 일본인과 다를 바 없는 유창한 국어(일본어)로 취조에 대답했으며 태도 또한 태연하고 항상 미소를 띠고 있어 이같이 중대한 범행을 감히 저지른 데 대해 죄책의 관념이 추호도 없는 듯했음.

그 진술에 따르면 범인은 일찍이 大阪에서 노동에 종사하였는데 昭和3년(1928년) 11월에 거행된 御大典(日皇 즉위식)을 참관하기 위해 京都에 갔던바 조선인이라는 이유만으로 아무런 까닭 없이 10일간 검속받은 이래 이와 같은 당국의 조치에 분개해 사상의 변화를 일으켰음.

그 후 생활 형편상 昭和5년(1930년) 11월 上海로 도항하여 佛租界에 있는 중국인 경영의 축음기 상점인 永昌公司에 고용됐으나 일확천금을 얻는 데는 권총의 밀수입보다 나은 것이 없다는 말을 듣고 밀수 및 판매 방법 등을 연구하는 가운데 폭탄 제조자와도 알게 됐음.

자신이 앞에서 말한 京都에서 있었던 경찰의 부당 검속에 대해 늘 분개의 念을 간직하고 있음을 알고 있던 上海거주 동지 白貞善이라는 자로부터 이번에 폭탄 및 여비 3백 불을 받음에 따라 12월 초순 上海발 기선으로 神戶에 상륙, 大阪에 약 1주간 체재한 뒤 12월 23일 入京, 이미 보고한 여관을 전전했는데 돈이 생기기만 하면 酒色을 탐하는 버릇 때문에 여비를 모두 다 써버려 이달 4일 다시 上海의 白貞善에게 전보를 보내 正金은행환으로 100원의 송금을 받아 이 돈마저 수일동안에 거의 모두 탕진하고 7일 아침 朝日호텔을 나와 이날 밤은 神奈川현 川崎의 유곽에서 놀았음.

8일 오전 8시경 국철전차로 原宿역에 이르러 이 역 부근에서 아침을 먹고 역 부근을 골라 일을 결행하려 했으나 사복순사 같은 자가 주의를 주는 바람에 실행장소를 바꿔 국철전차로 四谷역에가 근처의 일본인에게 일황의 행렬 통과 길을 물어 櫻田門밖 경시청 앞을 통과한다는 것을 알고 마침내 경시청 앞에 이르러 이미 보고한 대로 제1탄을 던졌고 다시 제2탄을 던지려고 하던 때 체포됐다고 진술했음.

범인이 입경 후 上海로부터 송금받은 사실에 비추어 上海에서 잠입한 것이 확실하며 경로도 해로를 이용한 것으로 판단되나 아무튼 검사의 취

조가 대단히 관대함으로써 진실한 공술여부가 의문시되며 그 중에서도
입경 후의 체재일이 짧은데도 불구하고 東京시내외의 지리에 정통한 점
등으로 봐 적어도 그전에 이곳에 상당기간 거주한 것임에 틀림없는 것으
로 판단됨.

　앞으로의 취조에서 지금까지의 공술을 다소 번복하는 일이 없을 것이
라고 단정하기는 곤란하며 또한 검사자신이 극비에 취조하고 있어 취
조상황 등도 경시청이 직접 취조하는 것보다 정보 입수가 몹시 곤란하다
는 점을 특히 양해해주시기 바람.

保安課 附記
전기 上海의 白貞善을 당과가 보관중인 기록에 의해 조사한 바 假政府員
및 上海 거주자에는 이 이름에 해당하는 자가 없음.

13. 이봉창 자공(自供)의 경력과 인상

電報受 昭和 7년 1월 8일 오후 10시 40분 發 12시 受
내무성 경보국장 發
警務局長 앞

　오늘 사건의 범인이 自供한 바에 의하면 본명 李奉昌 본적 朝鮮
京城府 錦町 118 평민 李範泰의 弟, 출생지 京城府 元町 二丁目
(번지 불명)으로 大正 14년(1925년) 11월 일본으로 건너가 大阪市에
서 大阪가스회사, 住友伸銅所 尼ヶ崎 출장소 및 鶴觜山 비누도매
상에 근무.
　昭和 4년(1929년) 11월 상경 京橋區 南小田原町 건어물 가게 坂
口喜作집 및 本郷森川町 大木 가방점에 근무, 5년(1930년) 11월
大阪으로 가 港區 九條新道의 친구인 山本집에 유숙.

322

이해 11월 上海로 건너가 철공소 및 축음기 점 등에서 일했으나 그동안 假政府 총무인 조선인 白貞善이라는 자(20년 전 조선을 탈출한 자라 함)와 알게 돼 6년(1931년) 12월 이 사람으로부터 은 300불과 폭탄 2개를 받아 12월 17일 上海출발 神戶경유 大阪에서 3일간 숙박하고 22일 상경한 자로서 목하 취조중인데 범인의 인상은 다음과 같음.

키 5척 4촌 정도, 마른 편, 체격 좋은 편, 피부색은 검은 편, 수염 없고 가르마 탔음.

턱 갸름, 광대뼈 약간 나옴, 위 앞이빨 1개 금임.

말은 일본어가 아주 유창함. 입은 옷은 양복에 오버코트(사진송부).

13-2. 내각총사직 관련 관측

收受電報 1월 9일 오전 10시 25분 受
東京 北村 屬 發
警務局長 앞

犬養수상 이하 재경 각료의 사표 봉정 및 본건에 관해 明9일 鈴木 시종장을 西園寺 공에게 차견(파견)할 것이라는 것은 이미 보고한 바 있으나 목하 일부의 관측은 西園寺 공이 犬養수상의 재임명을 주청할 것이라고 해 이럴 경우 犬養 수상이 과연 일황의 명을 받을 것인지 의문이며 또한 高橋장상을 수반으로 하는 내각이 성립되리라는 것도 예측하기 어렵다는 설이 있음.

또 犬養수상이 받아들인다 하더라도 내상, 경보국장, 경시총감, 일황 행렬의 직접 경호책임자를 그 직에 그대로 머물게 해서는 곤란하다고 주장하는 사람도 있음.

또한 오늘밤 山本權兵衛 백작이 犬養수상을 관저로 방문한 사실에 대해서는 동 백작이 무엇을 진언한 것인지에 많이 주목하고 있다.

14. 이봉창 가족과 친지

收受電報寫 昭和 7년 1월 9일 전 11시 受
咸鏡北道 경찰부장
警務局長 앞

불경사건 李奉昌에 대해 그 후 조사결과 앞의 전보에서 보고한 京城 元町 일본인 모 과자점은 衛生堂 과자점임이 판명됐음.

본인의 이복동생 李奉俊 당30년은 昭和 4년(1929년) 3월 淸津에 와 현재 淸津토목출장소에 근무중인데 이 사람의 공술에 의하면 奉昌은 본적지에 살 때부터 소행이 불량했다 함.

일본으로 건너갈 때 동반한 조카 李銀任 당24년은 昭和 5년(1930년) 봄쯤 조선으로 돌아가 현재 京城 錦町 119 盧모 집에 있는 朱始東 50년(奉俊의 실모)과 동거중이라는바 이 사람을 조사하면 奉俊의 신원 동정 등이 밝혀질 것이며 또 奉昌의 지기로서 錦町 127 韓珠德 당28년 외 10수 명 있으며 珠德은 昭和 3년(1928년) 가을 일본으로 건너가기 전 奉俊의 집에서 약 한 달 동안 체재했다 하므로 이 사람에 대해 조사하면 상당히 자세한 것이 밝혀질 것으로 보임.

15. 친일파의 움직임

電報 昭和 7년 1월 9일 오전 11시 28분 受
京畿道 警察部長 發
警務局長 앞

어제의 不敬事件발생에 대해 同民會를 중심으로 한 中樞院參議
기타 鮮人 유지 등은 鮮人에게서 이 같은 不敬漢이 나온 것을 협의
하기 위해 지금 食道園에 약 30명이 모였음.

협의내용 및 기타 會合인물 등에 관해서는 현재 조사중이므로
追報하겠음.

16. 상해에서의 이봉창 행적

收受電報 昭和 7년 1월 10일 오후 11시 受
上海 林 派遣員
警務局長 앞

불경범인 李奉昌의 공범자로 알려진 仮政府 간부 金九에 대해서
는 곧바로 村井총영사가 佛國관헌과 교섭하여 이의 체포 인도를
승낙받아 현재 극력 그의 소재 발견에 애쓰고 있음.

李奉昌이 이곳을 출발 후 大阪에서 이곳 일본인 동료에게 엽서
를 보냈으며 또한 23일 東京 淺草 松淸町5 尾張屋에서 이곳 法界
西門路 西門里 7호 白貞善에게 돈 百圓을 電報 請求했고 이어 28
일 이곳 正金지점에서 請求拂로 前記 正藏(李의 일본이름) 앞으로

百圓을 송금했는데 이때 正金에 와 白貞善이라 자칭한 남자는 27세 가량의 日本風의 사람이었다 함.

李奉昌이 昭和 5년(1930년) 11월부터 축음기 제조회사 メイカキキキセウ(일본인 中西경영)에 봉직중이던 때의 동료는 大仲親繼가 있었고 또 李奉昌이 永昌公司에 취직할 때 신원보증인으로 白倉淸輝가 있었는데 모두 30세 미만의 청년으로서 그들의 素性은 불명하나 이들 3명은 평소 친밀하게 사귀어 왔음.

한편 李奉昌은 이곳의 銃砲火藥類 밀수입 범인 白川 모와 교제했으며 白川 모가 李奉昌에게 보낸 편지에는 항상 白川生이라고 쓰고 있는데 白川生은 朝鮮발음으로 白貞善과 비슷한 데가 있음. 이 白川 모는 共同租界에 잠복하기가 어려워 法界 西門路 西門里 7호(중국인 蔡豊司 거주함)의 방을 빌려 연락처로 쓰고 있었음에 틀림없음. 또한 白川 모는 그 부근에 있는 假政府 간부와 관계없다고 할 수 없으며 또 이곳에 거주하는 조선인치고 假政府 간부의 얼굴을 모르는 사람이 없다는 사실에 비추어 볼 때 李奉昌은 어쩌면 共犯인 白川生의 범죄발각을 우려, 가정부 간부 白貞善이라고 虛構의 진술을 한 것임에 틀림없음.

또한 최근 佐世保 철공소에서 해고됐다는 久保丑松(27세 가량)도 來滬 후 前記 李奉昌 大仲親繼, 白倉淸輝 등과 친교가 있었으며 久保의 신원은 밝혀지지 않았으나 공산주의 운동을 위해 일본에서 온 것이 틀림없는 것 같음.

또 李奉昌을 白貞善에게 소개했다는 金東浩를 체포할 때 작년 4월 이곳에서 체포되어 新義州로 압송된 저명한 공산당원 梁履涉의 체포 때와 같은 수법으로 폭탄매매를 거짓 부탁하여 誘引한 사실이 있음.

이러한 상황으로 미루어 볼 때 李奉昌은 무기밀수입에 관계해

326

온 것 같으며 따라서 폭탄 여비 등의 출처는 前記 白川 모임이 틀림없음.

현재의 假政府는 수백 원의 여비를 지급할 능력이 없으며 또한 未知의 청년에게 이와 같은 큰일을 맡길 리가 없었을 것으로 판단됨.

만일 이것이 사실이라면 假政府를 사주하는 배후세력이 있을 것이라는 판단 아래 이에 대해서도 극력 내사중임.

17. 강원도의 민심 동향

收受電話 1월 9일 오후 11시 受
江原道警察部長 發
警務局長 앞

어젯밤 東京방송국 뉴스 및 신문 전보 등에 의해 불경사건의 개략적 상황이 관내 樞要地에 전해졌는바 部民은 모두 황공하게 생각하며 일본인들은 至尊에 대한 惡逆無道한 행위에 대해 매우 분격하고 있음.

조선인들은 아직 이에 대해 아는 자가 극히 적으며 따라서 특이한 동정은 눈에 안 뜨이나 앞으로 일반 민중이 알게 되면 여러 가지 策動이 없을 것이라는 보장이 어렵기 때문에 엄중 경계중이며 우선 보고 드리는 바임.

18. 범행 취조상황 보고예정

收受電報 昭和 7년 1월 10일 오후 4시 40분 發 오후 5시 40분 受
東京 北村 派遣員 發
警務局長 앞

(答)
總督의 東京行에 즈음하여 제출해야 할 범인체포 이래 오늘 아침까지의 취조상황 및 기타 관계서류는 현재 작성중에 있으나 그 사본은 내일 아침 귀관에게 空送하겠음.

小生은 오늘밤 東京을 출발, 靜岡까지 마중 가는 도중에 상세히 보고할 예정임.

19. 친일단체 동민회의 성명서

收受電話 昭和 7년 1월 9일 오후 5시 受
囑託 中村健太郎 發
警務局長 앞

同民會는 이번의 불경사건에 관해 회원 4천명에 대한 성명서 발송을 준비중에 있으나 모래쯤 인쇄하여 총독, 宮內大臣, 總理大臣, 拓務大臣, 기타 要路에도 送付예정임.

성명서는 별지와 같음.

聲明書

328

會員諸士에 告함.

東電은 오늘 새벽 帝都에서 일대 불상사가 돌발했음을 보도하여 우리의 귀를 劈裂시켰다. 사건의 내용은 아직 상보를 접하지 못했으나 一不逞漢이 천황행차에 폭탄을 던져 커다란 불경을 저질렀으며 이로 인해 내각이 책임을 지고 총사직을 하기에 이르렀다. 이러한 不敬事가 누구에 의해 저질러졌는지 불문하고 우리 9천만 동포는 모두 한결같이 송구함에 어찌할 바를 모르고 있으며 참으로 悔恨을 감당할 길이 없다.

생각건대 우리 건국의 精華이며, 국가존립의 체제인 존엄 인자한 皇室을 중심으로 하여 世界獨特의 意義와 萬國無比의 國體를 형성하는 일에 대해 우리가 새삼 다시 중언부언할 필요가 없으나 이 세계에 빛나는 우리 단체와 이에 附隨하는 중대한 의의를 철저하게 보급하는 일에 대해 요즘 들어 소홀히 했음을 통감하는 바이다. 즉, 최근 학술과 技藝의 擴布와 함께 불합리하고 常軌에 벗어난 사상의 전파가 많아지면서 帝國의 최고 理想인 帝室과 국민의 一家不離의 관계를 해치려는 경향이 있는 데 대해 우리는 매우 유감스럽게 생각하고 있는 것이다.

帝室은 國民合體의 宗家이고 國民全體는 帝室의 分家와 같다는 관념은 세계만방 어디에서도 볼 수 없는 大帝國民의 신념으로서 실제로 帝室에서는 일이 있을 때마다 이와 같은 생각으로 우리 국민을 대하여 주셨다. 이에 따라 우리 同民會도 창설 이래 이미 이 사상에 입각하여 內鮮一和를 함께 구현하기 위해 帝國의 충성스러운 臣民으로서 우리의 마음과 몸을 다 바치자고 제창해 왔다.

그러나 이번 大不敬事를 감히 저지른 자가 새로이 신하가 된 우리 동포 朝鮮人의 한 사람이라는 것은 우리가 아무리 생각해 봐도 유감스러울 뿐이다. 內鮮人이 함께 동등한 제국신민으로서 모두 帝室의 자녀임은 당연한 일이며 우리가 아는 범위에서 한 사람의 不逞不義의 逆徒가 있다는 것은 믿기 어려우며 우리 인간들은 때때로 心身의 평형을 잃어 思慮의 顚倒를 일으키는 일이 있기 때문에 마음에도 없는 狂態痴容을 연출함으로써 세상을 놀라게 하고 사람을 그르치게 함을 평소에도 통한하는 바이다. 그리하여 이와 같은 狂態痴者의 행동으로 인하여 때때로 세상을 이끌어 가는 모든 正人義者의 행동을 狂人痴者의 그것으로 보는 경우가 있으며 이것은 실로 우리가 깊이 경계하고 두려워해야 할 일이라고 믿는다.

지난 번의 불상사가 한 朝鮮人이 저지름으로써 모든 朝鮮人에 대해 불쾌한 느낌을 품게 하는 것이 된다면 이것은 실로 狂人이 저지른 것이 不狂人이 저지른 것으로 되는 것과 같은 것으로 우리는 (그 범인을) 도려내지 않을 수 없으며 우리는 지난 번의 불상사를 단 한 사람의 광인이 저지른 狂態로서 이를 唾棄하고 배척하는 동시에 스스로 깊은 경계를 함으로써 다시는 이 같은 광인이 나오지 않도록 노력함은 물론 더욱 더 內鮮融和一家立國의 정신을 향해 백척간두의 一步를 전진할 필요가 있다고 확신한다. 특히 평생을 內鮮一家를 목표로 하여 이 사상의 확포에 전념하고 있는 우리 同民會員은 이번 기회에 한층 더 노력과 주의를 기울여 우리 국민정신의 보급에 철저하게 힘써야 할 것이다.

이에 이번 불상사의 돌발에 대한 우리의 충정을 천명하는 한편 회원 여러분과 함께 장래를 깊이 경계하며 더욱더 本會의 취지에 철저히 힘써주기를 바라는 바이다.

右를 성명함.

昭和 7년 1월 9일

朝鮮 京城 和泉町 6番地 同民會本部

20. "백정선은 김구" 확인

收受電報 昭和 7년 1월 9일 오후 4시 50분 發 오후 6시 50분 受
東京 北村 屬 發
警務局長 앞

범인 李奉昌에게 폭탄 및 여비를 지급한 白定(貞자의 오기인 듯:
역자)善이라는 인물은 上海 僭稱 假政府 수뇌 간부 金九 또는 白
凡, 즉 金龜임이 대략 확실한 것으로 판단되었음.

즉 오늘 검사의 취조에서 本府(조선총독부: 역자)가 작성한 요주
의 요시찰인 카드 가운데 上海 재류자 사진만을 추려내 본적 이름
등을 가리고 열람시켜 白貞善의 사진을 찾도록 시켰는바 同카드의
제586호 金 九의 사진을 보자 사진이 선명하지 않은데도 이것이
틀림없다고 확인하는 진술을 했음.

또 범인을 白貞善에게 소개한 것은 金東浩라 칭하는 조선인이라 함.

檢事局 및 警視廳등의 희망도 있으므로 金龜 및 金東浩의 在鮮
때와 上海 渡航 후의 행동 등에 관해 本府가 알고 있는 범위 내에
서 전보로 알려주기 바라며 또한 선명한 사진이 있으면 여러 장 항
공편으로 급송해 주기 바람.

　　保安課 附記
　　寫眞은 내일 아침 항공편으로 송부할 예정임. 上海파견원으로부터
　　의 보고는 바로 北村 출장원에게 전보 치겠음.
　　참고사항(保安課 附記)
　　金九의 前科
　　明治 44년(1911년) 9월 4일 京城 控訴院에서 安明根 사건에 간여하
　　고 강도 및 寺內총독 암살음모로 징역 15년에 처해져 서대문 감옥에

서 복역, 大正 4년(1915년) 8월 21일 가출옥했음.

21. 이봉창의 상해 활동

電報受 昭和 7년 1월 9일 오후 1시 42분 發 오후 5시 30분 受
東京 北村 屬 發
警務局長 앞

불경범인 李奉昌이 취조에서 진술한 大要는 다음과 같음. 前後 不同 또는 중복되는 점 있으나 미리 양지하시기 바람.

本名은 上海 도항 후 白貞善과 알게 된 이래 5~6회에 걸쳐 佛租界 西門路 7號에 살고 있는 白貞善을 방문했는바, 白은 上海 假政府의 총무로서 몇 차례 회견 후 白은 李奉昌에게 母國의 회복을 위해 활동해 달라, 그렇게 하면 너도 자연히 조선인으로부터 존경을 받게 된다고 권유했다고 당시 상황을 털어놓았는데 폭탄 2개를 주면서 實行하도록 의뢰했다는 것임. 白貞善은 慶南출신으로 일찍이 在鮮때 內地人 巡査를 살해하고 징역 11년에 처해져 입옥중 탈옥하여 上海로 잠행한 자임.
　범인은 入京 후 지난 달 23일 白貞善으로부터 100円을 전보로 송금 받아 이달 4일 正金은행에서 인출했음. 觀兵式이 있음은 지난달 28일 東京의 《朝日新聞》에 의해 알았으며 이달 6일 代代木 연병장으로 가 예행연습을 보고 대체적인 行次코스를 알아냈음.
　범인이 上海를 출발할 때 白貞善에게 폭탄은 틀림없는 것인가 라고 물었는데 白은 걱정 말라고 대답했으나 범인은 이를 믿지 못하여 공연히 헛되이 희생되는 것 아닌가 걱정되어 入京후인 지난 28일 숙소 2층에서 폭탄의 안전핀을 뽑아내고 사용방법을 연구한바 상당한 위력이 있는 것으로 판단했음에도 실제 이를 던졌을 때는 별로 효과가 없었음에 대해 거듭 거듭 유감스럽다고 自供했음.

上海 출발 때는 80円을 갖고 있었고 이 돈에서 船賃 23円과 기타 비용에 써 東京역 도착 때는 겨우 13~14円밖에 없었음. 이달 4일 菊屋橋 우편국 부근에서 木下正藏 명함 20매를 인쇄하여 이를 日本橋區 室町의 正金銀行에 제출하고 百円을 수령했음.

昭和 5년(1930년) 11월 20일 上海 吳淞路 日ノ丸 여관에 투숙, 2~3일 있었고 같은 지역의 福岡屋여관으로 옮겼음. 昭和 6년(1931년) 1월 上海 海林路 一時 무료 숙박소로 옮겨 약 20일간 체재했으며 昭和 6년 1월 20일경 같은 지역의 '데이란'橋 貞海路 明花 철공소의 제품 마무리직에 고용되어 그해 9월 중순까지 그곳에서 거주했음. 그로부터 같은 지역 비키고우路에 있는 永昌公司의 축음기 외무사원으로 채용되어 같은 해 12월 15일까지 이곳에 거주했음.

昭和 6년(1931년) 4, 5월경 上海 吳淞路 모 음식점에서 朝鮮人 白貞善에 관한 얘기를 듣고 다음 일요일에 같은 곳 佛租界 西門路 西門里 白貞善의 거처를 방문했으나 白이 부재하여 면회하지 못했으며 다음 일요일 다시 同人을 방문, 집에 있어서 면회를 한바 白은 李奉昌을 데리고 중국 요리점으로 가 찾아온 용건을 물었음. 이에 대해 李奉昌은 폭탄을 입수하려고 애태우고 있으나 입수하기가 어려워 白에게 부탁하면 가능할 것이라고 생각하여 입수방법에 관해 얘기했으나 白은 잠자코 대답하지 않아 李는 白의 집을 물러나왔음.

당시 李는 白이 자기를 신용하지 않기 때문에 대답을 피한 것으로 생각했으며 그 후 한동안 방문을 중단했으나 日支事件 발발 1개월 전인 10월경 白을 다시 찾아가 전에 부탁했던 폭탄입수건을 다시 의뢰했으며 입수된다면 여비는 자신이 부담하겠다고 덧붙여 말하자 白은 이에 대해 아무런 대답도 하지 않아 할 수 없이 그대로 물러나왔음.

그 후 약 1개월이 지난 12월 초순 白으로부터 면회했으면 하니 來訪하라는 통신을 접하고 즉시 白을 방문한바 白은 "폭탄은 이미 입수했네만 자네는 실행할 용기가 있는가, 만약 용기가 있다면 여비까지도 줄 수 있네"라고 했음. 이에 대해 李는 자기를 신용해 달라, 반드시 단행하겠다고 말하고 다음 일요일 만나기로 약속하고 물러나왔음.

이 해 12월 13일 白을 방문했으나 同人은 없고 처자만 있어 이야기를 나누지 못했는데 같은 날 오후 7시 白이 귀가함에 따라 白과 함께 집을 나와 러시아인이 경영하는 모 음식점으로 갔으며 여기서 白貞善으로부터 300불을 받고 숙소로 돌아갔음. 가게 주인에게 자기는 송금을 받았기 때문에 귀국해야겠다고 말하자 고용주는 바로 正月도 가까워 오고 바쁜 때에 귀국하는 것은 곤란하니 잠시 歸省을 미루어 달라고 했음.

그 뒤 15일 白과 만났을 때 폭탄을 보여주어 시험해 보자고 말했는데 白은 자기를 신용하라, 반드시 폭발할 것이 틀림없다고 하므로 그 사용방법 등을 가르쳐 받고 歸宅함. 다음 16일 밤 중국인이 경영하는 숙박업소인 申泰浩집에 白과 함께 동숙, 그날 밤 白으로부터 2개의 폭탄을 건네받고 다음날 17일 아침 白과 함께 明華鐵工所의 꼬마 심부름꾼의 배웅을 받으며 氷川丸편으로 上海발 東京으로의 길에 올랐음.

保安課附記
(白貞善의 身元 慶南에 照會 중)

22. 宇垣 총독의 犬養 내각 비판

收受電報 昭和 7년 1월 10일 오후 3시 25분 發 오후 4시 20분 受
東京 北村 派遣員 發
警務局長 앞

오늘 10일자 《東京日日新聞》 제 19,903호 제 2면에 '信念의 問題'라는 제목으로 다음과 같은 기사가 있었음. 기사내용은 여당 일부에서 문제화할 가능성도 있으므로 유념하시기 바람.

大邱발
宇垣 조선총독은 9일 오전 10시 京城발 열차로 東上(東京으로 가는)의 길에 올랐는데 犬養 내각이 優詔(내각 총사직을 철회하라는 日皇의 말씀: 역자)을 수락한 데 대해 다음과 같이 말했다.

일단 총사직을 하고 난 뒤 優詔을 拜受하는 것은 글쎄 어떨까 싶다. 이러한 일은 요컨대 信念의 문제다. 처음의 신념이 옳은 것인지 나중의 신념이 잘못된 것인지 둘 중의 하나이겠지만 이것을 한마디로 말한다면 결국 二重信念이라고 할 수 있겠지. 야당에게는 좋은 공격재료를 준 셈이 됐다. 나 자신도 황공하여 오직 근신하올 뿐이다.

23. 이봉창 豊多摩형무소 수감

收受電報 昭和 7년 1월 9일 오후 8시 42분 發 오후 10시 受
東京 北村 派遣員 發
警務局長 앞

불경사건 범인 李奉昌에 대한 취조상황을 여러 차례 보고했는바 체포 이래 경시청에 유치중에 있었으나 오늘 오후 東京地方재판소 판사 秋山高彦의 拘留狀에 의해 豊多摩형무소에 수용됐음.

24. 친일파의 움직임

收受電話 昭和 7년 1월 9일 오후 1시 30분 受
京畿道 警察部長 發
警務局長 앞

不敬事件에 대한 鮮人 有志의 懇談會 開催의 件
　오늘 오전 11시 30분부터 오후 0시 50분까지 府內 食道園에서
申錫麟, 朴榮喆, 韓相龍, 閔大植 외 2~3명의 발기로 불경사건에
대한 朝鮮人 유지의 간담회를 개최하여 집회자 34명 명의로 다음
사항을 결정했기에 일단 보고함.

一. 總理大臣, 拓務大臣, 宮內大臣, 總督 앞으로 다음과 같이 電報
　를 보낼 것.

　어제 갑자기 발생한 불경사건에 대해 송구스러운 마음을 어찌할
　바 모르겠으며 赤誠으로써 謹愼의 뜻을 올립니다.

　朝鮮人 有志代表:
　申錫麟·朴榮喆·韓相龍·閔大植·趙性根·金明濬·朴義稷

二. 위 7명은 오늘 총독부 및 군사령부를 방문하여 같은 뜻을 말하
　고 근신의 뜻을 표할 것.
三. 다음 3명은 각 신문사를 방문하여 근신의 뜻을 표하고 있다는
　요지의 기사를 게재하도록 의뢰할 것.
四. 오늘부터 12일간 유흥 적 연회에 참석하지 않을 것.
　이상
　石鎭衡·金潤晶·張廣植

25. 이봉창의 신원 (詳報)

電話 昭和 7년 1월 9일 오후 2시 30분 受
於 龍山署 谷 屬 發
警務局長 앞

李奉昌의 신원 및 기타에 관해 그 후 판명된 것은 다음과 같음.

(1) 李奉昌은 文昌學校 졸업 후 14~5세 때 龍山 元町 二丁目 和田 衛生堂 과자점의 점원이 됐으며 그 후 大正 2년(1913년)경 漢江 洞 16 村田印一 약방의 점원이 됐음. 村田家에서 일하고 있을 때 당시 철도국 영업과 화물계 근무서기 井上界一를 알게 돼 그의 소개로 大正 8년(1919년) 철도국에 취직하게 됐음.

(2) 조카 銀任이 취직해 있던 곳은 철도국 授産部 共勵舍 洋服部 직공이었음.

(3) 前記 井上界一의 처가 大正 13(1924년) 內地에 歸省하려 할 때 李 奉昌으로부터 銀任을 애보개로 데려가 달라는 청을 받고 銀任을 데려가기로 했으며 이와 함께 奉昌도 동행하기로 했다는 것임.

　　奉昌은 그들보다 1년쯤 뒤에 일본으로 건너갔다고 말하는 자도 있으나 아직 밝혀지지 않았음.

　　井上는 그 후 旧馬山역으로 전근 갔다가 작년 11월 大田역 화물 주임으로 있을 때 사망했음.

　　井上의 본적: 福岡縣 朝倉郡 宝珠山村 大字宝珠山 1209

　　井上 처의 출생지: 大分縣 中津이하 불상

(4) 李奉昌은 大正 14년(1925년) 11월 1일 시행된 簡易國勢調査때 조사위원이 되어 錦町 80번지에서 같은 町 180번지까지를 맡아 조사를 해 10월 중순 府廳으로부터 돈 10圓과 나무잔(木盃) 1 개를 받은 사실이 있음. 또한 본인을 잘 아는 숙모 孫召史의 말 에 따르면 大正 14년 수해 후 본인이 찾아와 가을쯤 內地로 건

너갈 것이라고 말한 것으로 미루어 본인의 渡航은 大正 14년 11월경임이 확실한 것으로 판단됨.

孫召史의 주소: 始興郡 北面 本洞里 130 當59年

(5) 李奉昌은 大正 15년(1926년)경 兵庫縣 城崎郡 三江村 下宮 小西升次郎씨 집에서 表具師의 심부름을 약 1년 동안 한 사실이 있음.

小西와는 李奉昌이 村田약방에서 일하고 있을 때 옆집의 정육점 岡田淸造씨의 생질로 함께 살고 있어 친해져 小西의 본적지에 寄宿한 것으로 大阪에서 노동하다 병이 생겨 잠시 휴양하기 위해 城崎에 갔던 것임.

(6) 龍山署 鄭형사부장이 말하는 本人의 인상은 키 5尺 3寸 정도, 피부색 검고 마른형이며 눈 작고 코는 보통이며 얼굴은 길고 턱은 좁으며 특징은 머리에 새치가 섞여 있고 얼굴에 주근깨가 있음.

26. 이은임의 봉천생활

昭和 7년 1월 9일 오후 4시 17분 受
京畿道 警察部長
警務局長 앞

李奉昌의 조카 銀任의 현주소 奉天弥生町108 岩瀬씨에 대해 奉天署에 조회한바 다음과 같은 답전이 왔음.

李奉昌의 조카 李銀任은 日本에 渡航한 적이 없으며 작년 8월경부터 知人의 보살핌에 의해 岩瀬씨 집에 애보개로 일하고 있는데 그에 따르면 李奉昌은 大正 14년(1925년)에 渡日, 大阪 大正橋 가스회사에 취직 후 약 5년쯤 있다 퇴직했고 東浣橋 2丁目에 거주했으며 서신 왕래한 적 있으나 그 밖의 소식은 불명하다 함.

27. 압록강변 만주지역 "비적" 출몰

收受電話 昭和 7년 1월 6일 오후 9시 40분 受
平安北道 警察部長
警務局長 앞
對岸狀況

(1) 昨5일 鷄冠山 수비대 曹長 이하 20명은 구랍 18일 秋木莊역을 습격하여 역장과 역원을 살해한 兵匪 두목 錢公難의 잠복장소인 媽峇부근(鳳凰城縣내) 부락을 포위공격, 錢公難을 체포하여 현재 부대에서 취조중임.

(2) 鳳凰城 동북방 2리 健家堡子 부근에 兵匪 수백 명이 출몰했다는 정보에 따라 鳳凰城 수비대가 昨5일 밤 11시 현지에 출동, 靉河 부근에서 비적 첨병(기마병) 약 150명과 충돌하여 이를 격퇴했는데 그 배후에는 약 500명의 본부부대가 있어 불온획책을 꾀하고 있다 함.

28. 親日派의 움직임 (24와 같은 내용의 문서임)

收受電話 昭和 7년 1월 9일 오후 1시 30분 受
京畿道 警察部長 發
警務局長 앞

不敬事件에 對한 鮮人 有志의 懇談會 開催의 件
오늘 오전 11시 30분부터 오후 0시 50분까지 府內 食道園에서 申錫麟, 朴榮喆, 韓相龍, 閔大植 외 2~3명의 발기로 불경사건에

대한 朝鮮人 유지의 간담회를 개최하여 집회자 34명 명의로 다음
사항을 결정했기에 일단 보고함.

　一. 總理大臣, 拓務大臣, 宮內大臣, 總督 앞으로 다음과 같이 電報
　　를 보낼 것
　　어제 갑자기 발생한 불경사건에 대해 송구스러운 마음을 어찌
　　할 바 모르겠으며 진심을 다하여 謹愼의 뜻을 올립니다.

　　　朝鮮人 有志代表:
　　　申錫麟·朴榮喆·韓相龍·閔大植·趙性根·金明濬·朴義稷
　二. 위 7명은 오늘 총독부 및 군사령부를 방문하여 같은 뜻을 말하
　　고 근신의 뜻을 표할 것.
　三. 다음 3명은 각 신문사를 방문하여 근신의 뜻을 표하고 있다는
　　요지의 기사를 게재하도록 의뢰할 것.
　四. 오늘부터 12일간 유흥 적 연회에 참석하지 않을 것.
　　이상
　　　石鎭衡·金潤晶·張廣植

29. 마지막 上海에서의 李奉昌 행적

收受電報寫 昭和 7년 1월 9일 오전 10시 24분 發 오후 3시 30분 受
上海 林 통역생 發
警務局長 앞

어제 전보받았음. 不敬사건 범인 李奉昌은 1년 전 來滬하여 작
년 10월부터 兵庫縣人이라 자칭하여 共同 租界 閔行路에 있는 축
음기 상인 永昌公司(중국인 경영)에 취직하여 외교사무에 종사중

12월 13일 향리에서 송금이 왔으므로 일단 귀국한다며 휴가를 얻어 이달 17일 이곳 출발, 永川丸에 兵庫縣 城ノ崎郡 三江村의 축음기상 木下庄造라 사칭하고 승선, 神戸로 향해 출발한 자인바 前記 永昌公司에서는 일본인으로 믿고 있었을 만큼 아무런 용의점도 발견하지 못했다 함. 그런데 警保局長이 赤木사무관에게 보낸 전보에 따르면 本名은 본적 朝鮮 京城府 新錦町 118, 木下庄造또는 淺山正一 곧 인부 李奉昌 당23년으로 작년 上海 閔行路의 축음기점 永昌公司에 근무하다 12월 13일 전부터 알고 있는 佛租界 西門路 西門里 7호 가정부 총무 白貞善이라는 자로부터 은 300 불을 받았고 또한 이 달 17일 폭탄 2개도 받아 그날 永川丸로 上海출발, 神戸를 경유 22일 着京 운운했다 함.

이 假政府 총무 白貞善이란 자는 인상서에 의하면 가정부 재무부장 金九, 호는 白凡이라 칭하는 자와 彷彿하다 함. 金九는 작년 5월 중순 폭탄 2개를 입수했다는 정보가 있었으며 어쩌면 이 사람이 中國측으로부터 자금을 끌어내어 日本 사정에 정통한 李奉昌을 사주하여 이 사건을 일으킨 것이 아닌가 사료되며 관계 각 관헌과 밀접한 연락을 취하며 극력 수사중에 있음.

30. 金九의 신원

保安課 附記
金九의 身元
本籍 黃海道 安岳郡 安岳面 板八里 18
住所 上海 法界 望志路 南永吉里 26号
金九 白凡 곧 金龜 明治 9년생

經歷의 概要

　소학교 교원 봉직중 大正 8년(1919년) 4월 上海로 건너가 上海
假政府에 투신하여 독립운동에 힘써 大正 11년(1922년) 가정부 경
무국장이 됐고 大正 11년 9월 26일 내무총장이 됐으며 동15년(1926
년) 10월 11일에는 가정부 國務領이 됐음.

　昭和 4년(1929년) 8월 29일 上海 韓人교민단장이 됐고 昭和 5년
(1930년) 11월 大韓임시정부 國務委員이 되고 財務部長이 되어 오
늘에 이르렀음.

　(以下 金九 人相書 생략)

31. 梁履涉씨 人相카드

　(생략)

32. 在東京 한국인의 動靜

　오후 2시 23분 發
　收受電報 昭和 7년 1월 11일 오후 4시 40분 受
　東京 北村 派遣員 發
　警務局長 앞

　불경사건에 관한 在京 鮮人의 감상 및 동정 등에 관해 목하 종
합정리중에 있으나 본 건에 한해서는 우익파는 물론이고 볼세비키
아나키스트 등의 兩系 모두도 遺憾事로 생각하며 兇行을 하필이면
日皇에게 직접 행동으로 저지른 데 대해 수긍하지 않는 입장임.

다행히 폭탄이 玉車(임금님 수레) 부근에 낙하한 것은 불행 중 다행한 일로 만일의 사태가 발생했더라면 황실에 대한 崇敬의 念이 높은 일본 국민의 격분이 극도에 달해 震災(1923년 9월 1일 관동지방을 강타한 대지진: 역자 주) 당시 일어났던 이상한 일대사건(일본인이 이 지진을 빌미로 재일 한국인을 대량 학살한 가건: 역자 주)이 발생했을 것이라는 주장도 있음.

한편 相愛會는 이미 보고한 대로 9일 아침 회원 120여 명을 二重橋 앞에 정렬, 皇居를 향해 사과의 말씀을 드렸는데 이것이 일본인 식자들에게 호감을 주었지만 在京 鮮人들이 사건 직후 이곳에 와 유감의 뜻을 표하는 일도 날이 갈수록 줄고 있음. 유념하시압.

33. 李春泰가 金龜?

收受電報寫 昭和 7년 1월 11일 오후 11시 受
上海 林 파견원
警務局長 앞

불경범인 李奉昌에게 송금한 法界 西門路 西門里 7호 白貞善의 신원에 관해 내사한 결과 이 곳 버스회사 인스펙터 李春泰 당33년 平安南道 中和郡 邑內 출신(언뜻 보기에 일본인 풍으로 영어 중국어 일본어에 능통함)에 꼭 들어맞음에 따라 그 요지를 赤木내무사무관에 통보하고 그의 사진 필적 등의 수집을 위해 수배중임.

金九의 그 후의 동정은 전혀 불명이나 10일 밤은 支那町 國民黨員 宋모 집에 잠복 철야했다는 정보 있음.

이 불경사건에 관한 발표가 있자 이곳 法界거주 假政府 관계자는 일제히 모습을 감추었음.

34. 李奉昌의 공범?

電報 昭和 7년 1월 12일 오후 4시 12분 發 오후 10시 受
東京 北村 屬發
警務局長 앞

불경 범인은 그 후의 취조에 의해 李奉昌 단독으로 잠입한 것으로 판단되고 있었던바 어젯밤에 이르러 갑자기 공범이 있는 것으로 추정되는 새 사실을 발견하고 극비리에 엄탐중에 있는데 일단 그 상황을 다음과 같이 보고함.

오늘 皇太后폐하의 행차가 있어 불경사건 돌발 직후의 일이라 경시청은 어제 밤새 일제검속을 단행한바 李奉昌이 숙박했던 旭(朝日의 오기인 듯함: 역자) 호텔에 7일 투숙한 언뜻 보기에 일본인으로 판단되는 27~28세 가량의 남자가 있었음. 그는 鹿島縣人 前田三郎라 칭하고 1박했던바 투숙 이후 그 태도가 매우 침착하지 못했고 다음 날인 8일에는 이른 아침부터 특히 더하였으며 櫻田門外 불경사건이 호외로 알려지자 허둥지둥 당황하여 소지품도 그대로 두고 어디론가 가버린 채 그 후 돌아오지 않았다는 신고에 따라 즉각 본인 소지의 트렁크를 조사한바 춘추복 3벌과 기타 약간의 잡품이 있었으며 양복에 보통 붙어있는 이름은 일부러 떼어내 누구의 것인지 알아내지 못하도록 은폐하고 있었음. 이 트렁크에는 日韓병합당시 작성 반포된 것으로 보이는 四方 1尺 1.2寸의 이중으로 짠 帛紗가 있었는데 도안은 중앙에 백색의 잠자리가 날개를 펴 위아래 양단으로 나눴고 잠자리의 몸뚱이는 옛 한국 기에 그려있던 2색으로 돼 있으며 일부 구석에도 꼭 같은 잠자리와 2색이 그려져 있었는데 그 밖에 윗부분에 明治 43년 8월 29일부 韓庭待遇의 詔를, 아랫부분에 같은 날짜의 倂合詔書를 염색했으며 그 오른쪽에 동그란 스탬프를 염색했는데 스탬프의 둘레에는 日韓倂合條約記念이라는 8자가 있음.

이 帛紗외에 昭和 6년 8월 날짜 불상의 大連우편국 日附 스탬프가 찍힌 3전 짜리 우표가 발견됐으나 이보다 먼저 경시청에서 범인 李奉昌이 東上 직후 투숙한 尾張屋 여관주인을 취조했을 때 이달 4일 27, 8세 정도의 內地人풍의 청년이 木下昌藏(李奉昌의 거짓이름) 군은 없는가 라며 찾아온 적이 있어 尾張屋 여관을 방문한 자와 旭호텔에 투숙한 자가 나이뿐만 아니라 인상도 유사한 점으로 미루어 이 양자 사이에 무엇인가 맥락 관계가 있는 것은 상상하기 어렵지 않음.

이러한 의외의 새 사실 발견으로 당국은 긴장하고 있으며 小官도 협력 내탐중에 있는바 ① 上海파견원에 대해 李奉昌 출발 당시 공범으로 판단되는 자가 있었는지 여부, ② 앞서 말한 帛紗가 당시 누구의 손으로 작성되어 어떤 범위까지 반포됐는지, 이상 두 가지 점에 대해 회보해 주기 바람.

保安課 附記
(1) 공범관계에 관해 上海 파견원에 전보침.
(2) 帛紗 관계에 관해 조사중임.

35. 李春泰의 신원

收受電報 昭和 7년 1월 13일 오전 2시 50분 受
平安南道 警察部長
警務局長 앞

李春泰의 신원에 관한 건

本籍 平安南道 中和郡 中和面 草峴里 212番地

住所 같음

과수원 경영 호주 李鍾奎의 장남

李春泰 明治 23년 1월 5일생

위 사람에 대한 首題의 건 조사한 바 다음과 같음.

(1) 학력: 大正 5년 平壤 사립 光成高等普通學校 졸업

(2) 性行 및 在京중의 경력: 성격 약간 粗暴하며 술을 좋아하고 소
행 불량하다는 소문 있으나 사상적으로는 오히려 불온한 언동을
弄한 적이 없으며 사상단체 등에 관계한 바도 없으나 渡航후 환
경의 분위기에 자극받아 사상이 악화된 것으로 판단됨.

(3) 도항 연월일 및 목적: 大正 11년(1922년) 봄(月日 불상) 유학 목
적으로 아버지로부터 여비 3백원을 받아 단신 上海로 도항했음.

(4) 上海에서의 동정
속사정은 잘 모르겠으나 도항 후 2년간은 上海 소재 모 학교(교
명 불상)에 입학, 大正 14년(1925년)부터 영국인(성명불상)
이 경영하는 승합자동차회사에 취직하여 처를 불러들였고 얼마
안돼 부감독이 됐으며 이후 이 회사에 근무하고 있는바 그 동안
귀국하는 처자와 동반하기 위해 昭和 4년(1929년) 3월 10일 귀
국하여 자기 집과 처가인 大同郡 在京里面 氷庄里에 20일간 체
류한 뒤 3월 29일 처자를 데리고 上海로 돌아갔음. 체재중에 친
하게 지낸 인물은 없으며 행동에도 이상한 점 없었고 그 후 집
안형제 등과의 통신에서도 용의점이 없으나 근친자 및 각방면에
대해서 계속하여 내사중임.

(5) 본인의 사진 및 필적: 大正 13년(1924년) 및 昭和 3년(1928년)경
上海에서 찍은 사진 2장과 필적 입수했는바 별도 후송하겠음.

(6) 實父의 인물 됨됨이와 근친관계: 實父는 과수원 경영을 위해 大
正 9년(1920년) 旧 4월 16일 平壤府 景昌里에서 현 주거지로 이

346

사했는데 平壤에서 살 때는 金貸業을 했으며 漢字의 소양이 있고 성격은 완고하여 자존심이 강해 남과의 교제를 좋아하지 않는 편이나 배일사상을 품고 있지는 않음. 자산은 약 1만원을 소유, 중류의 생활을 하고 있음. 특별히 악평을 듣지 않고 있으며 거주지에서 보통의 신용 있음. 母는 平壤府 景昌里 554번지에서 金貸業을 하는 李濟鵬의 손위 누이이며 이들 부부사이에는 6남 5녀가 있고 장남은 李春泰이며 차남 勤泰 당28년은 별거하나 아버지와 같은 동내에서 살고 있는데 그는 계통적 학력은 없이 현재 미곡상(소매)을 운영하고 있고 사상적인 인물은 아님. 3남 善泰 당20년은 平壤사립 崇實학교, 4남 錫泰는 平壤 崇仁상업학교에 재학중이며 장녀는 平壤, 차녀는 江東郡에, 3녀 4녀는 모두 中和郡내에 시집갔는바 각기 신원 조사중임.

기타 近親者 중 伯父(父의 兄)는 大同郡 龍山面 草澤里 李鍾源, 伯母(父의 姉) 李씨는 平壤府 倉田里 고 金性鎭에 출가해 두 아들을 두었는데 金學洙, 金良洙라 하며 모두 平壤의 平安自動車部의 사무원으로 있음.

그 밖의 자세한 것은 목하 조사중에 있음.

36. 上海에서의 수사

收受電報寫 昭和 7년 1월 13일 오전 8시 56분 發 오후 2시 20분 受
上海 林 통역생 發
警務局長 앞

불경범인 李奉昌이 氷川丸으로 17일 오후 3시 이곳 郵船 부두에서 출발할 때 전송한 자 가운데는 明華機蓄商 근무 때의 동료인 가죽롤 제작공 失野德次郎 당35년이 있었는바 이에 대해 취조한 결과 범죄에는 관계없는 것 같음.

그의 주장에 따르면 전송할 때 이미 氷川丸 3등 선실 내에 키 5 尺 5~6寸 얼굴에 살이 찐 긴 얼굴, 눈 약간 크고, 코가 우뚝, 입 보통, 피부색 약간 검고, 머리는 길어 모자 밑으로 나와 있고, 소 프트칼라에 양복차림의 27~8세의 남자가 있었는데, 이 사람과 친 밀하게 일본어로 말하고 있었으며 또한 그 자리에 37~8세의 키가 작은 중국옷 차림의 남자도 있었던 것으로 기억한다고 말했음.

이 27~8세의 남자는 지난번 전보로 보고한 李春泰와 꼭 들어맞 는 인물로 사료되나 중국옷의 남자는 누구인지 아직 판명되지 않 았음. 이날 선객명부 등을 조사했으나 공범자로 인정할 만한 자의 동행사실은 판명되지 않았음. 그 후 이곳의 수사에서는 새 사실이 밝혀진 것은 없고 金九의 소재는 여전히 불명함.

오늘 이곳 國文통신기자는 韓國獨立黨의 通電이라면서 "본당은 삼가 한국 혁명유지 李奉昌이 日本 황제를 저격하는 霹靂一聲으로 써 전세계 피압박 민족의 신년의 행복을 축하하고 이와 함께 환호 하면서 곧 바로 제국주의자의 아성을 향해 돌격하여 모든 폭군과 악정치의 首犯을 없애고 민족적 자유와 독립의 실현을 도모할 것 을 바란다. 大韓民國 14년 1월 9일 韓國獨立黨"이라고 보도했으 며, 중국 신문에는 李奉昌을 한국의 유지라고 게재했는데 그 밖에 불경기사도 많음.

37. 氷川丸 동승 용의자 수사 답보

收受電報寫 昭和 7년 1월 13일 오후 5시 20분 受
上海 林 통역생 發

警務局長 앞

전번 전보에서 失野德次郎가 진술한 3등 선객은 그 후 하선한 낌새는 없으며 또 선객명부에 주소 성명 불상의 것 1건이 있고 불경범인 李奉昌과 神戶까지 동행한 자가 있음은 사실이나 그 인물의 공범여부는 아직 판명되지 않았음. 이곳의 공범자로 판단되는 李春泰는 그 후 이상 없이 근무하고 있음.

金九는 11일 낮 法界 西門路 길거리에서 눈에 띄었으나 그 소재는 파악하지 못했음. 어젯밤 9시부터 가정부 요원 등 10여 명이 최근 安東에서 上海에 온 영국인 G. L. Show?의 환영회를 열었으나 金九의 모습은 안 보였음.

保安課附記 제 1항을 北村 파견원(東京)에 전보로 알렸음.

東京炸案의 眞狀(원본)

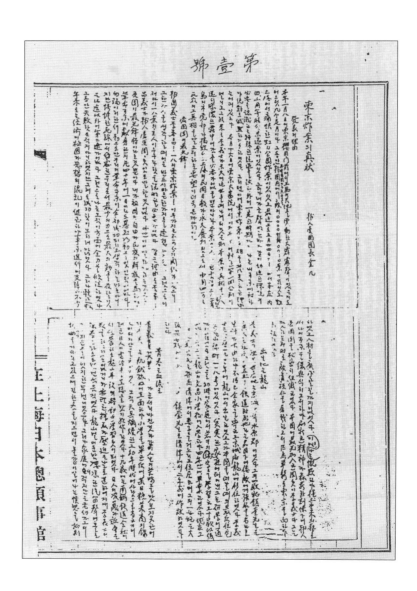

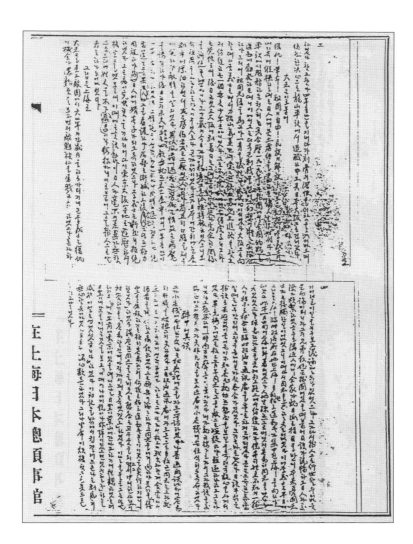

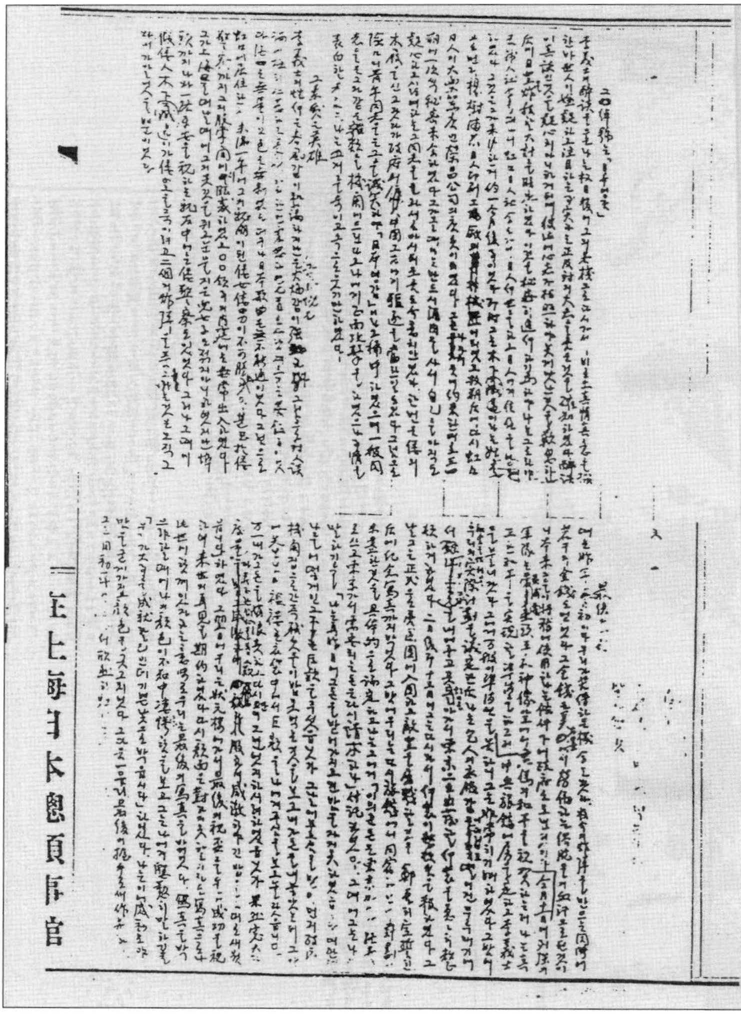

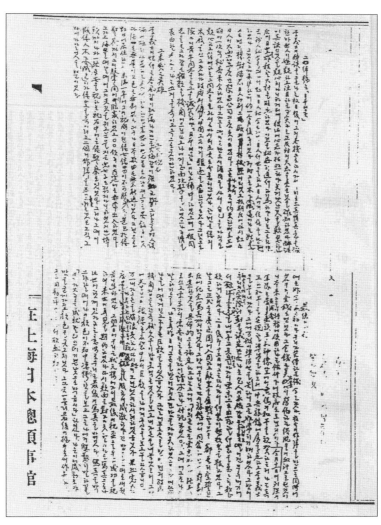

〈동경작안의 진상〉 1932년 이봉창 의사의 일황 히로히토 폭탄투척 직후 백범 김구 선생이 중국신문에 기고.

東京炸案의 眞狀

韓人愛國團 團長

金九

發表의 理由

금년 1월 8일에 東京 櫻田門前에서 三島의 천지를 진동한 大霹靂聲이 있은 지도 어느덧 九介足月이다. 그동안 本愛國團의 사업으로는 韓國內에서 敵의 ○○○○, ○○○○案이 있었고 上海에서 통쾌한 虹口公園炸案이 있었고, 최근으로 5월 24일 大連에서 本庄, 內田, 山岡 등 暗殺未遂案이 있었다. 그러나 내가 늘 聲明한 바와 같이 절박한 환경의 필요를 인식하는 특수한 경우를 除한 外에 일정한 시기까지 나는 내 사업에 대하여 절대로 緘默하기로 하였다. 그러면 이에 東京炸案의 眞相을 발표하는 이유는 어디에 있느냐. 本月 16일에 東京大審院에서 이의 本案에 대한 제1회 公判이 열리고 그 결과로 李義士가 未久에 此世를 떠나게 된 것은 則 本案의 眞相을 영원히 朦朧한 霧中에 감출 필요가 없을 뿐 아니라 本案에 관련된 言論으로 倭敵에게 靑島의 市黨部가 搗毁되고 上海의 民國日報가 永久廢刊됨으로써 中國 四万万民衆의 그 眞相을 알고자 하는 要望이 더욱 큰 까닭이다.

354

愛國團의 最先鋒

韓國義士 李奉昌! 一·八의 東京炸案! 이 두 가지는 불가분의 관계가 있으니 그 한 가지를 생각할 때에는 반드시 다른 한 가지를 연상하게 된다. 그럼으로 이제 다시 一八案의 주인이 누구라 함을 설명할 필요가 없다. 같은 이유로 李奉昌 義士가 韓人愛國團 團員임도 말할 것 없다. 다만 이에 말하려 하는 것은 그가 吾團의 最先鋒將이라는 것뿐이다. 내가 조국의 자유와 민족의 해방을 위하여 혁명사업에 헌신한 지 凡四十年에 一日이라도 暴烈行動을 잊은 적이 없다. 물론 이러한 행동으로만 우리의 혁명사업이 전부 성공되리라고 생각하는 바는 아니지만 참담한 死線에서 處한 우리로서 최소의 力으로 최대의 效를 收할 것은 此途 이외에 第二途가 없다. 그럼으로 나는 오직 이 방면에 전력을 경주하였다. 그동안 실패함도 적지 아니하였지만 그래도 성공함이 오히려 많았다. 그러나 輓近 數年來로는 經濟의 極困과 思想의 混亂이 계속하여 사업진행에 지장이 不少하였고 人才를 廣求할 길까지 없었다. 나는 이를 개탄하여 捲土重來의 勢로써 나의 사업을 부흥시키고저 하여 刷新한 정신과 삼엄한 훈련하에 韓人愛國團을 비밀히 조직하였다. 本團에 最先加入한 團員이 李義士이다. 그는 가입하는 즉시 敵皇 裕仁을 屠戮하고자 匹馬單騎로 東京을 向하여 衝殺하였다.

出生地는 龍山

李義士의 祖先 世居地는 京城 남쪽 水原郡이었다. 그의 嚴親 鎭奎 선생은 광대한 祖宗의 遺土를 鐵道附屬地라는 名目下에 倭

敵에게 强佔을 당하고 生計가 末由하여 부득이 全家를 率하고 京城府 龍山에 이주하였다. 李義士는 公曆 一九00年에 龍山에서 出生하였고 그가 本國을 떠날 때의 최후住宅은 龍山 錦町 118호에 있었다. 빈한한 가정에 태어난 그는 硏學의 道까지 잃었다. 그럼으로 幼時에 가정에서 약간의 문자를 학습하고 10세 이후에야 처음으로 龍山의 文昌小學校에 입학하여 4년 만에 畢業하였다. 現在 그의 仲兄 範台 씨는 韓國 淸津에서 처자를 거느리고 주거하며 그의 一女姪은 大阪 某 女校에서 修學하며, 鎭奎 선생은 淸津에서 2년 전에 作故하였다 한다.

靑春은 血淚로

꽃봉오리가 눈서리 맞은 것과 같이 인생의 苦味를 맛보지 못한 어린 李義士는 飢餓線에 직면하여 小學을 畢한 후에 某 日糖果商의 傭人이 되지 않을 수 없었다. 오직 천진난만한 그 유년시대에 사람으로 당하기 어려운 日人의 학대를 직접으로 받기 시작하였다. 19세에는 南滿鐵道會社에서 경영하는 龍山車站의 轉鐵手 學習員이 되었다. 日人의 능멸과 詬辱은 형언할 것도 없거니와 무리한 착취와 압박은 날로 심하여지매 李義士의 鐵拳은 하루도 몇 번씩 움직였다. 龍山벌 어둔 밤 처량한 汽笛聲에 홀로 짓는 피눈물이 어찌 한두 번이었으랴. 그러나 가정에서 적지 않은 老幼가 그의 부양을 기다리고 있으매 긴 한숨을 지으면서 불같이 일어나는 분노를 억제하였다. 참고 참아 4년 동안을 지내다가 刻骨의 深恨을 더 참을 수 없으매 猛然한 결심으로 龍山車站에서 퇴직하고 곧 日本 大阪으로 건너갔다.

大志는 이로부터

復仇! 革命! 祖國의 自由! 民族의 解放! 이 모든 幻想이 李義
士의 머리 속에 縱橫할 때는 日人에게 몸소 학대를 당하던 傭人生
活時代다. 그가 車站에서 服務하던 첫 해 곧 公曆 1919년은 韓國
에서 전국적 독립운동이 발발하던 때니 이에서 그는 더욱 큰 자극
을 얻어 그 幻想이 점점 實際化하여 드디어 祖國光復을 위하여 一
身을 희생할 大決心이 되었다. 大阪으로 향할 때의 李義士는 벌
써 力拔山氣蓋世의 당당한 鐵血男兒요, 진로를 찾고자 방황하는
일개 無名少年은 아니었다. 그는 不入虎穴이면 安得虎子리오 하
는 각오로서 渡日하였고 大阪에 도착되는 그때부터 가정과 완전히
관계를 단절할 뿐 아니라 32세의 今日까지 獨身으로 流離轉輾하였
으니 오직 조국을 사랑하는 마음이 무엇보다 큰 까닭이었다. 그가
日本에 간 뒤에는 各都市에 漂泊하면서 혹은 노동자 혹은 工廠의
工人이 되어 苟且히 口腹을 채우며 겸하여 敵情을 살피었다. 異域
風霜에 과도한 노동은 정없는 병마를 유인하여 渡日한지 未久에
그로 하여금 四顧無親한 名古屋市에서 일년 동안이나 委席하게 하
였다. 그 정경을 생각하면 뉘 아니 동정의 淚를 금하랴. 絶處逢生
으로 某舊友가 그를 간호하여 병세는 漸減하고 該友는 또한 극력
주선하여 某日人에게 婿養子가 되도록 하였으나 李義士는 단연히
거절하였다. 그는 병이 완쾌함을 기다리어 다시 東京 大阪 등지로
遊歷하며 기회를 엿볼새 이때에는 언어동작이 日人과 毫末의 차이
가 無함으로 드디어 성명을 木下昌藏이라 俗稱하니 이로부터 그를
韓人으로 알 자는 하나도 없었다.

그립던 上海로

　大志를 품고 敵國에서 6, 7년의 긴 세월을 하루같이 지내온 李 義士는 復仇의 기회가 儂熟함을 보고 먼저 敵魁 裕仁을 屠戮하고 자 하였으나 혼자 하기 어려운 이 일을 누구보고 의논할 데나 있었 으랴. 그가 다시 韓人으로 行世할 수 없음은 물론이려니와 그의 兄弟叔姪은 한국에 있을 때부터 日語가 유창하고 日人과 교제가 빈번하였음으로 隣近人에게 全家가 親日派로 지목을 받아 본래 憂 國之士와는 접촉한 일이 없었으니 이 때 다시 동지를 求할 뜻도 없 었다. 이어 李義士는 平日에 그립던 上海 臨時政府 所在地인 上 海! 多數한 獨立運動者가 集中된 上海!를 향하여 떠났다. 작년 1 월 중순에! 上海에 도착되었으나 人地生疎한 그로서 어찌 容易히 同志를 만날 수 있었으랴. 조급한 가슴을 움켜쥐고 노상에서 방황 하다가 요행히 姓名不知의 一韓人의 지시로 비밀한 臨時政府의 通 訊處를 홀로 찾아오게 되었다. 곳은 으슥한 弄堂집, 때는 어두운 밤인데 그 집 위층에서는 마침 密會가 있었다. 오기는 바로 왔으 나 日語 半 섞은 韓語로 來歷없이 들어온 이 不知客이 친절한 태 도를 보일수록 더욱 의심을 사게 되었다. 필경 樓下에 있던 數三 청년동지는 그를 적으로 嫌疑하여 驅逐하려 하고 그는 아니 가려 고 懇求하여 一時 兩方의 聲音이 높아졌다. 내가 親히 樓下로 와 서 그와 數語를 교환한 바 그의 태도가 자못 비범함을 보고 근처의 小客棧에 安住시키도록 命하였다.

醉中에 眞談

그가 小客棧에 安住한 후 나는 비밀리에 그를 자주 尋訪하였으나 보통 閑談 이외에 容易히 肝膽을 披瀝하지 못하였다. 그가 政府 通訊處에 자주 오므로 多數한 동지는 그와 친근히 지내는 나를 不可하게 생각하였다. 하루는 그가 또 와서 數三의 직원과 함께 식당에서 酒肴를 준비하고 通飮하였다. 그는 醉興이 도도하여 그 동지들에게 향하여 묻기를 "倭皇을 屠殺하기는 극히 容易한데 何故로 獨立運動者들이 이것을 실행하지 아니합니까" 하였다. 滿座한 동지들은 비웃는 태도로 코웃음을 치고 그 중에 한 사람이 대답하기를 "容易할진대 아직까지 왜 못 죽였겠소" 하였다. 이 말을 들은 그는 또 말하기를 "내가 연전에 東京에 있을 때 어느 날 日皇이 葉山에 간다고 하기에 往觀하였는데 日皇이 내 앞을 지나는 것을 보고 '이때에 나에게 銃이나 炸彈이 있으면 어찌할까' 하는 感觸이 얼른 생겼었습니다" 하였다. 이 대화를 밖에서 귓결에 들은 나는 도저히 無心할 수 없었고 도로혀 滿心歡喜하였다. 그러나 坐席이 煩擾했으므로 모르는 체하고 말았다.

그 綽號는 '日本 영감'

李 義士의 醉談을 들은 나는 수일 후 그의 客棧으로 다시 가서 비로소 眞情眞意를 探한 바 世人이 嫌疑하고 注目하는 사실과는 정반대의 大志를 품은 것을 確知하였다. 醉談이 眞談인 것을 의심치 아니하게 되매 피차에 心志가 相照하여 늦게 만난 것을 탄식한 후에 日皇을 炸殺할 大計를 暗定하였다. 이것을 비밀히 진행하기

위하여 나는 그로 하여금 한인사회를 떠나서 虹口 日人社會로 가서 일인행세를 하고 일인에게 신임을 얻게 하였다. 그것은 그가 來滬한지 약 1개월 후 事였다. 즉시 그는 木下昌藏이라는 姓名으로 먼저 楊樹浦 某日人 印刷工場廠의 機匠이 되었고 數朔后에 다시 虹口 日人의 大樂器店인 榮昌公司의 점원이 되었다. 그는 나와 처음에 약속한대로 三·四朔에 一次씩 秘密來會하였다. 그가 올 때에는 반드시 酒肉을 사서 자기를 아직도 의심하고 싫어하는 그 동지들과 서로 마시되 조금도 개의치 않았다. 한번은 倭의 木履를 신고 왔다가 政府의 傭人中國工友에게 驅逐을 당한 일도 있다. 그러므로 險口의 청년동지들은 그를 譏笑하여 '日本영감'이라고 稱呼하였으며 일반동지들은 그와 같은 雜類를 機關에 들인다고 나에게 정면공격을 하였으나 事情을 表白할 뜻이 없는 나는 고개를 숙이고 속으로 웃기만 하였다.

그 素質은 英雄

李義士의 性行은 春風같이 和靄하지마는 그 氣槪는 火焰같이 강하다. 그러므로 對人談論에 극히 인자하고 호쾌하되 한번 진노하면 비수로 사람 찌르기는 다반사였다. 酒는 無量이고 色은 無制였다. 더구나 日本歌曲은 無不能通이었다. 그러므로 虹口에 거주한 지 未滿一年에 그의 親朋이 된 倭女倭男이 不可勝數였다. 심지어 倭警察까지 그의 股掌間에서 眩惑하였고 ○○領事의 內庭에는 무상출입하였다. 그가 상해를 떠날 때에 그의 옷깃을 쥐고 눈물지은 아녀자도 적지 아니하였지만 부두까지 나와 一路平安을 祝하는 親友中에는 倭警察도 있었다. 그러나 그때에 假倭人 木下昌藏이

倭皇을 죽이려고 二個의 炸彈을 품고 가는 것은 그와 내가 알았을 뿐이었다.

最後의 一別

때는 昨年末 月初이다. 우리가 고대하던 기회는 왔다. 數介의 炸彈을 만드는 동시에 약간의 金錢도 얻었다. 그 金錢은 美布墨에서 노동하는 교포들의 血汗으로 된 것이니 본래 그들이 特務에 사용하라는 조건하에 政府로 보낸 것이다. '仝月十一日에 列強의 軍隊는 黃浦靈頭平和神像 앞에서 虛僞의 和平을 축하하였는데 나는 진정한 和平을 실현할 준비를 하고자'中興旅館에서 방을 정하고 李義士를 불러왔다. 그에게 万般이 준비됨을 告하니 그는 非常히 기뻐하였다. 그 밤에 敵皇을 炸殺하는 우리의 실제계획을 議定한 후 나는 걸인의 의복같이 더럽고 떨어진 두루마기에서 銀錢 多量을 내어주고 곧 虹口로 돌아가서 東京으로 출발할 行裝을 急急히 整頓하게 하였다. 이틀 후 즉 13일에 그는 다시 와서 行裝이 整頓됨을 報하였다. 그 날 그는 정식으로 愛國團에 입단하고 敵皇을 屠戮할 것을 정중히 宣誓한 후에 紀念寫眞까지 박았다. 그 밤에 우리는 다시 旅館에서 同宿하면서 계획의 未盡한 것을 구체적으로 論定하고 나는 그에게 "이미 준 돈은 東京까지 갈 路費로 쓰고 東京가서 需要되는 돈은 다시 請求하라" 부탁하였다. 그때에 그는 나에게 말하기를 "나는 再昨日에 그 돈을 받아가지고 왼밤을 자지 못하였습니다. 대관절 나를 어떻게 믿고 巨額을 주셨습니까. 그날에 부르심을 받아 먼저 政府機關집으로 간즉 職員들이 밥 못먹는 것을 보고 내가 돈을 내놓았는데 그 밤에 선생님이 남루한 衣裳中

에서 巨額을 나에게 주심을 보고 놀랐습니다. 만일 내가 그 돈을 낭비하고 다시 아니오면 어찌하시려 하였습니까. 과연 寬大한 度量과 嚴正한 公心을 뵙고 탄복하며 감격하여 긴 밤을 그대로 새웠습니다"하였다. 그 다음날 우리는 狀元樓에 가서 최후의 祝杯를 들어 성공을 祝하며 來世의 再見을 기약하였다. 다시 안면은 대하지 못할지라도 사진으로나 此世에 함께 있자하는 의미로 우리는 최후의 사진을 박았다. 사진을 박으려 할 때 나의 안색이 不知中 처참함을 보고 그는 나에게 은근히 말하기를 "우리가 大事를 성취할 터인데 기쁜 낯으로 박읍시다"하였다. 나는 이에 감동되어 마음을 굳게 가지고 안색을 곧 고쳤다. 그 다음에 우리는 최후의 악수로서 작별하고 그는 자동차에 올라서 흔연히 虹口로 돌아갔다.

商品은 一月 八日에

李 義士는 虹口로 돌아간 뒤 수일 만에 여러 倭友 歡送中에 상해를 떠나 무사히 日本에 상륙하였다. 우리는 書信과 電報로써 소식을 통하며 그가 안전하게 활동하는 것을 알았다. 금년 1월초에 그가 東京에서 최후로 發한 電報中에는 "상품은 1월 8일에 꼭 팔릴 터이니 안심하라"는 부탁이 있었다. 이 전보를 본 나는 8일이 오기만 손을 꼽아 기다리었더니 과연 9일 아침에 기쁜 소식은 신문지상으로 傳來하였다. 이때의 쾌감이야 과연 形言할 수 없었다. 불행히 敵皇을 命中치 못하고 副車를 誤中 炸傷하였으나 이것만으로도 우리의 정신은 충분히 발휘하고 우리의 계획은 성공하였다 할 수 있다. 다만 지금까지 유감이 되는 것은 그때의 우리 역량이 虹口公園에서 尹 義士가 사용했던 그 巨彈을 만들 수 있었더라면 하

는 것뿐이다. 그러나 기회는 쉬지 아니하고 오나니 未久에 李義士
의 한을 우리 團員中에서 풀어줄 것을 확신한다.

莊嚴한 그 義氣

1월 8일 櫻田門前에서 자기가 던진 炸彈이 폭발함을 본 李義士는
현장에서 가슴에 품었던 國旗를 두르며 "大韓獨立 万歲"를 三唱하였
다. 敵에게 俘虜가 된 후에 그는 자기의 성명, 연령, 原籍이며 자신
이 韓人愛國團 團員으로 該團의 使命으로 敵皇을 屠戮한 뜻을 光明
正大히 선포하였다. 그 이외에는 금일까지 緘口하고 있으며 敵官이
所謂 審問을 行코자 하면 嚴辭로써 叱責 曰 "나는 汝皇을 對手로 하
였거늘 汝等 鼠雛輩가 焉敢히 나에게 無禮히 하느냐"하였다. 그러
므로 案件發生 後 9개월에도 필경 豫審을 行하지 못하고 본월 16일
에 소위 제1회 公判을 열었는데 법정에 선 李義士의 태도는 더욱 삼
엄하여 敵의 법정 위신이 말살되고 법정 내외가 소연하매 敵官은 황
당하며 개정한 지 5분만에 傍聽禁止를 선언하고 朦寐之中에서 공중
을 欺騙하여 曰 公判이 잘 진행된다 하였다. 듣건데 敵은 본월말에
李義士에게 死刑을 선고하리라 한다. 이 영광의 죽음! 億万人이 欽
仰치 아니할 리 없을 것이다. 그가 비록 단두대상의 한 점 이슬이 될
지라도 그의 위대한 정신은 日月로 더불어 千秋에 뚜렷이 살아 있을
것이니 우리는 도로혀 愚蠢한 敵을 一笑할 것뿐이다. 그러나 우리
韓人은 그의 肉身이 이 세상을 떠남을 기념하기 위하여 敵이 그에게
刑을 집행하는 날에 全体가 一頓의 飯을 絶하기로 결정하였다.
滿天下 革命同志여! 그날에 우리와 喜悲를 함께 하자!

1932. 9. 28. 夜半.

1901. 8. 10.	京城府 龍山區 元町 二丁目(지금의 서울 용산구 원효로 2가) 번지 불상 3통 3반에서 아버지 李鎭球, 어머니 孫씨 사이에 세 아들 가운데 둘째로 태어나다. 본적은 京城府 龍山區 錦町 118번지, 지금의 서울 龍山區 孝昌洞.
1908.	錦町(지금의 효창동)에 있는 서당에서 3년간 한문 공부하다.
1911. 4.	龍山區 靑葉町(지금의 청파동)의 4년제 소학교 文昌學校(天道敎에서 설립)에 입학하다.
1915. 3.	위 학교 졸업하자마자 빈한한 가정형편상 龍山區 元町 二丁目의 일본인 과자점 和田衛生堂에 점원으로 취직하다.
1917.	龍山區 漢江通(지금의 한강로) 16번지의 村田약국 점원으로 전직하다.
1919. 8.	龍山驛의 試傭夫로 전직하다.
1920. 1. 16.	驛夫로 승진하다.
1920. 2. 4.	轉轍手로 승진하다.
1920. 10. 1.	連結手로 승진하다. 1년 후부터 승급과 급여 및 상여금에서 한국인이 일본인에게 크게 뒤떨어지는 차별대우를 받기 시작, 식민지 민족의 비애를 맛보다.
1924. 4. 14.	신병을 이유로 龍山驛 사직하다.
1924. 9.	錦町 靑年會를 조직, 幹事를 맡아 하수도 청소, 夜警, 關帝廟 보존 등 공공 봉사활동을 펴다.
1925. 9.	임시 국세조사원으로 근무하다.

1925. 11.	조카 딸 銀任과 함께 일본 오사카로 가다. 취직자리를 찾아다니면서 韓國人이라는 이유로 여러 번 차별대우를 경험하며 反日感情을 품기 시작하다.
1926. 2.	오사카 가스회사에 취직. 이때부터 木下昌藏이라는 日本 이름을 쓰다.
1926. 9.	영양실조로 각기병에 걸려 兵庫縣 城崎郡 三江村 下宮에 사는 친구 小西升次郎 집에서 5개월 요양하다.
1927. 5.	오사카 가스회사에 복직하다.
1927. 12.	위 회사 경리담당 직원이 일거리를 잘 주지 않아 사직하다.
1928.	住友伸銅所의 尼ヶ崎출장소에 常備人夫로 취직하다. 직공모집에 응모하려 했으나 組長의 추천 거부로 무산, 다시 한 번 차별을 실감.
1928. 11. 7.	天皇 卽位式 참관하려고 京都에 갔다가 한글로 쓴 편지를 갖고 있다는 이유만으로 경찰에 검속되어 9일간 구류되다. 反日感情 더욱 고조하다.
1928. 12.	검속을 이유로 주변의 차가운 시선에 못 견디어 住友伸銅所 사직하다.
1929. 2.	오사카 山野비누상회에 일본인으로 변신하여 취직, 이때부터 2년간 일본인 행세하다.
1929. 9.	위 상회 무단 사직하다.
1929. 10.	東京으로 가 여러 곳 전전하다.
1930. 3.	東京 坂口 해산물 도매상점에 취직하다.
1930. 7.	위 상점 사직하다.
1930. 8.	東京 大木 가방상점에 외판원으로 취직하다.
1930. 11.	위 상점 무단사직하고 오사카로 가다. 이곳에서 친구 朴泰山을 만나 그에게서 "上海 영국 전차회사가 한국인 우대하며 임시정부가 한국인을 도와준다"는 말을 듣고

366

上海에 가기로 결심.

1930. 12. 6.   오사카 築港에서 上海행 笠置丸에 승선하다.

1930. 12. 10.   上海 상륙하다.

1931. 1.   大韓民國臨時政府를 방문해 金九(白貞善)와 첫 대면하
                 다. 영국 전차회사에 취직 부탁했으나 영어, 중국어 못
                 해 취직 단념.

1931. 3.   明華철공소에 취직. 두 번째 金九와 만나 日本 국내사
                 정에 관해 이야기 나누다.

1931. 4.   세 번째 金九와 만나 천황살해의 의의에 대해 논의하다.

1931. 5.   金九를 만나 독립투쟁에 관해 논의하는 가운데 "폭탄을
                 구해주면 日本에 가 거사하겠다"고 밝히자 金九는 "결
                 심이 확고하다면 내가 후원자가 되어 폭탄을 구해주겠
                 다"고 답변, 양자 사이에 의기투합하다.

1931. 9.   악기상점인 榮昌公司로 직장을 옮기다. 金九를 만나
                 폭탄 입수 독촉하자 金九는 이봉창 의사의 결심을 확인
                 하면서 폭탄은 물론 거사비용도 마련하겠다고 밝히다.

1931. 12. 13.   金九를 만나 러시아 식당에서 저녁을 먹으며 金九에게
                 서 거사자금으로 중국 돈 3백 불을 받고 사진관에서 태
                 극기를 배경으로, 손에는 2개의 수류탄을 들고 가슴에
                 '일본천황 살해를 맹세'하는 선서문을 달고 사진을 촬영
                 하여 韓人愛國團에 제1호로 가입하다.

1931. 12. 15.   金九와 만나 중국 음식점에서 저녁 먹고 中興여관에
                 투숙하여 수류탄 사용법을 배우고 의거결행 일시와 장
                 소에 관해 논의했으나 모두 이봉창 의사에게 맡기기로
                 하다.

1931. 12. 16.   金九와 만나 다른 중국 음식점에서 저녁 먹은 후 시계
                 점으로 가 金九에게서 8원 80전의 시계를 사 받고 中興
                 여관에 투숙하여 수류탄 운반방법을 배우고 이력서를

	작성하여 金九에게 제출하다.
1931. 12. 17.	아침에 金九와 狀元樓에서 의거성공기원 축배를 들고 사진관에서 기념사진 찍고 이별의 악수를 나눈 뒤 헤어져 오후 3시 日本 神戶행 우편선 氷川丸에 승선, 日本을 향해 上海를 떠나다.
1931. 12. 19.	일본 神戶에 상륙, 전차로 오사카에 도착하여 梅ノ屋 여관에 투숙.
1931. 12. 22.	오사카역에서 燕호 열차로 東京역에 도착, 淺草의 尾張屋여관에 투숙.
1931. 12. 23.	金九에게 1백 원의 송금을 요청하는 전보 치다.
1931. 12. 28.	새해 1월 8일 代代木 연병장에서 육군 始觀兵式이 열리며 이 觀兵式에 天皇이 참석한다는 《朝日新聞》기사를 읽고 이날을 의거결행일로 정하다. 尾張屋 여관에서 수류탄을 언제든지 던지면 폭발하도록 손질하다.
1932. 1. 4.	金九가 송금한 1백원을 받다. 金九에게 "상품은 1월 8일에 꼭 팔릴 터이니 안심하라"고 의거결행일을 알리다.
1932. 1.	金九, 臨時政府 국무회의에서 이봉창 의사의 의거계획을 보고.
1932. 1. 6.	오전에 始觀兵式이 열릴 代代木 연병장을 사전 답사하러 가는 길에 거사결행에 큰 도움을 준 大場全奎 헌병의 명함 입수. 代代木 연병장은 답사한 결과 연병장이 넓어 천황 접근이 어렵다고 판단, 거사 예정장소에서 제외하고 原宿를 거사장소로 정하다. 오후에 숙소를 尾張屋 여관에서 朝日호텔로 이전.
1932. 1. 7.	오후 5시 반경 수류탄이 든 보따리를 들고 神奈川縣 川崎의 유곽 玉木樓에 투숙하다. 기녀 靜枝에게 "내일 비가 오면 천천히 깨워도 되지만 날씨가 맑으면 7시에 깨워달라"고 부탁하고 잠들다.

1932. 1. 8.	날씨 맑음. 아침 7시에 기상. 8시에 수류탄 보따리 들고 玉木樓를 나와 국철 타고 거사 예정지인 東京 原宿역에 내리다. 그러나 이곳의 경찰 경비가 삼엄해 거사 장소를 赤坂見附로 변경했는데 이곳은 시간이 맞지 않아 마침 만난 택시로 경시청 근처까지 가다. 그 곳에서 大場헌병의 명함을 보여주고 경시청 현관 앞길까지가 마침 지나가는 천황 행렬에 수류탄을 던지다.
	수류탄은 폭발했으나 그 위력이 약하고 착각으로 인해 소기의 목적은 달성하지 못했으나 내외에 커다란 반향을 일으키다. 이봉창 의사는 자신이 결행했다고 밝히고 스스로 체포되다. 9번의 예심 가운데 첫 번의 예심조사 받다.
1932. 1. 9.	日本 신문들 이봉창 의사 의거를 호외로 보도하면서 주로 천황의 무사함에 초점 맞추다. 중국 신문은 이날부터 11월까지 31개 紙가 이봉창 의사의 의거를 높이 평가하고 日本과 日本皇室을 폄하하는 기사를 보도했으며 이에 대해 日帝가 탄압을 가해 中國언론이 수난을 겪다. 韓國獨立黨, 이봉창 의사 의거에 관한 성명 발표하다.
	이봉창 의사 豊多摩 형무소에 수감되다.
1932. 1. 10.	豊多摩형무소에서 '聽取書'진술하다. 韓國獨立黨은 이봉창 의사 의거에 즈음한 韓國獨立黨宣言을 발표하다.
1932. 1. 11.	豊多摩형무소에서 제2회 신문받다.
1932. 1. 12.	豊多摩형무소에서 제3회 신문받다. 東京 警視廳長 長延連 해임되고 후임에 東京府知事 長谷川久一 임명되다.
1932. 1. 13.	豊多摩형무소에서 '上申書'진술하다.
1932. 1. 16.	長延連 징계 면직되고 경시청 경무부장 등 7명 감봉처분

받다.

1932. 1. 20.	육군 헌병사령관 중장 外山豊造 등 6명 징계처분받다.
1932. 1. 21.	日本 사법성 金九 체포수사를 위해 龜山愼一검사를 上海에 파견, 수사가 여의치 않자 1개월 후 귀국하다.
1932. 1. 28.	豊多摩형무소에서 제4회 신문받다.
1932. 2. 9.	豊多摩형무소에서 제5회 신문받다.
1932. 2. 12.	豊多摩형무소에서 제6회 신문받다.
1932. 2. 13.	豊多摩형무소에서 제7회 신문받다.
1932. 3. 11.	東京地方裁判所에서 제8회 신문받다.
1932. 3. 18.	金九 체포수사 위해 2명의 검사 上海 재파견.
1932. 6. 27.	豊多摩형무소에서 제9회 신문받다.
1932. 9. 9.	대심원 제2 특별형사부 법정에서 공판 준비 신문받다.
1932. 9. 15.	大阪府 知事 齊藤宗宜 등 10명 견책처분받다.
1932. 9. 16.	대심원 법정에서 대심원장 和仁貞吉을 재판장으로 한 이봉창 의사에 대한 첫 공판이 비공개 속에 열려 사형을 구형하다.
1932. 9. 28.	金九, 이봉창 의사에 대한 사형선고를 앞두고 이봉창 의사의 생애와 의거와 관련한 장문의 〈東京炸案의 眞狀〉을 발표.
1932. 9. 30.	日本 대심원, 두 번째 공판을 열고 이봉창 의사에게 사형을 선고하다. 같은 시간에 사법성은 이봉창 의사 의거에 관한 '사건 개요'를 발표하다.
1932. 10. 10.	오전 9시 2분 市ケ谷형무소에서 이봉창 의사 사형이 집행되어 순국하시다. 이봉창 의사 생애 31년 2개월. 시신은 東京 서북 쪽 멀지 않은 埼玉縣浦和市의 浦和형무소 묘지에 매장되다.
1932. 10. 15.	上海의 《申江日報》와 南京의 《中央日報》는 金九의

〈東京炸案之眞相〉을 보도하다. 民團은 이날 아침 6시 英 租界의 모 사원에서 이봉창 의사 추도식을 거행하다.

1945. 12. 23.	서울 운동장에서 이봉창 의사 등 순국선열 추념대회가 金九를 비롯한 임시정부 요인들이 참석한 가운데 열리다.

金九는 日本의 朴烈에게 이봉창 의사를 비롯한 尹奉吉, 白貞基 의사 유해의 한국 봉환을 의뢰하다.

1946. 2. 19.	東京 神田共立講堂에서 이봉창 의사를 비롯한 尹, 白 세 의사의 유해 봉환회가 열리다.
1946. 4. 20.	이봉창 의사를 비롯한 세 의사 유해 등이 東京 유골봉안회장 徐相漢 등에 의해 東京을 출발, 귀국길에 오르다.
1946. 5. 15.	이봉창 의사 유해 등은 日本 關西지방을 거쳐 玄海灘을 건너 釜山으로 無言의 還國을 하다.
1946. 6. 15.	釜山공설운동장에서 金九 등 임시정부 요인들을 비롯한 5만 여 명이 참석한 가운데 추도회 열리다.
1946. 6. 16.	이봉창 의사 유해 등 釜山역에서 '해방호' 열차 편으로 서울에 도착, 太古寺에 안치되다. 李承晩 등이 참석한 가운데 간단한 安慰式이 거행되다.

太古寺에는 연일 연령 참배자가 줄을 잇다.

1946. 6. 30.	이날 거행될 예정이던 이봉창 의사를 비롯한 세 의사의 國民葬이 연일 쏟아지는 장마로 인해 7월 6일로 연기되다.
1946. 7. 4.	金九, 귀국 후 첫 성명 "同胞에게 告함"에서 이봉창 의사와 尹 의사에 관해 언급하다.
1946. 7. 6.	이봉창 의사를 비롯한 세 의사의 國民葬이 李承晩, 金九, 李始榮, 呂運亨 등을 비롯한 수많은 시민들이 참석한 가운데 엄수되어 오후 3시 하관 입토하고 끝나다.
1995. 11. 6.	이봉창 의사 동상, 효창공원에 세워지다.

찾아보기

ㄱ

ㄹ~ㅁ

ㅇ

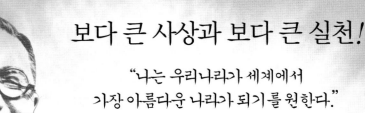

3·1 운동과 대한민국임시정부 수립 100주년을 기념하여 독립·애국 지사들의 거룩한 위업과 숭고한 희생정신을 깊이 되새기고 함께 이어 가자는 간절한 뜻을 담아 이 책을 드립니다.

빙그레공익재단
Binggrae Public Welfare Foundation